アジアの中の日本国憲法

日韓関係と改憲論

李京柱

keiso shobo

アジアの中の日本国憲法

日韓関係と改憲論

はしがき

この本の元になったのは、法律時報と諸先生の古希記念論文などに載せていただいた論文である。自分にできること、期待されたことはアジアの一つとしての韓国では、憲法第九条をめぐる時事的なことについて、どう考えられているかであったと思う。自分がアジアを代表しているわけではないが、比較研究をやっている立場から、知っている範囲での率直な反応あるいは答えを書いたつもりである。私の答えは、日本国憲法は日本のものであり、九条の先駆性からすれば世界のものであるが、歴史性からすればアジアのものでもあるということであった。したがって、この本はアジアのものとしての日本国憲法の話である。

それにしても、これらを本にするつもりはなかった。ところが君島東彦教授に依頼された二〇一六年の日本平和学会での報告（「アジアにとっての日本国憲法」）を準備しているときに接した世論調査の結果が、大きなきっかけになった。ほぼ毎年行われているNHKの憲法に関する世論調査では、憲法改正賛成と反対が常に拮抗している。二〇一五年の安保法制の強硬採決後である二〇一六年の世論調査では、「憲法改正必要ない」が三〇・五％で憲法改正が必要の二七・三％をうわまわることになったが、その内容が、衝撃的であった。憲法改正が「必要ない」の理由のうち、アジア各国などとの国際関係を損なうからと、アジアとの関係を考慮して反対であるという人はわずか四・一％に過ぎなかった。日本の外からの何らかのメッセージが必要ではないかと考えた。

ところが、だからといって、出版まで繋げることは難しい。二〇一六年秋、たまたま、杉原泰雄先生の訪問をいただいた。ちょうど自分自身も日本国憲法の置かれている状況が危ういと思っていたところだったが、日本の研究者からみても憂慮すべき状況であることを確認することができ、結局、出版まで繋がることになった。ただ、はじめは普通の人々が手軽く買い、手軽く読む本としてアイデアを出したのが、出版の事情などから、研究書の形をとることにはなった。しかし、最大限、当初の趣旨を生かし、誰でも手軽に読めるように修正加筆をしたつもりだ。にもかかわらず、手軽に読めなければ、それはまったく筆者の能力のなさに起因するものである。

第Ⅰ部では日本国憲法誕生のアジア的文脈をとり扱った。「日本の安全」を大義名分にして安保法が強行採決され、二〇一六年に施行されたが、アジア諸国の観点からすれば「日本に対する安全」が心配である（第一章）。非武装平和主義を定めた日本国憲法はいろいろな角度から分析できるが、少なくともかつての侵略国「日本」に対する「安全保障」策とも考えられる。武力によらない平和を定めた日本国憲法のおかげで日本はアジアの仲間いりができたと思う（第二章）。ところが、執権与党自民党は自衛隊を軍隊にすることをはじめ、天皇の元首化、国旗国歌の明文化、国家緊急権など時代遅れの憲法感覚に基づく二〇一二年「憲法改正草案」を発表している（第三章）。

第Ⅱ部では日本国憲法が「日本に対する安全保障」策という文脈から生まれ、アジアの平和に重大な影響を及ぼしていることを述べようとした。日本に比べれば豊富ではないかもしれないが、韓国の平和運動の中では日本の平和的生存権にならって平和的生存権をはじめ平和主義に関する談論が本格的に議論されるなど（第一章）、「前向き」の平和主義状況が展開されているが、日本では二〇〇〇年の国会で憲法調査会を設置（第三章）、二〇〇五年には自民党憲法草案がでるなど（第二章）、「後ろ向き」の憲法状況が続いている。日米安保条約は「国連軍」を媒介にして韓半島有事の後方支援体制になっていて（第一章）、韓半島の平和体制づくりの邪魔になっている。日本には非武装平和主義に沿った積極的な国際貢献が望まれている。

第Ⅲ部では、軍隊を置いた韓国の状況と対比しながら（反面教師にしながら）、日本が韓国のように軍隊をおいた場合、どんな展開が考えられるかを予測してみた。韓国憲法も侵略戦争の放棄を明文化するなど平和主義を憲法で原理化しているが、軍隊を前提にしているために軍事力行使を制約するのに限界がある（第一章）。日本では安保法が施行されてから韓半島有事に備えた日米共同軍事訓練（Keen Sword）を行っているが、韓半島の南北の間では停滞と進展を繰り返しながら平和が進展している。北朝鮮の核実験も、第一回目の特殊な事情（日本を含めた六者会談での「九・一九合意」直後のＢＤＡ資金凍結）を除けば、平和的な交渉が実現しなかった時期に行われている。先軍政治・強盛大国など北朝鮮の国家目標の背景になっている体制危機と維持という内在的論理を批判的に分析して、平和体制へ導くべきである（第二章）。その道は前人未踏の道ではなく平和体制を作るために一九九〇年代から二〇〇〇年代にかけて行われた合意から導ける要素が大きい（第三章）。憲法の国家緊急権は平和体制をつくることにおいて負の機能を果たす。日本ではこういう事情を日本の明治憲法の歴史から学び、韓国の事情を反面教師にすべきである（第四章）。

このようにみてみると、日本国憲法は不戦の誓いというアジア的文脈の下でも作られ、アジアと密接な関係にあり、影響し合っている。東アジア共同体形成の志向点としての将来が期待され、平和的手段による国際貢献が望まれる。特に、日韓関係の観点に立つと、このような日本国憲法の特質がより克明にみえるにもかかわらず、これらの見方が忘れられ、改憲・護憲論議が進められている。アジアの中の日本国憲法という視点から考え直すべきである。

この本は私一人の能力によるものではない。一九九〇年代の初めに留学して学んだものを自分なりに応用したり、整理したりしたものに過ぎない。

対米従属下の日本と韓国の憲法状況から国家主権と人民主権について統一的に理解したいと思い、留学生活をはじめ、杉原先生のゼミに参加した。そして、その実践の一歩は平和主義を生かすことであると、浦田一郎、山内敏弘両先生から学ぶことができた。日本国憲法の制定過程の理解においては、古関彰一、三輪隆、渡辺治の各先生に直接、間接的に大きくお世話になった。日本の平和主義の置かれている状況については、君島東彦、稲正樹、村田尚紀、小沢隆一各先生との交流で教わることができ、感謝している。靖国神社参拝、日の丸・君が代問題など平和主義の実践的な現場でたくさんのことを教えてくださった澤藤藤一郎、梓澤和幸、松島暁、笹本潤の各弁護士にも感謝する。また出版に際しては、仁荷大学の出版支援を受けた。

この本は在外研究として日本に滞在（一橋大学）している間に書かれた。毎週開かれている憲法ゼミからは平和主義を含め多くの議論状況を学ぶことができた。渡辺康行、坂口正二郎、只野雅人の各先生に感謝する。話す言葉と書籍の言葉とはレベルが違うわけであって、原稿の段階で細かく文章を直してくれた田中美里さんにお世話になった。編集を担当した関戸さんにも、その苦労に頭が上がらないほどお世話になった。

境界人という言葉がある。在日韓国・朝鮮人が一番の代表格であろう。このような人々ほど境界の両側を良く知る人もないだろうし、このような人たち以上に平和を願う人もいないだろう。そのような人々に及ぶわけではないが、比較研究をやる人間もそれなりに運命的に両国の平和を願わざるを得ない。学術交流が必要な背景でもある。ささやかな本であるが、韓国と日本の平和な未来への祈りとして受け取っていただきたいと思う。

二〇一七年五月

李 京柱

目次

凡　例

一、注は章ごとにまとめて記す。

一、韓国語書籍については、著者の責任で日本語に訳し、以下のように表記する。

〇〇〇〇〇（韓国、〇〇出版社、〇〇年）

一、日本・日本政府は、日本国政府の略称として表記する。

一、アメリカ・アメリカ政府・米国は、アメリカ合衆国政府の略称として表記する。なおアメリカ軍、米軍は米軍に統一して表記する

一、韓国、朝鮮半島、南朝鮮、北朝鮮等については以下のようにする。

日本では Korean Peninsula を指す概念として朝鮮という語を用いるのが一般的である。また北朝鮮（North Korea）、南朝鮮・韓国（South Korea）という用語も地域的概念として用いられる語である。

ところが、現在の韓国では、朝鮮半島を指す場合は「韓半島」という語を用いる。地域的概念である南朝鮮は「南韓」に、北朝鮮は「北韓」にするのが一般的な用語法である。なお、大韓民国

(Republic of Korea) という用語は朝鮮半島の国連によって承認された合法的政治体制を指す概念として用いられることがある。この大韓民国という用語は一九四八年憲法に由来する。実は、当時の南朝鮮でも、一九四八年憲法の制定以前には、Korean Peninsula を指す地域的概念として朝鮮半島、南朝鮮、北朝鮮という用語を一般的に用いた。それは新しい政治体制がまだ樹立されていない現状を反映したと思われる。ところが、南朝鮮の憲法成立の過程で、一部の議員の提案により朝鮮 (Korea) と人民 (People) という用語が、韓国 (Korea) と国民 (people) に変わったのである。その理由は北朝鮮と左派が朝鮮と人民という用語を使っており、用語遣いまで分離するためであった。日本では想像できない分断国の現状である。現在の韓国での一般的な用語法は直接にはこの時期から由来するといえよう。なお、この憲法では大韓民国の領土を韓半島とその付属島嶼と定めたため、憲法の文言から厳格にいえば大韓民国には北朝鮮 North Korea も含まれることとなる。しかし、一九九〇年代に南北朝鮮の政治体制である韓国と朝鮮民主主義人民共和国が国連に同時加盟することによって、国際的にも韓国とは南朝鮮の政治体制を指す用語になったといえよう。

このような経緯の複雑さを認識した上で、以下では韓国で一般的であり、日本でも広がっている用語法に従うことにしたい。本書では地域を指す概念としての Korean Peninsula は韓半島、地域的概念としての North Korea と政治体制としての朝鮮民主主義共和国は北朝鮮、同じく South Korea と大韓民国は韓国と表記する。ただ、南北基本合意書の中身に触れる時のみその合意の精神(各々国連加盟国であるが、統一を志向する特殊関係)に従って南側・北側という言葉を用いる。

初出一覧

第Ⅰ部

「アジアにとっての日本国憲法」日本平和学会報告（二〇一五年六月二五日）
「武力による平和と武力によらない平和の間——憲法調査会をみる韓国からの目」『法律時報』八九二号（日本、日本評論社、二〇〇〇年）
「占領管理体制下における韓国憲法の制定」『一橋論叢』一一八（一）（日本、一橋大学、一九九七年）
「アジアへの仲間入りの憲法」法律時報増刊『「憲法改正論」を論ずる』（日本、日本評論社、二〇一三年）

第Ⅱ部

「日韓の平和を語り合う」『日韓の憲法学の対話』（日本、尚学社、二〇一二年）
「九条—アジアのものになりえるか－韓国からの問い」『季刊現代の理論』六号（日本、明石書店、二〇〇六年）
「東北アジアから見た憲法九条の役割——韓国の平和運動を中心に」『法律時報』九四五号（日本、日本評論社、二〇〇四年）
「朝鮮半島の平和体制と日米安保」法律時報増刊『安保改正五〇周年』（日本、日本評論社、二〇一〇年）

第Ⅲ部

「韓国憲法の平和主義の可能性と限界」『平和権の理解』（韓国、社会評論社、二〇一四年）
「韓国における平和的生存権」『立憲平和主義と憲法理論（山内敏弘先生古希）』（日本、法律文化社、二〇一〇年）
「韓半島の平和と韓米同盟」『法と民主主義』四八一号（日本、民主法律家協会、二〇一三年）
「韓半島平和体制構想と日本」『一橋法学』九巻三号（日本、二〇一〇年）
「韓国の有事法制と国家緊急権」法律時報臨時増刊『憲法と有事法制』（日本、日本評論社、二〇〇二年）
「日韓の憲法と平和」『二一世紀の立憲主義（杉原泰雄先生古希）』（日本、勁草書房、二〇〇〇年）
「不戦の誓い日本国憲法」『法と民主主義』（日本、民主法律家協会、二〇一五年）

第Ⅰ部　アジアと日本国憲法の制定

第一章　アジアにとっての日本国憲法(1)

1　「日本の安全」と「日本に対する安全」

韓半島有事や中国の脅威など、アジア地域の安保情勢の急変を大義名分にした安保関連法が採決（二〇一五年九月一九日）され施行（二〇一六年三月二九日）された。閣議決定に基づく解釈改憲、そして法案採決の強硬さから、民主主義的な手続きに反するという声が高い。解釈改憲の内容も立憲主義に反するということで、日本国内における批判や反発も強い。手続きと実体の問題の多さから、日本のリベラルが総結集しているようである。自衛隊合憲論の長谷部恭男氏、自民党とつながりのあった小林節氏まで批判に加わったことで、海外でも報道され、人々の関心が高まっている。

安倍政権は支持率が二〇%までは落ちなかったことと、二〇一六年の末頃まで支持率が上昇気味であったことから、果敢にも任期内の改憲を言い出している。一方、リベラルの中からもさまざまな筋の改憲論が出てきている。(2)九条の価値を守るためであるという「平和のための新九条論」も、そこには含まれている。(3)安倍政権の改憲論と一部のリベラルの改憲論の志向点は異なるが、一致している点もある。それは「日本の安全」である。ただ、リベラルの改憲論の場合、善意で読めば、九条という精神を損なうことなく同時に「日本の安全」も堅いものにしたいということであろう。安倍政権の「安全保障の法的基盤の再構築に関する懇談会」（以下、「安保法制懇」）に対抗する形で出た「国民安保法制懇談会」の諸意見書もこの点についてはあまり大きな相違がないように感じられるのは仕方がない。(4) 二〇一六年五月三日の憲法記念日を前に行われたNHKの世論調査では憲法改正の必要性がないと答えた人が三〇・五％程度で必要性があると答えた人を上回ったが、その理由として「アジアとの関係を損なうからだ」と答えた人は四・一％に過ぎなかった。(5) それ以前の三年間の調査の答えからみれば確かに数字が落ちている。(6) 自衛隊の存在を前提にした上で日本国民の安全を考えるという問題設定自体が、そのような結果が出ることにつながったのかもしれない。

ところが、日本国外からみれば、一連の安保関連法をめぐる騒動からはむしろ「日本に対する安全＝日本からの防衛」のことを考えてしまう。ある種の限定がついたとは言え、日本が集団的自衛権を行使し戦争ができる国になったからである。しかも、安倍政権の凶暴性と馬力、軍事に焦点を置いた大国主義と「野蛮な情熱」(7) のことを考えるとなおさらである。そのように考えると、いま、相互の安全と安心に関する感受性（sensibility）(8) が切実に要求されることになるのではないだろうか。

2　安保関連法と東アジア

一　安保関連法

（1）武力攻撃事態法

武力攻撃事態法では、従来の武力攻撃三要件（日本に対する武力攻撃の発生、他に適切な手段がないこと、必要最小限度の実力行使）の中で、日本に対する違法な武力攻撃という要件を拡張し、日本と密接な関係にある国に対する違法的な攻撃と改めた。このような事態を存立危機事態と呼び、日本政府はホルムズ海峡の封鎖と韓半島有事などを例にしているが、基本的には韓半島の有事が念頭にあると私には思われる。台湾での有事なども考えられないわけではないが、中国の反発を懸念したせいか公には議論になっていないようである。いずれにせよ、東アジアが主たる懸念材料となっていることは間違いなさそうである。

存立危機事態[9]として日本政府は八つの具体的な例を挙げている。例えば、第一には、北朝鮮を警戒している米軍艦の護衛、第二には、日本人を輸送している米艦船の護衛[10]、第三に、アメリカ向けのミサイルの迎撃、などとされる。ところが、これらの主な例とはほとんど韓半島有事のことである。それぞれについて、その危険が「明確な場合」という要件こそあるが、ミサイルを警戒している米軍艦が攻撃されることが明確な場合は、日本に対する直接攻撃がなくても自衛隊の出動が可能になりそうである。なぜなら、日米間のミサイル防衛システムの一角が崩れると日本が直接攻撃される可能性が高まり、それが存立危機であるからだという。しかも、潜水艇に乗った北朝鮮の工作員が東京などの首都圏で大規模なテロを起こす可能性もあるので、これも存立危機と判断すべきだとする説明も加えられている[11]。

こうなると、自衛隊が韓半島に出かけて戦うことがありうる。野党の「総理は海外派兵をしないとしているが、法律の中には明確に書かれてないのではないですか」という質問に、日本政府は明確な答弁を避けている。(12)閣議決定後の参議院予算委員会（二〇一四年八月二四日）では、集団的自衛権の発動対象が武力行使新三要件を前提としてはいるが、法律上、その発動対象に韓国も含まれているとしたそうである。(13)

六〇年前にさかのぼる古い議論の一つではあるが、「敵基地攻撃論」がまたも関心の的になっている。一九五六年、鳩山一郎前総理が「座して自滅を待つべきではない。他の手段がないと認められる限りで、敵の誘導弾の基地をたたくことは、法理的に認められ、自衛の範囲に含まれる可能性がある」という理解できなくはない一定の方向性を打ち出して以来、この敵基地攻撃論について日本政府は「戦略的な曖昧性」(strategic ambiguity) を維持してきた。さらに、近年、航空自衛隊のF‐2戦闘機にレーザー誘導型合同精密爆撃（JDAM）を搭載し、最先端ステルス戦闘機F35を導入する（二〇一一年一二月）など敵基地を攻撃する能力の増強が図られている。導入予定のF‐35Aは飛距離が一一〇〇キロメートル以上であり、空中給油なしに韓半島のみならず中国東部までの戦闘行動が可能である。ここに射程距離三七〇キロメートルにも及ぶ空対地長距離（スタンドオフ）ミサイル（JASSM）を備えることになれば、敵基地への攻撃能力が完成されるといえよう。この点について日本政府は「敵基地攻撃に必要な一部の装備は持っているが、一連の作戦を施行するための装備体系はない。F35が導入されてもこの事実には変わりない」(14)としている。しかし、二〇一五年五月一七日、中谷元防衛庁長官はフジテレビの朝の番組に出演した際、日本の集団的自衛権による北朝鮮ミサイル基地攻撃がありうるとの見解を示したこともある。米艦船に対する攻撃については集団的自衛権によって対応すれば十分であり、北朝鮮など韓半島に自衛隊が出かけてアメリカとともに戦うことはないというが、これも文字通りには受け取れない。

いずれにせよ、いままでとは違って、日本が韓半島有事の当事者になるということである。韓国にとって、これは韓国戦争以上の懸念材料である。さらに、このことは日本の安全にも厄災となる。韓半島有事に自衛隊がアメリカと集団的自衛権を行使する場合、北朝鮮が日本列島に報復攻撃でもすれば、原発が五五基もある日本は想像もできないほどの被害に直面せざるを得ない。

(2)　重要影響事態法

重要影響事態法は周辺事態法における周辺（韓半島、台湾など）という地理的な限界をなくすための法律であるが、重要影響事態の対象になるのは依然として東アジアである。後方支援は非戦闘地域から現在戦闘が行われていない地域に拡大された。後方支援の内容も給油、給水から直接の武器使用以外に拡大され、弾薬の補給、発進準備中の米戦闘機への給油も可能になった。

これを韓半島に適用すれば、次のようになろう。「韓半島で戦争が勃発し、韓米相互防衛条約に基づいて米韓が休戦線近くで北朝鮮と戦闘を行い、これを重要影響事態として判断した日本は米軍の後方支援を開始する。より効果的な兵站線構築のため、場合によっては、現に戦闘が行われていない釜山に上陸して兵站を展開する。海上自衛隊のいずも型護衛艦は米海兵隊のオスプレイ（MV-22）などに弾薬の提供をする。北朝鮮は、このような兵站行動を戦闘と一体化した行動とみて、兵站基地を爆撃する。日本は侵略行為と断じて韓半島に電撃上陸し戦闘を行う。韓半島に日本の軍隊が七〇年越しに再上陸することになる」[15]。これが、現在韓国が一番恐れる、最悪の、しかし十分に想像できる事態である。

しかも、アメリカは北朝鮮に対する先制攻撃を含めたオーダーメード型の抑止戦略（tailored deterrence）をとっているので、[16] 米軍が北朝鮮に対する攻撃を開始すると、後方支援の幅をその攻撃に応じて広げることは想像に難くない。なお、日本でも韓国でもあまり知られていないが、韓国戦争勃発直後に作られた多国籍軍、すなわち「国連軍」と日本との間には一九五四年に「国連軍と日本との駐屯軍地位協定」が結ばれており、[17] 七つの基地が国連軍の後方基地（横須賀、横田、座間、佐世保、嘉手納、普天間、ホワイト・ビーチ）になっていた。この「国連軍」の約九五％は米軍で構成され、駐韓米軍司令官が「国連軍司令官」を兼ねていた。今もこの協定は有効である。

そこで、直接戦闘と関係のない日本の自衛隊が、後方支援のために現に戦闘がおこなわれていない地域に上陸あるいは着陸することを懸念する、周辺諸国の反発が強まるにつれ、当初の法案にはなかったいわゆる「第三国の同意」条項が挿入され、後方支援には第三国の同意が必要になった。[18] しかし、アメリカと軍事同盟関係にある韓国にとっては軍事作戦上、自衛隊の上陸を拒否することは難しい。なお、日本ではあまり知られていないが、韓半島が有事になると韓国軍の作戦統制権は韓国大統領からアメリカの太平洋司令官の指揮を受ける駐韓米軍司令官に移る。

二　平和外交政策から軍事外交政策へ

(1)　武器輸出禁止三原則から武器輸出新三原則へ

安保関連法のみが、アジアに脅威を及ぼしているわけではない。武器輸出に関する三原則なども密かに大転換点を迎えている。武器輸出禁止三原則とは紛争地域への武器の輸出を禁止する原則であり、法律で定められているものではないが、政府当局の確認、議会の決議などに基づいて政令運用されており、日本の平和外交の象徴の一つであった。日本国政府は、一九六七年の佐藤栄作内閣総理大臣の答弁で①共産圏諸国、②国連決議により武器などの輸出が禁止されている国、③国際紛争の当事国またはその恐れがある国、に対する武器輸出を認めないと表明した。その後一九七六年の三木武雄首相が、①三原則対象地域については武器輸出を認めない、②三原則対象地域以外の地域については、武器輸出を慎む、③武器製造関連設備については、武器に準じて取り扱う、とする武器輸出に関する政府の統一見解を示し、[19]後の歴代内閣はこれを維持してきた。

ところが、安倍政権は二〇一三年八月より、武器輸出禁止三原則に関する議論を本格化させ、二〇一四年三月一一日の国家安全保障会議にて名称の変更や原案が決まり、二〇一四年四月一日に武器輸出禁止三原則に代わる防衛装備移転三原則を発表、日本は従来の武器の輸出禁止原則を破り、防衛装備移転や国際共同開発の推進にも参加するなど、日本の防衛力を強化する方針に転換している。

なお、二〇一五年（平成二七年）一〇月一日には防衛装備庁（Acquisition, Technology & Logistics：ＡＴＬＡ）が発足した。防衛省の外局として、装備品等について、その開発および生産のための基盤の強化を図りつつ、研究開発、調達、補給および管理の適正かつ効率的な遂行並びに国際協力の推進を図ることを任務としている。主には防衛装備品の開発・取得・輸出を一元的に担う機関とされ、この意味では、太平洋戦争中に設けられた軍需省に通じるものがある。併せて、軍事の経済戦略化（軍産複合体化）も図られつつある。

防衛装備庁の新設によって、科学技術政策も民事利用から軍事利用への転用可能な物（デュアルユース、dual use）へと変わりつつある。[20]もはや、かつて検討された日本国憲法第九条の原点とも言える、「日本非武装条約案」（一九四六年一月〜二月）における軍事物資や軍事転用可能な資源の生産輸入禁止という構想とは、真っ向から反する方向へと向かってしまっている。

日本には平和憲法に相応しい外交を求めたい。例えば、「武器輸出国の責任原則」[21]を理念に掲げ、紛争地域への兵器輸出を規制する国際的枠組みの形成に乗り出すべきであろう。

(2) 安保体制護持のための特定秘密保護法

安保関連法に先立って、二〇一三年一二月六日に成立した特定秘密保護法は、その目的を第一条で次のように規定している。

「この法律は、国際情勢の複雑化に伴い我が国及び国民の安全の確保に係る情報の重要性が増大するとともに、高度情報通信ネットワーク社会の発展に伴いその漏えいの危険性が懸念される中で、我が国の安全保障に関する情報のうち特に秘匿することが必要であるものについて、これを適確に保護する体制を確立した上で収集し、整理し、及び活用することが重要であることに鑑み、当該情報の保護に関し、特定秘密の指定及び取扱者の制限その他の必要な事項を定めることにより、その漏えいの防止を図り、もって我が国及び国民の安全の確保に資することを目的とする」

つまり、安全保障に関する情報のうち特に秘匿することが必要であるものについて、これを適切に保護する体制の確立を立法目的にしている。[22]そして、その目的を名分にし、国家の安全保障に関する防衛・外交・警察情報を行政機関が一方的に秘密指定し、この漏えい・取得行為を懲役一〇年以下に処することにしている。

ところが、立法目的そのものの抽象性や、国民の知る権利と正面から衝突するという問題点はもちろん、法律の内容も漠然として不明確なものであり、なおかつ違法な秘密に対しての規定もない。戦前の日本の軍機保護法、国防保安法を思わせるものである。国会への特定秘密の提供には多数の条件がつけられてしまっており、国会による統制も難しく、国の安全保障に著しい支障を及ぼす恐れのある情報は、提供を拒むことができるようになっており、裁判所による統制も難しくみえる。(23)

国家安全保障を理由に、情報秘匿法としての役割を持っている韓国の軍事機密保護法などの状況と近似している。しかし、その漠然性は韓国のものに勝るほどである。

3　東アジアと「日本に対する安全」

一　日本国憲法が誕生したとき

(1)　日本国憲法のさまざまな顔

日本国憲法はみる角度によっては多様な顔をしているといえよう。(24) まずは、連合国にすれば軍国主義の軍隊を武装解除し、侵略戦争を禁止する憲法である。日本国憲法第九条は戦後の西ドイツ憲法の第二六条（侵略戦争準備の禁止）、イタリア憲法の第一一条（戦争制限と国際平和の促進）と同じ文脈の上に立っている。しかし同じ戦犯国でありながらも非武装平和主義の道を選択したのは日本だけだった。天皇に戦争責任が及ぶのを避けるために九条二項のような非武装条項を認めたのだ。このことからすれば、「避雷針」としての憲法ともいえる。

この憲法は、日本の人々の立場からすれば、軍国主義からの解放を可能にしたものであるが、在日韓国／朝鮮人の立場からすれば、人権の主体を人（person）でなく国民に限定した差別の憲法ともいえるし、一九七二年に「本土復帰」した沖縄にとっては、駐日米軍基地の七四％を国土のわずか〇・六％の地域に集中させた、裏切りの憲法ともいえる。日本の保守政権にとっては軍事力を持たないように制約する「邪魔もの」であり、アメリカ側からの「押し付け憲法」となる。

しかし、韓国をはじめとする東アジアにとっては、日本国憲法は東アジアへの不戦決議であり、不侵略の決意でもある。日本国憲法の前文には「われらは、平和を維持し、専制と隷従、圧迫と偏狭を地上から永遠に除去しようと努めている国際社会において、名誉ある地位を占めたい」としている。さらに、「われらは、いづれの国家も、自国のことのみに専念して他国を無視してはならないのであって、政治道徳の法則は、普遍的なものであり、この法則に従うことは、自国の主権を維持し、他国と対等関係に立とうとする各国の責務であると信ずる」とも明言している。そして、このような決議が口先だけにならないように九条一項（侵略戦争放棄）と二項（非武装）を置き、制度的にそれを裏付けている。特に、九条二項がなかったならば、日本はアジアの国々に仲間入りすることは難しかったのではないかと思われる。(25)

（2）「日本に対するアジアの安全」保障としての日本国憲法

日本国憲法は日本の安全をたもつものであるが、「日本に対するアジアの安全」のためのものでもある。非武装を定めた日本国憲法第九条二項（「陸海空軍その他の戦力は、これを保持しない。国の交戦権は、これを認めない」）と前文（「平和を愛する諸国民の公正と信義に信頼して、われらの安全と生存を保持しようと決意した」）などはそれを総合的に表現したものであると思われる。象徴であるにせよ、天皇制が存置されたことを考えると一層そう言える。敗戦直後、中国国民党内外では天皇を戦犯として訴追するよう強力に求めていたし、オーストラリア政府は、天皇を戦犯にすべきであると強くイギリス政府に迫り続けていた[26]。韓国では解放後の混乱もあり、天皇の戦犯処罰要求はそれほど目立たなかったが、金祉燮《きむ・じぞつぶ》による一九二四年の二重橋爆弾事件や、李奉昌《り・ぼんちゃん》による一九三二年の桜田門事件など、すでに戦前から独立運動の一環として、天皇襲撃事件があった[27]。ポツダム宣言受諾後は韓国だけでなく、日本においても天皇を戦犯として処罰することを要求する動きがあった。それほど活発ではなかったが、在日朝鮮人、日本共産党などを中心に天皇を戦犯として処罰すべきだという主張がなされていた[28]。アメリカ本国の国民の中でも六〇％以上の人が天皇の処罰を要求していた[29]。

　九条二項の存在は、天皇制が残っても戦力を保持しないため、日本に対する安全が保たれるというメッセージをアジア諸国民に伝えたに違いない[30]。

「日本に対する（アジアの）安全」を保つことは連合国の課題でもあった。アメリカは一九四六年二月二八日にイギリス・ソ連・中国政府へ「日本非武装条約案」を打診していたようである。この条約案は一九四五年六月に「ドイツ非武装条約案」として公表されていたものを「日本の異なった状況に合わせる必要や対独条約案の望ましい小改善[31]」を加筆修正したものだが、その骨格はドイツに対する条約案と大きく変わるものではない。

　この条約案では、その前文でまず、この条約の目的を、ポツダム宣言で表明された日本の全面的武装解除と非軍事化措置の基本的部分はすでに実現されたものの、「世界の平和と安全保障が必要とするまで」この全面的武装解除・非軍事化が強制される必要性が残っており、このことを保障してこそアジアと世界の諸国が平和な関係に戻ることができると宣言している[32]。そして第一条で、現存した陸海軍から憲兵隊・特攻警察にいたるまでの完全な武装解除と、今後の非軍事化の内容として、軍事組織・準軍事組織の存在の禁止、武器弾薬から飛行機・防空装備および軍事物資や軍事転用可能な（いわゆるデュアルユース）物資の生産・輸入の禁止、軍事施設の禁止と建造物・工場などの軍事目的使用の禁止などが詳細に規定されている。第二条には、第一条に定めた武装解除と非軍事化を完全実施するため、条約締結国は占領終結終了と同時にスタートする四カ国による監視システムを設けることもうたっていた。(33)

二　安保関連法以後の日本

安保関連法以後の日本は同盟国と協調システムを作ることが必要になってくる。韓米間の同盟システムから推測すれば、「日本版の韓米連合司令部」の構築がまず予想される。

韓米連合司令部は一九七八年に設置された。韓国軍と駐韓米軍を統合指揮する機関（Combined Forces Command）が必要であったためである。司令部は韓米軍事委員会を通じて両国の軍統帥権者及び国防機関からの作戦及び戦略指針を得て、両軍を統合指揮する。司令部には陸海空軍による三つの構成軍司令部を置き、これを通じて個々の部隊に対する作戦指揮を行う。一九九四年からは平時作戦統制権は韓国軍が行使することになったが、非常時の作戦統制権は基本的にアメリカ軍にある。連合軍の陸軍司令官は駐韓米軍司令官が、空軍は駐韓米軍の中将が、海軍は韓国海軍の提督（Admiral）が担うことになっている。非常時、韓米連合司令部は国連とは別に韓米相互防衛条約に基づく共同防衛、つまり集団的自衛権を行使する。

韓米連合司令部は、これまでに、北朝鮮の武力攻撃に備える「作戦計画五〇二七」や、北朝鮮の急変事態に備える「作戦計画五〇二九」、その他偶発的な事態に対応する「作戦計画五〇二八」などを策定してきた。「作戦計画五〇二七」は一九九八年に、より攻撃的なもの、すなわち、北朝鮮を壊滅することにとどまらず、軍政を実施し統一政権を立てるところまで想定した「作戦計画五〇二七—九八」に変わった。[34] 従来の「作戦計画五〇二七」は、北朝鮮中心部の清川江《ちょんちょん》—元山《おんさん》までを制圧する作戦であったが、一九九八年の変更により中国国境まで進撃することとなり、また、北朝鮮の生物化学兵器等の大量破壊兵器使用に備えた先制攻撃概念も導入された。

このような展開は二〇一五年四月の「新新日米ガイドライン」でも記述されており、日本とアメリカの間では、「日本版の韓米連合司令部」すなわち、同盟調整メカニズム（ＡＣＭ）を作ることになる。防衛省によると、日米合同委員会（Joint Committee）、同盟調整グループ（Alliance Coordination Group）、共同運用調整所（Bilateral Operations Coordination Center）、各自衛隊及び米軍各軍間の調整所（Component Coordination Centers）を設置することになるが、新聞報道などによれば、二〇一五年一一月三日、発足したそうである。日本国憲法第九条と日米安保条約の限界のため、連合司令部という言葉は使えず、調整という言葉を使っているが、実質においては平時と戦時に分けた指揮権の問題が議論されるであろう。一九六三年のいわゆる三矢計画あるいは日米間の密約のようなものが、五〇年過ぎた現時点で現実になるであろう。

現在も「国連軍」を媒介にした日米韓の統一指揮権が主張されているし、[35] 毎年行われている日米共同軍事訓練（Keen Sword など）も韓米共同軍事訓練（Key Resolve など）なみに積極性をもつことになり、自衛隊の臨戦態勢も高まっていくであろう。[36]

「日本に対する安全」保障構想でもある日本国憲法にもかかわらず、日本の安全保障のみを考えた、あるいはアメリカの軍事戦略への追従による日米軍事協力の同盟化が、安保関連法の下で進んでいる。

4　日本国憲法第九条とアジアの平和的未来

一　平和外交と緊張緩和のための段階的措置

「アジアン・パラドックス」[37]という言葉がある。アジア諸国間の経済的関係は深まりつつあるが、軍事外交面においては緊張感が高まっている状態を指す。日本、韓国、北朝鮮、アメリカの政府当局は「敵対的共存共生」[38]ともいうべき状況にあり、互いの緊張を高める行為を非難しながらも、軍事的にやりたいことをほとんどなしとげている。一方のアクターがミサイルを発射すれば、他のアクターは高高度ミサイルシステム（ＴＨＡＡＤ）導入の議論をし、集団的自衛権を容認する。同時に、水面下では平和協定の真意を打診し、敵対的共存関係をつづけていく。民衆を不安に陥れ、人質にするような状況である。

「日本の安全」と「日本に対する安全」が両立する道を探るべきである。自己とは他者に依存する存在だからである。[39]他者を悪い方向で利用し、共存するのではなく、人間の尊厳を守る平和的方向で国際関係、隣国関係を作るべきである。東アジアから平和共同体を作る近道はここにある。

アジアの平和共同体構想を実現することとは、そう簡単ではないかもしれない。従って、まずは緊張緩和のための段階的相互行為（Graduated Reciprocation in Tension Reduction）が必要である。日本の場合、東アジアとの関係については、靖国神社参拝や従軍慰安婦侮辱問題など歴史修正主義的な動きを、やめるべきであり、安保関連法の廃止などに進むべきである。北朝鮮はミサイル発射、核開発などをストップするべきである。一挙に達成することが難しければ、核施設の閉鎖（shut down）と封印（sealing）、不能化（disablement）へと段階的進展を図るべきである。韓半島の場合は、南北交流の再開、軍事的緊張の緩和、平和協定の締結などに進むべきだ。「米・朝」関係ではあらゆる制裁を段階的に解除し、国交正常化へ向かう。日朝間でも同じである。

これらのほとんどは実は新しい話でもなく、合意された話である。六者協議の二〇〇五年九月一九日の共同声明ではこのような段階的な相互行為の原則に基づき、南北関係、米朝、日朝関係における相互に調停された措置をとるための東アジア平和フォーラムに合意していた。これを再開すればいい。(40)「日本の安全」と「日本に対する安全」が両立する道はそんなに遠い距離にあるわけではない。(41)

ただ、日米韓の間には課題が残っている。中国との関係を改善するために、韓日では、アメリカとの関係でアメリカの覇権秩序そのものを緩和するための行動をとらなければならない。(42)韓日関係においても一九六五年の日韓条約、二〇一五年の慰安婦合意のようにアメリカの覇権秩序体制下で韓日関係を構築しようとするべきではない。

政府当局者の間の敵対的共存関係を考えると、平和共同体建設への民間の動きも大事である。二〇一五年、モンゴルのウランバートルに東アジアの国々の、とりわけ六者協議参加国の市民団体が集まり、東アジアの非核地帯化、韓半島の平和について議論がなされた。これはイランの核問題の解決の契機となったヘルシンキ・プロセスに例え、ウランバートル・プロセスと呼ばれる。政府間の安保対話ではなく、紛争解決専門家や平和専門家による紛争解決対話であるが、同時に各国政府とも緊密な対話を行い、政府間対話をも活性化することを目標としている。例えば、二〇〇五年に六者協議で合意したものの、解決が停滞している目標、すなわち韓半島の平和体制や東北アジア非核地帯化などがそうである。これらの議論においては東アジア平和共同体を志向しているが、日本の植民地支配の反省などの歴史認識における共通性も見られることに注意したい。

二　アジアの未来を開く日本国憲法第九条

二〇一五年八月一五日、解放（韓国では光復）七〇周年を迎える韓国のソウルで、「東アジア共同体宣言」が行われた。この日、鳩山由紀夫元首相は植民地支配の象徴でもある西大門刑務所の跡地で、設置された慰霊碑に献花した。この宣言では、日本国憲法第九条の精神が東アジア共同体建設における鍵になると記されている。(43)「日本に対する安全」というアジア的文脈から誕生した日本国憲法であるが、日本国憲法は世界的に注目されている。二〇〇三年コフィー・アナン国連事務総長は平和主義においてもっとも大事なことである、武力紛争の予防のためのグローバルなパートナシップ（Global Partnership for Prevention of the Armed Conflict: GPPAC）(44)を求めた。まさに非武装および紛争予防という日本国憲法第九条の精神を生かした構想である。その後、韓国の参与連帯の平和軍縮センターなどもフォーカルポイントになって、武力紛争予防のための市民社会の役割を強調し、国際的なネットワークづくりに励んでいる。武力紛争予防は非武装平和主義を掲げた日本国憲法が出しうる平和的な国際外交政策の典型でもある。(45)

なお、二〇〇六年、国連人権理事会の発足以来、ジュネーブでは平和への権利に関する議論がつづいており、不十分な側面はあるが、平和への権利宣言採択が二〇一六年一二月国連総会で採択された。平和への権利は第三世代の人権として、連帯を通じた平和共同体の建設を求めるものである。[46] 安全を保障するのは国家だという神話から脱却し、[47] 諸個人と諸人民による連帯が求められている。このような議論の元になっているのは、ほかならぬ、平和のうちに生きる権利を定めた日本国憲法である。

韓国では二〇一六年四月一三日の総選挙で与党が惨敗し、与小野大の政治状況が展開されている。二〇一七年三月朴槿恵《ぱく・ぐね》大統領が罷免され、五月には新しい政権が誕生した。南北関係を含む政治の変化が展望されている。日本の場合も政治の季節を迎えている。戦争法は通過したが、政治を変えるべきだという認識が広がっている状況は、韓国でも大きく注目されている。もちろん、戦争法の廃止は現状維持でしかない。だが、渡辺治の「アジアと日本の平和を切り拓くにはこの道を通る以外にはない」という主張には大きな共感を覚える。[48]

四〇〇年前に、韓国語と中国語を学び、辞書を作ることのみならず、隣国との外交に努めた雨森芳洲は「誠信の交わりと申す事、お互いに欺かず、争わず」（『交隣提醒』および『交隣須知』）と語り、それを実践していた。[49] まさに今日、このような日本の平和外交が求められている。

注

（1）この章は日本平和学会二〇一六年春季大会（六月二六日、東京女子大学にて）での報告を補ったものである。平和学会に感謝を申し上げたい。

（2）例えば、井上達夫が説くような九条削除論もあるが、フィリピンのように軍事基地をなくすための憲法改正を主張する矢部宏治の論などもある。

（3）例えば、加藤典洋の場合、フィリピン方式で軍事基地をなくすとともに国連中心主義を掲げた憲法改正などを主張している。加藤典洋『戦後入門』（ちくま新書、二〇一五年）。

（4）「国民安保法制懇談会」http://kokumin-anpo.com、二〇一六年六月二九日閲覧。

（5）「憲法に関する意識調査」http://www.nhk.or.jp/bunken/research/yoron/pdf/20160506_1.pdf、二〇一六年六月二九日閲覧。

（6）「憲法に関する意識調査」https://www.nhk.or.jp/bunken/research/yoron/pdf/20150508_1.pdf、「憲法に関する意識調査」https://www.nhk.or.jp/bunken/summary/yoron/social/pdf/140503.pdf、「憲法に関する意識調査」https://www.nhk.or.jp/bunken/summary/yoron/social/pdf/130503.pdf、二〇一六年六月二九日閲覧。

（7）渡辺治『現代史の中の安倍政権』（かもがわ出版、二〇一六年）四、四一～四二、二六三頁。

（8）遠藤乾責任編集『グローバル・コモンズ』（シリーズ日本の安全保障八）（岩波書店、二〇一五年）三五五頁。

（9）「国の存立」という主観的要素による限定容認論の不安定さについては、浦田一郎『集団的自衛権限定容認とは何か——憲法的、批判的分析』（日本評論社、二〇一六年）六七～六八頁を参照されたい。

（10）米軍艦による邦人救出の非現実性については以下を参照されたい。水島朝穂『集団的自衛権』（岩波書店、二〇一五年）一〇一頁以下。

（11）『産経新聞』二〇一五年七月一六日、『毎日新聞』二〇一五年七月一八日。

（12）『朝日新聞』二〇一五年九月一九日。

（13）韓国『ハンギョレ新聞』二〇一五年九月二四日。

（14）韓国『ハンギョレ新聞』二〇一二年六月一二日。

（15）韓国『ハンギョレ新聞』二〇一五年八月一五日。

（16）木宮正史責任編集『朝鮮半島と東アジア』（シリーズ日本の安全保障六）（岩波書店、二〇一五年）三頁以下。

（17）鹿島平和研究所編『日本外交主要文書（年表）』第一巻（原書房、一九八三年）；外務省条約局編『条約集』（三一—一〇六巻）六一四～六二六頁。

（18）二〇一五年四月二七日のガイドラインでは第三国の主権に関する完全な同意（fully respect）に触れている。

（19）広島市立大学広島平和研究所編『平和と安全保障を考える事典』（法律文化社、二〇一六年）五三六頁。

（20）三輪隆「日本非武装条約構想とマッカーサー・ノート第二項」『埼玉大学紀要（教育学部）』四七巻第一号（一九八八

年）五二頁以下、詳しくは3一の（2）を参照されたい。

(21) 豊下楢彦『集団的自衛権とは何か』（岩波新書、二〇一三年）一八四頁。

(22) 山内敏弘『「安全保障」法制と改憲を問う』（法律文化社、二〇一五年）一三八頁。

(23) 同前・一五〇頁以下。

(24) 君島東彦「六面体としての憲法九条」君島ほか編『戦争と平和を問いなおす――平和学のフロンティア』（法律文化社、二〇一四年）。

(25) 李京柱「アジアへの仲間入りの憲法」『法律時報』臨時増刊（二〇一三年九月）。

(26) U.S. Dept. of State, *Foreign Relations of the United States*, 1945. Vol. V, p. 908, pp. 924-925. 朴珍宇『天皇の戦争責任』（韓国、J&C、二〇一三年）二二頁。

(27) 安宇植『天皇制と朝鮮人』（三一書房、一九七七年）六七頁。

(28) 鄭栄桓「在日朝鮮人の戦争責任要求」『日本植民地研究』二八号（日本植民地研究会、二〇一六年）、井上清『天皇の戦争責任』（現代評論社、一九七五年）など。その他、李京柱『日韓の占領管理体制に関する比較憲法的考察』（一橋大学博士論文、一九九七年）、粟屋憲太郎『戦争責任・戦後責任――日本とドイツはどう違うか』（朝日新聞社、二〇〇五年）。

(29) 朴珍宇・前掲注（26）二二頁、昭和天皇の死後の韓国と中国などのマスコミにおける反応、つまり天皇のみならず天皇制に対する拒否感については、飛田雄一『現場を歩く、現場を綴る――日本・コリア・キリスト教』（かんよう出版、二〇一六年）八五頁以下を参照されたい。

(30) 韓国国会図書館立法調査局『憲法制定会議録（憲政史資料第一編）』（韓国、国会図書館、一九六七年）一三六頁。

(31) 三輪・前掲注（20）五二頁で再引用。

(32) 同前。

(33) 三輪・前掲注（20）五二頁以下。

(34) これに詳しく触れた日本語文献としては、道下徳成「朝鮮半島有事と日本の対応」『朝鮮半島と東アジア』前掲注（16）一八一～一八三頁を参照されたい。

(35) 矢部宏治『日本はなぜ「戦争ができる国」になったのか』（集英社インターナショナル、二〇一六年）二五二、二六二頁。

(36)　日米共同軍事訓練において統一作戦指揮権が現になくても、共同訓練をするためにはその基盤ともいえるC4ISR（指揮・統制・通信・コンピュータ、情報、監視、偵察）が出来上がっていることになる。
(37)　木宮・前掲注（16）三頁以下。
(38)　白楽晴『揺れる分断体制』（韓国、創作と批評社、一九九八年）。
(39)　岡野八代『戦争に抗する――ケアの倫理と平和の構想』（岩波書店、二〇一五年）二〇九頁以下。
(40)　一九九四年のジュネーブ合意、一九九九年のペリー・プロセス（Perry Process）でも相互脅威の段階的縮減の原則に基づいている。
(41)　日米安保体制の「片務性」を脱却して「双務性」を実現し、「発言権」を拡大することなく、紛争拡大的外交をやめること、予防外交を展開することが必要である。豊下・前掲注（21）一七四～一七八頁。
(42)　木宮・前掲注（16）。
(43)　柄谷行人は「憲法九条を日本の原理として日本政府がそれを対外的にはっきり表明すること、無意識化されている憲法九条を全面化すること」をも主張している。『憲法の無意識』（岩波新書、二〇一六年）三三、一九二頁。
(44)　君島東彦「国連と市民社会の現在」日本の科学者会議編『日本の科学者』（本の泉社、二〇一五年）二一頁以下：君島東彦「安全保障の市民的視点」水島朝穂責任編集『立憲的ダイナミズム』（シリーズ日本の安全保障三）（岩波書店、二〇一四年）。
(45)　複雑な政治的な背景はあるが、吉田茂首相が一九五〇年代に主張したことのある東アジアの「非武装中立地帯（日中韓＋英米ソ）案」なども参考にされたい。豊下・前掲注（21）二一八頁。
(46)　李京柱『平和権の理解』（韓国、社会評論社、二〇一四年）：笹本純・前田朗編著『平和への権利を世界に――国連宣言実現の動向と運動』（かもがわ出版、二〇一一年）。
(47)　岡野・前掲注（39）二〇〇頁以下。
(48)　渡辺・前掲注（7）二五九頁。
(49)　佐々木悦也「雨森芳洲の国際感覚」『朝鮮通信使と京都』（高麗美術館、二〇一三年）六〇頁：仲尾宏『朝鮮通信使――江戸日本の誠信外交』（岩波新書、二〇〇七年）一〇五頁以下。

第二章　武力による憲法と武力によらない憲法の間

1　近くて遠い国、そして憲法調査会

たまに日本の新聞を読む。インターネットのおかげで、わざわざ研究室からほど遠い図書館の外国新聞室まで足を運ばなくてもリアルタイムで読めるからである。インターネットのためかますます近い国として日本が感じられる。近い国だからか、新聞を通してみる両国は季節の変化をはじめファッションの変化などまでも非常に似通っている。似通っているのは新聞を通してみる両国の姿だけでない。憲法で平和主義を規定していることもそうである。

ところが二〇〇二年の日本の新聞を読むと、一つ隔たりを感じざるを得ない。日本は国際貢献のために平和主義条項を含む憲法を見直すべきであり、そのために二〇〇二年一月に日本の国会の憲法調査会が活動を始めたという一連の記事がその源である。特に韓国では意外とリベラル派として知られている鳩山由紀夫氏（当時民主党）は、平和主義を尊重しながらも、「憲法の文言と現実に乖離が生じた場合には、必要に応じて憲法改正を論じることが、成熟した民主主義国家のとるべき道だ」と語っている。このような意見は政治家の世界にとどまらず、

国民の間でも憲法改正を狙いとする憲法調査会の活動が概ね標榜するいわゆる「論憲」を容認しているようにみえる。「論憲」とは文字通り憲法を論じることを意味するが、憲法政治史的な文脈からすれば、今まで硬く守ってきた憲法擁護の立場を崩し、改憲への余地を開くことになる。そういう意味で言葉自体の成否を問う人もいるが、それは置いても、少なくとも「一国平和主義」という形で日本国憲法の平和主義を自嘲し、武力による国際貢献をやむを得ないと思う人が増えつつあることは確かのように思われる。

はたして、武力によらない平和とは国際貢献に及ばない脆いものなのだろうか。そして、憲法の文言と現実に乖離が生じた場合、憲法を改正することがアジアの平和に合致する日本の選択肢なのであろうか。日本国憲法第九条にアジアとの関係における「出生の秘密」はなかっただろうか。韓国憲法の武力による平和主義との対比において、日本国憲法の平和主義の誕生を改めて考え直してみたい。

2　武力による平和主義と韓国

一　ポツダム宣言と占領

(1)　ポツダム宣言第八条と朝鮮

周知の通り、日本と韓国の戦後はポツダム宣言の受諾から始まる。植民地朝鮮にとって、日本のポツダム宣言受諾は朝鮮の独立を意味するものであった。

朝鮮（一九四八年までは南北ともに朝鮮・韓半島と呼んでいたため、それに従うことにする）の独立が連合国の間で論議されたのは一九四三年からであった。イタリア降伏の兆しが見られた同年一一月から、ヨーロッパ戦線での勝利を予想した連合国の三首脳（米・英・中）は、同月二七日、エジプトのカイロで会談を開いた。三首脳は対日軍事行動を決議しこれを以下のような内容を含むカイロ宣言として発表した。

「各軍事使節は日本に対する将来の軍事行動について協議をおこなった。……上記同盟国の目的は、日本から、日本が一九一四年第一次世界大戦以後奪取または占領した太平洋諸島を一切剝奪すること……（日本は）暴力と貪欲によって奪取した一切の地域から駆逐されるべきである。上記の三大国は朝鮮人民の奴隷状態に留意し適当な時期に朝鮮を自由独立のものにする決意を有する」。

したがって、ポツダム宣言第八条が、「カイロ宣言の条項は履行せらるべく又日本国の主権は本州、北海道、九州及び四国並びに吾等の決定する諸小島に局限せらるべし」と定めたのは、右のようなカイロ宣言を確認するものであった。

(2)　建国運動と占領の開始

ポツダム宣言の受諾を「解放」として受けとめた朝鮮の民衆は、さっそく新しい秩序と国家建設に着手した。その過程で軍事力は二つの意味をもって重視された。一つは、混乱を予防し新しい秩序を作り上げるための実力としての軍事力であった。もう一つは、自衛のための実力としての軍事力であった(1)。南朝鮮の米軍政庁に登録された軍事団体が三〇にも及んだのは右のような南朝鮮の情勢を示しているといえる(2)。

他方、日本のポツダム宣言受諾後の南朝鮮の情勢は目まぐるしい変化を見せていた。特に、国内では、六万人に及ぶ隊員を保持していたと言われる朝鮮国軍準備隊に指導力を発揮していた建国準備委員会をはじめとする南朝鮮の革新勢力は、早い段階から国家建設に乗りだしていた。建国準備委員会は一九四五年九月六日には全国人民代表者会議を開き、民主主義的政府を即時樹立することを決議した。そして「朝鮮人民共和国」臨時組織法案を決議した。それにより、「主権は人民にある」こと、国号を「朝鮮人民共和国」にすること、その国家は「日本帝国主義に野合した親日派と民族反逆者を除外し、勤労人民の利益を中心とする全民族的幸福のための真の民主主義国家」であることが宣言された。そして、二年以内に新しい憲法に基づいて全国人民代表者大会を開催する予定を決議した。(3) それは一九四五年八月末までにすでに南朝鮮の各地で建設されていた建国準備委員会を基盤としていた。

ところが、「朝鮮人民共和国」(以下、「人共」) と南朝鮮占領の担当者であるアメリカの占領政策とはまったく噛み合わないものであった。しかも「人共」が新憲法を想定していることから、米軍側では右のような新国家建設を阻止しなければならなかった。そこで、アメリカ軍の南朝鮮占領の第一声である「布告第一号」には、南朝鮮地域における行政権を米軍政庁に置くこと (第一条)、軍政長官の命令に服従すること (第三条) が盛り込まれ、占領以前の南朝鮮の民衆による「事実上の支配」を全面的に否認した。(4) そして、「人共」に対して米軍政庁は一九四五年一二月、「朝鮮人民党」と名前を変更することを要求した。だが、「人共」側がこれに応じなかったため、米軍政庁は一九四五年一二月、「人共」を不法化した。これによって民衆側による憲法制定の動きはひとまず中断されてしまった。

第二次世界大戦後の連合国による他の国の占領と比較してみれば、朝鮮の占領は、連合国の国際的な取り決めが存在しないままに占領が始まったというところに特徴がある。しかも、一九四五年夏における米軍の朝鮮進駐計画の一つによれば、一一月一日九州を攻略し日本本土を占領した後、韓半島に進駐することが予定されていた。(5) ところが、一九四五年八月八日、ソ連が対日宣戦布告を発すると、韓半島の状況は急転換を余儀なくされる。そこで、アメリカは、今まで準備してきた構想の中から、より確実な方法である直接占領方式をとることと、米軍による占領を南朝鮮に限ることを決定する。日本では間接占領方式をとったのと対照的である。これが周知の「三八度線問題」である。すなわち、アメリカの国務省・陸軍省・海軍省による三省調整委員（ＳＷＮＣＣ）は八月一〇日と翌日の間、徹夜会議を行い、韓半島の占領は北緯三八度線によってソ連軍とアメリカ軍が分割占領することを決め、八月一五日にはこの意思をスターリンに送り、ソ連の了解を得たのである。(6)

ところが、これは、後の極東委員会や米ソ共同委員会のような東アジアにおける占領管理機構に関する合意までを含むものではなかった。朝鮮の独立とその間の占領体制をどうするかは、一九四五年一二月のモスクワ三相会談まで決定されなかった。すなわち、モスクワ三相会談で、朝鮮独立の諸方策を決定するものとしてはじめて、米ソは「米ソ共同委員会」の設置に合意したのである。(7)

二　植民地統治体制の再編

(1)　植民地官僚体制の再編

米軍が南朝鮮に到着した際、日本の警察の八〇～九〇％は職務を離脱していた。(8) 多くの地域では現地の人民委員会の支持を受ける治安隊が治安維持を行っていた。そこで、米軍政庁は、日本人を警察から除外しつつ、朝鮮人を残して、朝鮮総督府時代の全国的な警察組織を維持した。その理由は治安隊に対抗しうるような集団を見つ

けることができなかったからである。(9)

なお、軍政庁長官にはアーノルド（A. V. Arnold）少将が任命された。その権限は朝鮮総督府時代に劣らないほど大きいものであった。軍政庁長官は行政権と立法権を保有していた。米軍政庁は非常に中央集権的な統治体制で出発した。朝鮮総督府から引継いだ官僚体制の中で、官房六課と六個の内局等に米軍人の局長を任命し始めたのは一九四五年の九月二八日であった。(10)

日本人官僚の罷免が行われたが、彼らはしばらく米軍政庁の行政顧問として米軍政庁に残され、その職務を代行した。一〇月五日からは朝鮮人一一人を行政顧問として任命した。米軍政庁によるこのような行政機構の再編は法令第六四号（一九四六年三月二九日）を契機に一段落した。(11)

(2) 植民地時代の司法システムと軍政法令

米軍政庁長官の官房の一つである総務処の仕事は法務部(12)と密接なつながりをもって行われた。その総務処長に就いたのはウッドオール（Emery J. Woodall）少佐であり、法務部長を兼任することになった。(13)彼はソウルに着いて間もなく、いくつかの法的諸問題、特に法律と秩序の維持と裁判所の構成に関する問題の解決に乗り出した。特に、ウッドオールは治安隊等によって統制されている治安状態を「無法の状況」と認識し、そのため日本の植民地時代の裁判所・検察組織および諸法令を再編することにした。(14)

第一に、朝鮮総督府時代の裁判所令に基づく裁判所・検察組織が再編成された。例えば、中央では朝鮮高等裁判所が大法院に名称変更され、地方では地方裁判所の他に米軍による軍事裁判所が設置された。検察組織も朝鮮総督府時代と同様に裁判所の附属機関として再編された。そしてこれらの裁判所・検察組織は米軍政庁の法務部長の管理監督の下に置かれた。

第二に、諸法令の整備および制定が行われた。例えば、一九四五年の一〇月九日の軍政法令第一一号で、米軍政庁は朝鮮人に対する差別的かつ抑圧的な日本植民地時代の法律の一部を廃止した。第一条では政治犯処罰法、予備検束法、治安維持法等の特別法律の廃止がまず取り上げられ、第三条では罪刑法定主義を定め刑罰の濫用の制限が記されたが、これは南朝鮮に対する米軍政庁による統治と刑罰を濫用した朝鮮総督府による統治との相違を示すための規定であった。だが、その一方一一月二日には右で取り上げなかったその他の多くの法律の存続を内容とする軍政法令第二一号が発表された。(15)

しかし、このような措置によっても南朝鮮の政治状況を統制することはできず、米軍政庁は軍政法令第五五号をはじめ、政治活動を厳しく規制する法令をつぎつぎと発する。軍政法令第五五号では「三人以上の人が集まる集団が政治活動をする場合」は政党として取り扱われ、そのような政党はすべて米軍政庁に登録し、多くの情報を提出しなければならなくなった。(16) 軍政法令第七二号の「軍政法令に違反する行為等に関する処罰法」によれば、いかなる方法であれ、占領軍の活動に支障をきたす行動は、米軍政庁の軍事裁判によって裁かれることになった。(17)

(3)　朝鮮警備隊と海岸警備隊

軍政法令第二八号は民衆による軍事部隊の解散を宣言した。だが、米軍政庁の意図は右のような消極的な措置にとどまらなかった。「朝鮮の国防計画」というものが用意され、その中には、「警察力を支援するための軍隊を発展させていくこと」を勧告した上、「陸軍・空軍は四万五〇〇〇人、海軍・海岸警備隊は五〇〇〇人にすること」を提案するなど、かなり具体的な軍備スケジュールが盛り込まれていた。(18) この「計画」について、モスクワ三相会談における朝鮮問題に関する国際的取り決めなどを意識したアメリカ本国は、時機尚早であると判断し、計画の実施の延期を求めた。だが、それは積極的な阻止ではなかったため、米軍政庁は「国防部」という名称を「警務部」に変更し、国防計画をさらに進めていった。(19) また、幹部要請のための軍事英語学校が開校され、兵士養成のために、「朝鮮警備隊訓練所」(Korean Constabulary Training Center) などが設置された。そして、「朝鮮の国防計画」からはじまった武装計画は「朝鮮国防警備隊（軍）」(Korean Constabulary) として米軍政庁によって積極的に推進されていった。(20) 日本では韓国戦争中、七万五〇〇〇名の警察予備隊 (National Police Reserve) が創設されたが、ＧＨＱの内部文書では Constabulary と称されていて、(21) 軍隊への発展を想定していたと考えられる。

三　新憲法制定への経過

(1)　米ソ共同委員会の決裂と朝鮮問題の国連上程

一九四七年の秋になると、朝鮮の独立問題は米ソ共同委員会を離れ、国連で議論されることになった。(22) しかし、そこに至るまでは至難の道のりがあった。すなわち、第一次米ソ共同委員会が一九四六年五月に中断され、しかも、紆余曲折の末再開された第二次米ソ共同委員会さえも一九四七年一〇月一七日に決裂したのであった。米ソ共同委員会を激しい論戦に追い込んだのは、どのような政党および団体を共同委員会の話し合いの相手にするかであった。(23) その理由は、モスクワ三相会談で、朝鮮の独立のための過渡的段階として信託統治期間を設けること（第三条）、その間は臨時政府を樹立し諸施策を実施すること（第一条）が決議されていたため、誰を臨時政府樹立の際の話し合いの相手にするかは占領体制の根幹に関わる重大な問題だったからであった。(24)

このような状況下で、一九四七年九月一七日、マーシャル米国務長官は、国連総会で、「過去二年間アメリカはモスクワ協定を実践する道についてソ連と合意し、朝鮮を独立させようとしたが、朝鮮の独立問題は二年前と比べ少しも前進していない」と述べた。このような前置きの上で、彼は、「朝鮮の独立問題が国連総会に上程されることになれば、信託統治を経ずにも朝鮮を独立させる道が講じられる」(25)と言明した。

これに対して、ソ連側は、朝鮮問題を国連へ移すことはモスクワ協定違反であると非難し、「米ソ両軍を同時に撤退させ、朝鮮問題解決を検討する国連総会に、南北朝鮮の代表を参加させる」べきであるという反対決議案を提出した。(26)しかし、一九四七年一一月一四日の第二次国連定期総会の全体会議は、ソ連が退場した中で、ついにアメリカが提案した「南北総選挙を通じた朝鮮独立案」を可決した。(27)これはモスクワ協定でいう信託統治を通じた朝鮮独立案が効力を失い、朝鮮独立問題が米ソ共同委員会を離れたことを意味した。日本では一九四七年二月から極東委員会が発足することが予定され、その前にアメリカ流の体制づくりを始めたのと似通っている。

このような国際社会におけるアメリカの積極的な行動によって、朝鮮の独立問題は新しい局面を迎え、これに伴って憲法制定の動きも水面下から浮上して活発化した。

(2)　法典編纂委員会の憲法起草分科委員会

国連での朝鮮問題に関する決議に伴って、米軍政庁内に設置された憲法起草分科委員会が本格的に活動をはじめたのは、九月二一日以後であった。その日は、マーシャルの提案すなわち、朝鮮独立問題を、米ソ共同委員会の決定によらず、国連総会の決定によって解決すべきだという提案が国連で採択された日であった。そして米軍政庁の指導によって設置された憲法起草分科委員会も憲法案作成への具体的な活動を始めた。そこには、法律審議局の主席顧問であり、法典編纂局の局長であるペグラー（C. Pergler）博士、金炳魯《きむ・びょんの》司法局長、権承烈《こん・すんりょる》法務次長、金用茂《きむ・よんむ》大法院長、李仁《い・いん》検察総長、姜柄順弁護士が参加した。(28)

この憲法起草分科委員会でもっとも激しい議論の的になったのは、新しい国家像をどう描き出すかということであった。米ソ共同委員会が南朝鮮の各政党および政治団体に新国家の統治構造および政策に関する考え方を求め、それに南朝鮮の諸政党および政治団体が応じた形でまとめられた「答申案」(29)では、地主を基盤とする韓国民主党さえも原則の上では経済的基本生活の均等と計画経済を掲げていた。なお、前年の一〇月に米軍政庁自らが調査した世論調査でも、六九％の人が資本主義経済の是正を求め、新しい体制として社会主義体制を好ましいと答えていたという結果が出されている。(30) このことからも明らかであるように、多くの民衆が望んでいた国家像は少なくとも、近代的な意味での自由放任的な資本主義経済を基礎にするものではなかった。

ところが、当時の資料から読みとる限りでは米軍政庁は南朝鮮に自由放任的・近代的市民国家を樹立するという構想をもっていたようである。しかし、新しい国家像に関するそのような世論の動向を無視することはできなかった。したがって結局将来の憲法草案作成に備えていた米軍政庁、特に法律顧問ペグラーの具体的な指導の下で作成された憲法起草分科委員会の憲法草案は、(31) 農地改革（第一一〇条）、公共性をもつ企業の国営または公営（第一一一条）、公共の福利を理由とする財産権の制限（第一九条）を規定するなど、少なくとも形の上では修正資本主義の原理をとらざるを得なかった。

(3)　国会審議と韓国憲法

アメリカのリーダーシップによりつくられた「国連臨時朝鮮委員会」は、南北総選挙を実施するための南北朝鮮の実態把握と政治指導者との協議のため、南朝鮮訪問に続く北朝鮮への訪問を北朝鮮を占領しているソ連側に要請した。しかし、それはモスクワ協定の違反を理由に拒絶された。その結果、国連は、「可能な地域」だけでも選挙を実施することを決定した。(32) そして、いよいよ一九四八年五月一〇日、南朝鮮で選挙が行われた。選挙の結果、南朝鮮のみの地域代表一八九人が選出され、第一回国会を構成するが、これがいわゆる「制憲国会」である。

「制憲国会」では兪鎮午《ゆ・じんお》（高麗大学）が起草した憲法草案を中心に、米軍政庁の指導の下で作成された憲法起草分科委員会の憲法案、臨時政府の大韓民国建国綱領と憲章、民主議院で制定した臨時憲章、南朝鮮過渡立法議院で議論された諸憲法案および欧米諸国の憲法が議論の対象になった。(33) さらに、「朝鮮人民の権利に関する布告」、「The Constitution of Korea」（Woodall案）、朝鮮民主主義人民共和国の憲法、各政党の綱領と政策、一九四七年の第二回米ソ共同委員会に提出された諮問五・六号に対する各政党および社会団体の「答申案」などが参考にされた。

四　武力による平和

(1)　戦後処理と民族主義国家

制憲過程では激しい論戦が繰り返された。それにもかかわらず例外的に議員の間で賛否の議論を経ずに決まった条文も存在する。そのうちの一つが、反民族的行為者に関する条項（草案の第一〇〇条）であった。この条文が盛り込まれたのは、憲法草案の第二二条が刑罰不遡及の原則を定めたからであった。草案第一〇〇条は一九四五年八月一五日以前の反民族的行為を処罰する旨を規定するものであったが、この条文については反対意見はなく、むしろその適用の範囲を一九四五年の八月一五日以後にまで拡大しようとする議論が多かった(34)。この条文がすんなりと決まったのは、対日協力者の処理に対する国民的なコンセンサスがあったからである。南朝鮮過渡立法議院ではすでに、もっとも大事な法律として「朝鮮臨時約憲」とともに「対日協力者等に関する特別法」を制定していた(35)。それは新しい国家建設と植民地支配に関する反対がワンセットになっていることを示唆するものであった。

(2) 侵略戦争の放棄と武装国家への道

憲法草案の第六条は侵略戦争の放棄を規定したという点で特筆すべき条項であった(36)。これについて、憲法草案の起草委員の一人である憲法学者兪鎮午《ゆ・じんお》は次のようにその趣旨を述べた。「現在世界の重要な国家が『戦争放棄に関する条約』に加入している。そこでは戦争放棄に関して定めている。この憲法草案はその基本精神を是認するものである(37)」。これは日本国憲法の第九条とフィリピン憲法、そしてフランス憲法を参考にした条項であった。しかし、それは自衛権の放棄と戦力の放棄までを含むものではなかった。

侵略戦争の放棄という規定が第二次世界大戦後の諸国家の憲法においてどのような位置を占めるかについて、彼は憲法学者として詳しい知識をもっていた。「今度の戦争以後、新しく制定された憲法の中では戦争を放棄する条文が入っていて、したがって、国防軍を置かない条文を入れた憲法の例があります(38)」。それはすでに制定された日本国憲法を指す話であった。自衛権の放棄と戦力の放棄が侵略戦争を起こした国に対する懲罰の意味を含むものであることを、彼は誰よりも承知していたようである。その理由を彼は以下のように端的に述べている。

「わが国は敗戦国ではないのです。すなわち、侵略戦争を否認するが、同時に国防軍を置いてあります。その軍隊は侵略戦争を行う軍隊ではなく、国土防衛の遂行を使命とする防衛的なものであります」(39)。ただ、その軍隊の組織と編成は議会の統制を受けなければならなかった。軍備に関するこれらの議論は、一九四五年八月以来の議論を引き継いだものであり、憲法第六条に明文化された。敗戦直後から軍隊を名乗る軍事団体が多かったことは、前にも述べた通りであるが、左派であるか、右派であるかにかかわりなく、程度の差こそあれ、これら軍事団体は以下のような共通の認識を有していた。

「日本帝国主義の侵略戦争によって朝鮮民衆はその悲惨な戦争の弊害で生活の全面的な破滅の危機に瀕せられ侵略戦争はその犯罪人に限らず、人民を戦争物資の製造と調達に駆り立てた。しかも戦争はこのように人民の財産のみを奪うのみならず、人民の血と命を奪い取った」(40)。

この時期の南朝鮮における戦争と武装に関する議論は、右のような戦争に対する否定的な評価となって現れるとともに、次のような、日本による再侵略に対する非常に強い警戒心としても示されている。「日本帝国主義は敗退しながらも民族反逆者に対して後日（著者注―戻ってくるから一応の後始末などをしてくれること）を頼み、その反逆者達はその約束を信じ、すでに行動を開始した例もある」(41)。再侵略の準備が本当にあったか否かは確認できないにしても、この時期における日本からの防衛、あるいは「日本に対する安全」という警戒心は非常に強かったのである。

五　韓米軍事同盟と平和主義

(1) ベトナム戦争と平和主義

専守防衛の平和主義を憲法で標榜し、個別的自衛権のみを行使できるはずの韓国は一九五三年、韓国戦争が終わるとアメリカと軍事条約を結んだ。この条約は、太平洋地域における相互防衛を内容とする米韓の軍事条約であった。集団的自衛へ踏み込んだのである。これによりアメリカ軍は韓国に駐留する国際法的根拠を得て、韓国側は米軍との軍事的な同盟関係の法的基盤を築くことになった。この、米韓軍事条約は自衛または防御的なものにとどまらず、攻撃的な側面を持っていた。ベトナム戦争はその実例であった。

ベトナム戦争に派遣された韓国軍は、一九七五年に米軍が敗退するまでの期間、ベトナム派遣米軍司令部の指揮のもとに戦い、一一七五回の大規模作戦と五七万回の小規模軍事活動を遂行し、多くの死者（韓国軍五〇〇〇余名を含む）を出した(42)。

戦争の代償として朴正熙《ぱく・じょんひ》政権（一九六三〜一九七九年）が払った代償も少なくない。朴政権は、ベトナム派兵という対米協力によって軍事援助を得て韓国軍を増強し、経済の立て直しに利用したが、反面、ベトナム戦争の被害も大きく、内外からの非難にさらされた。国内では、「アメリカの代理戦争」「韓国軍はアメリカの傭兵か」という批判的な世論が高まり、派兵の拒否まであった。国外では「他国への侵略行為」ではないかという非難もあった。だが結局、ベトナム戦争への派兵を阻止することはできなかった。

ベトナム戦争へ協力した国はもちろん韓国のみではなかった。平和主義の旗を韓国より高く掲げた憲法を持つ日本も例外ではなかった。当時アメリカの全面占領下にあった沖縄が最前線拠点になっただけでなく、本土の基地でも、横須賀から第七艦隊所属の空母、艦船、岩国からＦ４戦闘爆撃機が出動し、また、相模米軍補給倉で米軍戦車と南ベトナム軍用戦車、装甲車の修理が行われ、横田から空輸された。広島弾薬庫や佐世保からベトナム戦線へ弾薬輸送なども行われた。このように、日本もアメリカのベトナム戦争拡大にとって欠くことのできない基地となった。

しかし、日本の戦争協力は積極的ではあったが、直接に派兵につながるものではなかった。日本は派兵せずにすんだのだ。その理由としてはさまざまなことが考えられるが、まずなによりも日本国憲法に平和主義が規定されていたことが挙げられるだろう。日本国憲法第九条では侵略戦争を拒むにとどまらず、一切の戦力を放棄している。すなわち武力によらない平和主義を定めた。したがって、自衛隊とは「必要最小限度の実力」とは言え、客観的には日本国憲法で禁じている存在であり、ましてその自衛隊が海外にでることなどは到底説明のつかないことであった。

3　武力によらない日本国憲法

一　ポツダム宣言と国体護持

(1)　ポツダム宣言の受諾

ポツダム宣言が韓国の解放につながったことは、日本の領土的主権の制限を内容とするポツダム宣言を日本が受諾したことを意味する。連合国は、第一次世界大戦後の政策に対する反省に基づいて、戦争中の早い時期から敵国に対する無条件降伏を戦争政策としてあげるとともに、民族自決、政治体制の変革と侵略国の非軍事化原則を掲げた。

このような衝撃的なポツダム宣言の内容と接した日本としては、この宣言を如何に処理すべきかが切実な問題となった。外務省は同宣言を受諾して戦争を終結せしめるべきであるという方針に傾いた(43)。これに対し陸・海統帥部では、同宣言を否認する内容の大号令を発すべきであると主張して外務省当局と対立した(44)。

ところが、一九四五年七月二八日、鈴木首相が記者会見において、ポツダム宣言について「政府としては何ら重大な価値があるとは考えない。ただ黙殺するだけである」と答えたことが新聞紙上で伝えられた。連合国はこれを日本のポツダム宣言に対する「無視」(ignore)または「拒否」(reject)と解した(45)。またそれが同じくソ連の対日参戦の公式理由にも利用された。すなわち、一九四五年八月八日のソ連の対日宣戦文には、「英米華三国の日本軍隊の無条件降伏に関する一九四五年七月二六日の要求は、日本により拒否された」と記されていた。かくして戦争は最終的段階にはいり、日本政府は同宣言の受諾の最終的処理を迫られることになる。

(2)　国体の護持

ポツダム宣言受諾を決するに当たって、日本政府の最大の関心事、すなわち「最後の一線」は「国体護持」であった。すでにそれ以前、戦争終結の具体案が検討されてきた時から、領土とその他の問題は戦局が傾いた以上やむを得ないとする意見が支配的であった。したがって戦争終結条件についての最大の問題は降伏後も国体・天皇制・「皇室の御安泰」を確保しうるか否かであると考えられてきた。このことは、一九四五年七月上旬、近衛文麿がモスクワに派遣されることとなり、モスクワにおける交渉に備えて彼が準備した「平和交渉の要綱」と題する文書において、その「条件」の冒頭に「国体の護持は絶対にして一歩も譲らざること」と記したことからも明らかである(46)。

このことと関連してアメリカ側は一九四五年六月下旬、日本が絶望的段階にありながらなお降伏を申し出ない理由について以下のように述べている。「今や日本が我々の降伏条件を受諾すると多くをいい得ないのは、満州や朝鮮の保有というような物質的な考慮でなくして、まだその決心がつかないのは、天皇の将来の地位について一抹の不安があるためであることがわかった。鈴木首相のいうところは以下のようであった。すなわち敵は日本が無条件降伏すべきであるとの要求を出しているという。無条件降伏の意味するところはただ国体の破壊と国民の滅亡ということである。かのような暴言に対処する途は唯一、最後まで戦い抜く以外にはあり得ない(47)」。

一九四五年八月一〇日の御前会議においても、ポツダム宣言受諾が決せられるに当たって、国体護持の一線を

如何に確保するかが議論の焦点であった。(48)

二　占領政策と非軍事化

(1) 占領政策と「日本に対する安全」

対日占領政策案の検討、陸軍省と海軍省との政策調整および軍政要員の養成を積極的に進めたのは国務省であった。国務省は一九四四年一二月には国務省、陸軍省、海軍省間の意見の調整をはかるため国務・陸軍・海軍三省調整委員会（State-War-Navy Coordinating Committee：ＳＷＮＣＣ）が設置された。(49)

一九四五年四月六日、陸軍省民事部は三省調整委員会に対して対日占領政策の基本方針の作成を要請した。要請を受けて、三省調整委員会の極東小委員会の国務省代表ドゥマン（E. H. Dooman）、ブレイクスリー（G. H. Blakeslee）、ボートン（H. Borton）らは、初期対日方針の要綱を作成した。この初期方針要綱には、ポツダム宣言の基礎となる「無条件降伏」条項、カイロ宣言を基調とした「領土」条項をはじめ、軍政の目的、軍政府と軍事占領との関係などに関する項目が含まれていた。軍政の目的の項では、非軍事化、民主化、自由主義化などが強調され、占領行政は日本の既存の行政機関を利用して行うとされている。すなわち、韓半島と違って間接占領であった。そしてこの初期対日方針の要綱は一九四五年六月一二日、「初期方針」（ＳＷＮＣＣ－一五〇）として決定された。(50)

この文書は、降伏後の日本に対するアメリカとしての軍事・政治・経済等にわたる初期的な基本方針を明らかにしたものである。これ以前においては、日本の占領政策に関してはポツダム宣言の掲げる簡単な原則的条項があっただけであったが、これにより初めて占領政策全般についての具体的な方針が明示されることになった。そもそもこの「方針」は、連合国としてではなく、アメリカ一国の政策指針として決定されたものである。しかし、連合国の間に意見の不一致が存する場合にはアメリカの政策に従わせることがこの「方針」では述べられており、アメリカはこの態度を堅持したのであった。その後、この「方針」が極東委員会において一九四七年六月一九日の政策決定「降伏後の対日基本政策」として、若干の文句上の修正を加えられただけで承認されたのであるから、この文書は事実上、連合国の日本管理方針となったと認められる。(51)

この文書は日本占領の「究極の目的」として、次の二点をあげていた。

(一)日本国が再び世界の平和及び安全に対する脅威とならざることを確実にすること。

(二)自己の国際的責任を果し他国の権利を尊重し、かつ、国際連合の目的を支持する民主的かつ平和的な政府をできるだけ早く樹立されること。(52)

次いで、以上の目的を達成する「主要手段」として、概ねポツダム宣言の条項の文句にならって次の項目をあげた。

(一)領土の制限

(二)完全武装解除および非軍事化・軍国主義の影響力の一掃

(三)基本的人権の尊重の増大奨励・民主主義的および代議的組織の形成の奨励

(四)平時的経済の自力による発達

周知の通り、ポツダム宣言では、日本国軍隊が無条件降伏し、完全に武装を解除されることが規定され、しかも再び軍備をもつことが禁止された。そこで、この文書でも「日本は完全に武装解除せられ且つ非軍事化せらるべし、軍国主義者の権力と軍国主義の影響力は日本国の政治生活、経済生活及び社会生活より一掃せられるべし、軍国主義及び侵略の精神を表示する制度は強力に抑圧せらるべし」、「武装解除及び非軍事化は軍事占領の主要任務にして即時且つ断乎として実行せらるべし」、「日本は陸海空軍、秘密警察組織又は何等の民間航空をも保有することなし。日本の地上、航空及び海軍兵力は武装を解除せられ且つ解体せらるべく、日本大本営、参謀本部（軍令部）及び一切の秘密警察組織は解消せしめらるべし、陸海軍資材、陸海軍艦船、陸海軍施設並びに陸海軍及び航空機は引き渡され且つ最高司令官の要求する所に従い処分せらるべし」とされた。[53]

（2）「日本の統治体制の改革」と象徴天皇制へ

このような基本的方針の下で、三省調整委員会は「日本の統治体制の改革」と題する文書（SWNCC—二二八）を承認（一九四六年一月七日）し、一九四六年一月一一日にマッカーサーにインフォメーションとして送付した。[54] それは、天皇制の運命にかかわるものでもあった。なぜならば、日本における最終的な政治形態は、日本国民が自由に表明した意思によって決定されるべきものであるが、天皇を現在の形態で維持することは、軍事支配（military control）の復活を阻止するために行う政治改革という一般的目的に合致しないということをこの文書は示していたからである。[55] しかも、天皇制が廃止されることになった場合でも、「国務大臣ないし閣僚は、いかなる場合にも文民でなければならない」し、天皇制が改革されて存続する場合には、天皇の軍事に関する権能をすべて剝奪することをこの文書は記していた。[56]

さて、この「日本の統治体制の改革」（SWNCC—二二八）を受け取ったマッカーサーが最初に行った重要な決定は、もう一方の道、すなわち、軍事支配の復活を阻止することを元に天皇制を存続し、天皇を占領統治に有効に使う道であった。そのためにはまず、天皇を戦犯から除外する作業が必要であった。[57] 天皇の戦犯問題は、ソ連、オーストラリア、ニュージーランド、フィリピンなど戦犯を主張する国々の声が大きくならないうちに、処理しておく必要があった。[58]

そのためか、戦後二年目の一九四六年は、天皇の「人間宣言」とともに新年を迎えた。終戦の直前、旧体制の解体を宣言し、天皇を衣替えしつつも戦犯から除外させる方法を考えていた総司令部は、宮内省に対し「もし天皇が神でない、という表明をしたら、天皇の立場はよくなるのではないか」[59] と示唆した。総司令部はとりわけ極東委員会や対日理事会を舞台として天皇に対する連合諸国からの批判があがってくることを恐れており、天皇が人間宣言を発するならば、その批判を緩和することができるだろうと考えたのであった。

三　日本国憲法制定の経緯

(1)　極東委員会とGHQ草案

マッカーサーの率いる連合国総司令府（GHQ）は、極東委員会が一九四六年二月二六日本格的に活動する前に以上のような体制を固めるため、民政局を通じて極秘で憲法草案の起草作業を急ぐ一方で、日本政府に対して政府案の提出を督促した。『毎日新聞』が松本委員会の改正草案と伝えられるものを掲載した二月一日、松本はGHQに、彼の「改正の要旨」と「一般的説明」を提出した。[60] そして改正草案そのものは、二月八日になって提出された。[61]

それは戦前の天皇制を存続させるものであって、これに対するGHQの評価は非常に厳しいものであった。G

HQは、幣原内閣の憲法改正案を拒否し、早急に草案をつくる決意を固めた。松本委員長が提出した「改正の要旨」と「一般的説明」を読んだマッカーサーは、ホイットニー将軍に松本委員会の草案を拒絶する詳細な文書を作らせた(62)。

二月三日、マッカーサーはホイットニーに憲法草案に含まれるべき「三つの基本的な点」(three major point)を伝えた。そして、これが後に「マッカーサー三原則」と呼ばれるようになった。マッカーサーの決心を伝えられたホイットニーは、このような「三つの基本的な点」を三人の実務担当者に伝えた。その三人とは、ケーディス (Chars L. Kades)、ラウエル (Milo E. Rowell)、ハッシ (Alfred R. Hussey) であった(63)。三人はこの作業に入るに当たって運営委員会 (steering committee) を構成し、現在の状況を診断した上で実現までの大まかな計画を立てた(64)。

そして、ホイットニー将軍は、民政局の会合を開き、会合の冒頭で次のように述べた。「これから一週間は、民政局は憲法制定会議の役割を担うことになる。マッカーサー将軍は、日本国民のために新しい憲法を起草するという、歴史的な意義のある仕事を民政局に委託された。民政局の草案の基本は、マッカーサー将軍の略述された三原則 (three principle) であるべきである(65)」。

マッカーサーからホイットニーに示され、後に「マッカーサー三原則」として知られる憲法改正の要件は次のようなものであった。

(一) 天皇は国の元首の地位にある。皇位は世襲される。天皇の職務および権能は、憲法に基づいて行使され、憲法に示された国民の基本的な意志に応えるものである。

(二) 国権の発動たる戦争は、廃止する。日本は、紛争解決のための手段としての戦争、さらに自己の安全を保持するための手段としての戦争をも、放棄する。日本はその防衛と保護を、今や世界を動かしつつある崇高な理念に委ねる。いかなる日本陸海空軍も決して許されない。

（三）日本の封建制度は廃止される。貴族の権利は、皇族を除き、現在生存する者一代以上には及ばない。華族の地位は、今後はどのような国民的または市民的な政治権力も伴うものではない。予算の型は、イギリスの制度にならうこと(66)。

封建制度の廃止によって天皇制を新たな体制に導き、戦争放棄によって天皇制を軸とした軍国主義復活への世界の疑惑を一掃し、かくして天皇を日本の頂点に存続させる、というのが三原則の論理構造であった。

（2）　ＧＨＱ草案と日本国政府の受け入れ

このような紆余曲折を背景につくられた憲法草案は一九四六年二月一三日の会談で日本側に渡された。二月末にかけてマッカーサーを訪れた幣原は、マッカーサーからオーダーなりステートメントなりが出てくると日本政府の憲法改正案に支持を得やすいと協力を要請した。ところが、マッカーサーはこれには応じることなく、かえって幣原にＧＨＱ草案に対する天皇の考えを天皇自身に確認することを求めた(67)。

吉田を伴い幣原が天皇を訪れ、この憲法改正案に関する意見を求めたが、驚くことに天皇は躊躇の色も見せなかった。むしろ、天皇は幣原に、もっとも徹底的な改革を、たとえ天皇自身の政治的機能のすべてを剝奪するほどのものであっても全面的に支持すると勧告した(68)。

天皇を戦犯として処罰することを要求する国際世論が高まる中で、松本改正案のような改正案ではこの事態を打開することができないとより早く判断したのは、このように天皇と幣原であった。結局、日本政府側としては、

ＧＨＱのいう通り、当時の国際情勢のもとで天皇制を守るにはこれしかないと判断して、マッカーサー草案の受け入れに踏み切った(69)。

ＧＨＱ案は一九四六年二月二二日、松本蒸治国務大臣によって閣議に報告され、二六日閣議で受け入れが議決され、二月二七日から三月二日にかけて、松本の下で法制局官僚（入江俊郎法制局次長、佐藤達夫法制局第一部長）を助手にして巧みな日本化が進む(70)。例えば、第九条二項に関してはＧＨＱ案にはなかった「前項の目的の達成のため」を入れ、後日、自衛のための戦力は許されるなどの詭弁が生まれるきっかけになった。なお、ＧＨＱ案で人権の主体が何人《なんぴと》（Person）であったのを英文では残したまま、日本語では「国民」に変えるなどのごまかし作業まで行い(71)、在日外国人の人権主体性を否定する援護法などの諸法律の根拠になった。他にも日本国憲法の現地化のために数回にわたって細かく修正作業が進み、日本の国会で正式に議決採択される。

四　武力によらない平和

(1)　マッカーサーと非武装概念

マッカーサーは憲法典の中で日本の非武装化を規定することによって、連合国、とりわけアジア諸国に対して、天皇制を残してもそれが日本軍国主義の復活に利用されない保証とすることができた(72)。非武装化と象徴としての天皇制の存続がセット化されたのである。

非武装化のきっかけと背景について多くの議論がある。その一つとしていわれているのは幣原提案説である。その根拠になるのは幣原から直接聞いた話等を記した「大平メモ」である(73)。

この「大平メモ」は次のように記している。

「幣原は病気中に随分色々の事を考えたらしい。まず一番の念願である天皇制を維持しなければ死ねない。ともかくはっきりするようになんとかしなければならないという事。……どうか生きている間にどうしても天皇制を維持させておいてほしいと思うが、協力してくれるかとたずねた。……幣原は、更に天皇の事について色々説明し、今年（筆者注―一九四六年一月一日に「人間宣言」）の詔勅を御出しになったいきさつや平和主義者でいられる事も強調して説明をした。……マッカーサーは出来る限り日本の為になる様にと考えていたらしいが、本国政府の一部、ＧＨＱの一部、極東委員会では非常に不利な議論が出ている。殊にソ連、オランダ、オーストラリヤ等は殊の外天皇と言うものをおそれていた。終戦の時天皇の命令を聞いた国民の事だから、又ふたたび天皇の命令であれば何を始めないとも限らないと言う心配であったのだろう。だから天皇制を廃止する事は勿論、天皇を戦犯にすべきだと強固に主張し始めた。この事についてマッカーサーは非常に困ったらしい。そこで、……戦争放棄を世界に声明し、日本国民はもう戦争をしないと言う決心を示して外国の信用を得、天皇をシンボルとする事を憲法に明記すれば、列国もとやかく言わずに天皇制へ踏み切れるだろうと考えたらしい。だから、マッカーサーは、かならずこれを入れた憲法の草案を早く作る様にと部下に命令したと、その後に幣原が会った時、説明したので、これ以外に天皇制をつづけてゆける方法はないのではないかという事に二人の意見が一致したので、この草案を通す事に幣原も腹をきめたのだそうだ(74)」。

マッカーサーは、アメリカ帰国直後の一九五一年五月五日、上院の軍事・外交合同委員会における証言において幣原説を述べ、その後の発言や回想記でも同じ趣旨を繰り返している。このようなことを裏付ける証言は多く見られる。憲法草案の作成の指揮をしたホイットニーは、高柳賢三への書簡においても、マッカーサー・ノートの第二原則はマッカーサー元帥が幣原首相との会談後に書き留めた一般原則の大ざっぱな概要であったと述べている。[75]

ところが、「大平メモ」をよく読んでみても非武装という文言は見当たらず、「日本は今後再び戦争を起こさないよう戦争を放棄する決心をしなければならない……戦争放棄を世界に声明し」のような戦争放棄に関する条文しか出てこない。[76] もちろん、メモ以外の事実があったか、あるいは直接言わなかったけれども「大平メモ」のように、非武装という道もあるというヒントをマッカーサーに与えた可能性は残っている。

右の幣原による「ヒント」の側面に注目しているのが、マッカーサー幣原合作説である。ところが、一九四六年一月一九日に極東軍事裁判所憲章が決まり、不訴追を可能とする諸条件が整っていたこと、天皇処罰を要求する中国側の立場に近いいわゆる中国派である政治顧問アチソンも天皇制の存続を促す手紙をトルーマン大統領に送ったことなどを根拠に、[77] 一九四六年一月下旬から二月上旬には、天皇を占領統治に有効に利用しようとしたGHQにとって天皇制の危機が一九四五年秋より低くなったと分析し、幣原発言とマッカーサー・ノートのずれを指摘する主張もある。[78]

そこで、新たに注目されるのはアメリカの国務省で、一九四六年一月頃から遅くとも二月中旬頃に議論されていて、一九四六年二月二八日に国務長官バーンズがイギリス・ソ連・中国に打診していた「日本非武装化四カ国条約案」である。[79]

その中身は、第一章でも触れたように、次のようなものである。その前文ではまず、この条約の目的を、ポツダム宣言で表明された日本の全面的武装解除と非軍事化措置の基本的部分はすでに実現されたものの、「世界の平和と安全保障が必要とするまで、この全面的武装解除・非軍事化が強制される必要性が引き続き残っており、このことを保障してこそアジアと世界の諸国が平和な関係に戻ることができる」と宣言している。(80)第一条では、現存した陸海軍から憲兵隊・特攻警察にいたるまでの完全な武装解除（Article 1, a）をすること、「いかなる形、あるいはいかなる仮面をかぶろうとも日本に軍事組織あるいは準軍事組織は許さない」（Article 1, c）こと、今後の非軍事化の内容として、「軍事組織・準軍事組織の存在禁止、武器弾薬から飛行機・防空装備および軍事物資や軍事転用可能な（いわゆるデュアルユース、dual use、三輪隆の説明）物資の生産・輸入を禁止」（Article 1, d）(81)すること、「軍事施設の禁止と建造物・工場などの軍事目的使用の禁止」（Article 1, e）などが詳細に規定されている。第二条には、第一条に定めた武装解除と非軍事化を完全実施するため、条約締結国は占領終結と同時にスタートする四カ国監視システムを設けることが明記されている。(82)そしてこの観察システムは四カ国を基礎として設けられる監督委員会を通して運営され、また同委員会の将官と職員は武装解除・非軍事化規定の遵守状況を観察・審問・調査するため日本全土で行動できる。第三条では、条約締結国に、日本占領期間中における第一条目的実施への支持を義務付け、日本国による第一条、第二条規定の「明確な受諾」を日本占領の終了の必要条件とすることで合意を定めている。

この「日本非武装化四カ国条約案」説によれば、マッカーサーは「日本非武装化四カ国条約案」によって日本非武装化の業績をアメリカが独占できなくなると危惧したこと、それとともにあるいはそれ以上に、この条約によってソ連の対日占領管理への関与の機会が広がることへの心配があり、一九四六年二月三日のマッカーサー三原則第二項に「日本はその防衛と保護を、いまや世界を動かしつつある崇高な理想にゆだねる。いかなる日本陸海空軍も決して許されない」(83)と挿入したと分析している。

だが、幣原提案説であれ、合作説であれ、非武装化条約説であれ、当時、アメリカの対日政策に対して、政策決定権限は持たないものの、政策決定に大きな影響力を持っていたのは連合国最高司令官の地位にあったマッカーサーであった。そのような意味で、日本の防衛問題に対する彼の次のような見解は非常に注目すべきところである。マッカーサーは日本が侵略を受けた際の防衛手段について、次のように述べている。「外部の侵略から日本の領土を防衛しようとするならば、われわれは、陸・海軍よりまず空軍に依拠しなければならない」。そのためには空軍基地が必要であるが、沖縄には「強力にして有効な空軍作戦を準備するのに十分な面積がある」、したがって沖縄を空軍の要塞基地として米国が確保しておけば「日本本土に軍隊を維持することなく、外部の侵略に対し、日本の安全を確保することができる」(84)。

このような非武装概念は、ケナン（George Frost Kennan）による「寛大な講和」が提案されたときにもそうであった。マッカーサーはケナンの「寛大な講和」に同意したものの、日本の安全保障に関しては独自の見解をもっていた。すなわち、マッカーサーは、日本の経済復興を最優先すべきであるという点ではケナンと見解を同じくしたが、安全保障に関しては米国の空軍力を中核とする軍事戦略の必要を説いていた。彼は、「米国の戦略上の境界線はもはや南北両アメリカの西海岸沿いには存在せず、アジア大陸の東海岸線に位置する」こと、さらに「過去においては、われわれの防衛問題の中心ははるか南のフィリピン近辺に位置しているが、それはいまや北に移行した」と考えていた。その結果彼は、米国が打撃力を保持すべき防衛地域はアリューシャン列島・ミッドウェイ・日本の旧委任統治諸島・フィリピン・沖縄を包摂するU字型地域であり、なかでも沖縄は「この構造のなかで最も発達した死活的重要性を持った地点」であると見ていた。マッカーサーは、沖縄を保持すれば、講和後日本本土に米軍基地を置く必要もないという意見を持っていた(85)。

つまり、マッカーサーは沖縄の軍事化を前提に本土の非武装化を考えたことになる。このような姿勢の背景にはアメリカ本国の軍部が考える「ソ連による公然たる日本侵略」とはまったく異なった情勢認識があったこともまた事実である。

(2)　非武装条項と日本政府

いずれにせよ、日本政府はこれを受け入れたのである。占領下における占領軍と日本政府との権力の従属関係はあるにせよ、この非武装条項によって「国体護持」ができると判断して賛成したのも日本政府である。さらに、非武装条項が導入される前の段階でも日本政府の支配層の間では、戦術的であるにせよ、非武装論というのがあったわけである。

右に述べた幣原提案説も、ある意味では、軍部に抵抗したかつての平和主義者である老外交官が人生のたそがれを迎えて、崇高な理念に身を委ねるような美談でもなく、天皇のための戦術的な非武装論であって、非武装条項を天皇に説得したと思われる。他にも、例えば、内大臣木戸は一九四五年六月にまとめた「時局収拾案」で、「軍備の縮小については……国防の最小限度を以て満足するの外なかるべし」[86]としたし、法制局が非公式に行ったポツダム宣言受諾後の憲法改正問題に関する内部検討会でも、「軍隊ノ解消ニ伴ウ改正」事項として明治憲法第一一条以下の削除が列挙されたりして、軍の降伏と武装解除が憲法改正問題に及ぶことを十分に意識していた。[87]

このようにいろんな政策の結合点として成立したものだが、その中身は非武装平和主義であった。一時期吉田首相も自衛権に否認的な答弁をしながら、非武装に言及している。一九四六年六月二六日に吉田は「本案ノ規定ハ、直接ニハ自衛権ヲ否定ハシテ降リマセヌガ、第九条第二項ニ於イテ一切ノ軍事ト国ノ交戦権ヲ認メナイ結果、自衛権ノ発動トシテノ戦争モ、又交戦権モ放棄シタ」としている。[88]戦後文部省で作った新憲法解説書でも非武装のことをきちんと次のように説明している。

「こんどの憲法では、日本の国が、けっして二度と戦争をしないように、二つのことをきめました。その一つは、兵隊も軍艦も飛行機も、およそ戦争をするためのものは、いっさいもたないということです。これからさき日本には、陸軍も海軍も空軍もないのです。これを戦力の放棄といいます。『放棄』とは『すててしまう』ということです。しかしみなさんは、けっして心ぼそく思うことはありません。日本は正しいことを、ほかの國よりさきに行ったのです。世の中に、正しいことぐらい強いものはありません(89)」。日本の代表的憲法学者である宮沢俊義も第九条の意味を自衛の戦争を含む一切の戦争の放棄、武力行使または脅威の放棄、軍事の撤廃であるとした(90)。学会でも第九条の意味を戦争放棄、戦力の不保持、交戦権の否認を意味すると解釈してきた(91)。

(3)　武力によらない憲法

連合国の軍隊による占領という言葉で象徴される日本と韓国の戦後は、ポツダム宣言の受諾から始まる。しかし一口に、ポツダム宣言の受諾といっても、この宣言を受けとめるそれぞれの当事者にとって、この宣言は相異なる意味合いを含むものであった。日本にとっては、このポツダム宣言の受諾は、軍国主義日本の敗戦を意味するばかりか天皇制の存続が問われる出来事であった。日本が天皇制の維持を条件としてポツダム宣言受諾の交渉を行った所以はここにある。だが、植民地朝鮮にとってポツダム宣言は、朝鮮の独立を意味するものであった。そして連合国にとっては、侵略戦争を起こした国である日本が再び戦争を起こさないように武装を解除し、この国のあり方を新しく作りあげる契機を意味した。

日本においての占領が、武装解除を合言葉としてスタートしたのはこのためであった。そして、モスクワ三相会談によって設置された極東委員会による日本占領に関する国際的な諸々の取り決めはそれをより明確に示していた。そして、このような武装解除は日本の占領を直接行ったアメリカにとっても最も重要な課題の一つであったと考えられる。

そして、天皇を戦犯として処罰することを主張する国際世論、天皇制の擁護を求める幣原のマッカーサー訪問、アメリカの国務省で議論されていた「日本非武装化四ヵ国条約」案、マッカーサー自身の非武装策と軍事戦略は、偶然ではあったが、日本国憲法の第九条をはじめとする非武装平和主義に結実することになった。そして、天皇制は廃止されず、象徴天皇制として残すという結果に至った。

もちろん、課題がないわけではない。沖縄が本土復帰されても日本国土の〇・六％のところに七五％の米軍基地が存在する。米軍基地負担を均等にするのでなく、沖縄までも非武装化することが大事である。日本国外ではあるが、隣国の韓国に軍隊と米軍の軍事基地があることも課題である。日本の非武装はある意味ではマッカーサー的な非武装かもしれない。この場合、今後日本本土も武装して軍事的な負担をともにするのは解決策ではなく、韓国までも非武装平和地帯にすることが究極的な解決策である。そのためにも日本国憲法下における国際的貢献は武力によらない国際貢献であるべきである。

五　日米軍事協力と平和主義

ところが、日本では一九五〇年発足した警察予備隊が発展して、一九五四年七月一日から自衛隊という実力部隊をもち、武装の道へ入っている。一九九〇年代から自衛隊を海外に派遣していて、二〇一七年にもＰＫＯの旗のもとで南スーダンに自衛隊を派遣している。

自衛隊の軍事費は世界八位前後で、約三六四億ドルの韓国の国防費より遥かに多い約四〇九億ドルほど（二〇一五年基準）である。[92] 一九八〇年代までは自衛隊の海外派遣はなかったが、一九九一年湾岸戦争へ掃海艇を派遣したことを皮切りに海外派遣が始まる。その後、一九九二年のPKO法では戦争終結後の非軍事的な活動に任務を限定したものの海外派兵が本格化される。二〇〇三年のイラク特別法により戦闘中であっても後方支援なら可ということになり、中東まで輪を広げて、武器・弾薬・兵力の輸送などの後方支援活動を行っている。

4　「論憲」の今日的意味とアジアの平和

以上のように日韓両国の憲法はアメリカの軍事占領の下で制定され、どちらも平和主義を規定した。日本の場合は侵略を起こした国ゆえ非武装平和主義を規定し、韓国の場合は平和主義を標榜しながらも専守防衛に基づいた平和主義を規定した。その中身は異なっても、その平和的な性質やアメリカとの軍事条約を結んでいる点で非常に似通っている。

しかしながら、ベトナム戦争を例とする海外派兵の問題に直面した際に、両国は著しく対照的な姿を見せた。韓国憲法は武力による平和主義を規定したため、海外派兵を憲法違反とする論立てが難しく、結局ベトナム侵略の同盟軍としての汚名を浴びてしまった。日本も日本の軍事基地を米軍に提供したが、少なくとも派兵にはつながらなかった。派兵に歯止めをかけることができたのは、言うまでもなく憲法第九条が武力によらない平和主義を規定していたためである。

ところが、今日の日本では、憲法第九条の枠を大きく超えて海外派兵をも実現しようとする議論が後を絶たない。ましてや限定的であるにせよ集団的自衛権が行使できるようになりつつある。右でも少し触れておいたが、その一つは湾岸戦争をきっかけとする、「国際貢献」という名によるPKO法であり、もう一つは日米「新ガイドライン」とそれに伴う周辺事態法、または諸立法という名で行われた自衛隊法の改悪である。そして、二〇一五年の「新新ガイドライン」による安保法の強行採決である。これらの諸立法は日本国憲法第九条の枠を無視するものである。

今日、日本においては、武力による国際貢献を語る声があるが、日本国憲法制定まで遡ってみれば日本が軍事力を持たないことこそ国際貢献であった。この意義は今日でも変わらない。武力による国際貢献は他国への侵略につながりやすく、戦争に発展しやすい。韓国によるベトナム戦争参加もそうであった。専守防衛を規定した憲法によって軍事力の存在が正当化され、有事の名によって韓半島の軍備が増強され、また緊張が高まるという悪循環が繰り返された。

日本が武力を持たないことこそが国際貢献であるとアジアの諸国民は望んでいる。平和主義をともに唱えていても武力による平和と武力によらない平和との間には大きな違いがある。武力による平和の場合は戦争にまきこまれやすい。いまこそ、日本国憲法は、韓国憲法の武力による平和主義の脆弱性を反面教師にして、武力によらない平和憲法としての真価を発揮すべきである。そしてまたアジアの平和と国際平和に貢献するためにも、日米安保や自衛隊についての根本的な再検討が必要であると考える。これこそ日本国憲法を論じる今日的意味であり、このような方向で「憲法の文言と現実との乖離を直していくことこそ成熟した民主主義国家がとるべき道」であろう。

注

（1）韓国史料研究所編『韓国現代政治史』（以下では『韓国現代政治史』と略す）第一巻（建国前夜）（韓国、成文閣、一九八〇年）六六頁。

（2）韓鎔源『創軍』（韓国、博英社、一九八四年）二六頁。

（3）建国準備委員会『全国人民委員会代表者大会議事録』二九頁（韓国、全国人民委員会、一九四六年）。

（4）United States Army Military Government in Korea (hereafter: USAMGIK), *Official Gazette 1945–1948* (hereafter: *Official Gazette*) Vol. 1, pp. 20–21.

（5）竹前栄治『ＧＨＱ』（岩波新書、一九八三年）一七頁。

（6）李圭泰「新しい占領者と『解放』された植民地の民衆」『歴史学研究』第六〇〇号（一九八九年）七一頁。

（7）U. S. Dept. of State, *Foreign Relations of United States* (hereafter: *FRUS*) *1945*, Vol. VI, p. 1150.

（8）正式の名称は南朝鮮米軍司令部軍政庁（United States Army Military Government in Korea=USAMGIK）である。だが、占領期の朝鮮では、正式の名称の後ろの三文字をとり、軍政庁と呼んだ。

（9）USAFIK, G-2 Historical Division, *History of US Armed Forces in Korea* (hereafter: *HUSAFIK*) Part III, Chapt. IV, pp. 11–12.

（10）*Official Gazette 1945–1948*, Vol. 2, p. 3.

（11）*ibid.*, p. 244.

（12）米軍政庁官房の総務処は七～一〇人の米軍将校等で構成され、その任務は法令の作成等にとどまらず、軍政長官の占領政策・活動とも深く結びつくものであった。総務処の軍政法令作成等の任務は軍政法令第六四号によって廃止されるまで続いた。その後の法令の作成の任務は法務部に移された（軍政法令第六七号）。

（13）Appointment No. 4, 29 Sept. 1945, *Official Gazette*, Vol. 2. p. 5.

（14）*HUSAFIK part 3*, Chap. V, p. 29.

（15）Ordinance No. 21, 2 Nov. 1945, *Official Gazette*, Vol. 1, p. 140.

(16) Ordinance No. 55, 23 Feb. 1946, *ibid.*, p. 222.
(17) *ibid.*
(18) Robert K. Sawyer, *Military Advisors in Korea: KMAG in Peace and War*, Office of the Chief of Military History, Dept. of the Army, Washington D. C., 1962, p. 9.
(19) Ordinance 86, "Korean Constabulary and Korean Coast Guard", 1946. 6. 15, *Official Gazette*. Vol. I, p. 317.
(20) 韓鎔源・前掲注（2）七二頁。
(21) 「第一章 警察予備隊」読売新聞戦後史班編『「再軍備」の軌跡――昭和戦後史』（読売新聞社、一九八一年）三四〜一七一頁。
(22) *FRUS* 1947, Vol. VI, pp. 168–172.
(23) *HUSAFIK* Part 2, Chap. IV, pp. 168–172.
(24) *FRUS* 1947, Vol. VI, p. 1150.
(25) 『韓国現代政治史』第一巻四一〇頁。
(26) 同前・四一一頁。
(27) *FRUS* 1947, Vol. VI, p. 809.
(28) 兪鎮午『憲法起草回顧録』（韓国、一潮閣、一九八〇年）一九頁。
(29) 編集部『臨時政府樹立大綱――米ソ共同委員会の諮問案答申集』（韓国、セハン民報社、一九四七年）。
(30) "The Questionnaire about type & structure of future Korean Government prepared by Dept. of Public Information", 10 Sept. 1946, *USAMGIK*. この資料は、申福龍『韓国分断史資料集』（韓国、原主文化社、一九九一年）で復刻したものを用いた。
(31) 兪鎮午・前掲注（28）二二頁。
(32) 李基鐸『現代国際政治（資料選集）』（韓国、日新社、一九八六年）三五五頁。
(33) 韓国国会事務処『国会史』一一頁（韓国、一九七一年）。
(34) 『憲法制定会議録』六二八頁。
(35) 朴慶茂「憲法第一〇一条および反民族行為処罰法について」『法政』第三巻一二号以下（韓国、一九四八年一二月）一二頁。

(36) 朴一慶「わが国の憲法と平和主義」『法政』第一〇巻第七号（韓国、一九五五年七月）三頁以下。

(37) 『憲法制定会議録』一〇二頁。

(38) 『憲法制定会議録』二二六頁。

(39) 同前。

(40) 姜柄度「民主主義とファシズム」『民主主義二一講』（韓国、文友印刷館、一九四六年）一七三頁以下。

(41) 同前。

(42) 崔容浩『ベトナム戦争と韓国軍』（韓国、国防部軍事編纂研究所、二〇〇四年）二二四頁。同『統計でみるベトナム戦争と韓国軍』（韓国、国防部軍事編纂研究所、二〇〇七年）一六頁。

(43) 憲法制定の経過に関する小委員会編、『日本国憲法制定の由来』（時事通信社、一九六一年）六八頁。

(44) 同前・六九頁。

(45) 財務省財務総合政策研究所財政室編『昭和財政史』三巻（アメリカの対日占領政策）（東洋経済、一九七六年）一〇四頁。

(46) 矢部貞治『近衛文麿』（下）（弘文堂、一九五二年）五五九頁。

(47) 憲法制定の経過に関する小委員会・前掲注（42）七〇頁。

(48) 佐藤達夫『日本国憲法成立史』第一巻（有斐閣、一九六二年）一〇頁。

(49) 竹前栄治『ＧＨＱ』（岩波新書、一九六三年）七五頁。

(50) ＳＷＮＣＣ–一五〇「U. S. Initial Post-Surrender Policy to Japan」外務省特別資料部編『日本占領及び管理重要文書集』第一巻（基本編）九一頁以下（外務省、一九四九年）。この資料は復刻版（日本図書センター、一九八九年）を用いた。

(51) 憲法制定の経過に関する小委員会・前掲注（42）八八頁。

(52) 外務省特別資料部・前掲注（49）八九頁。

(53) 外務省特別資料部・前掲注（49）九三頁。

(54) 高柳賢三ほか編『日本国憲法制定の過程』第二巻（解説）（有斐閣、一九七二年）四頁。この本は、総司令部民政局行政部にあって日本国憲法の制定に関与することの大きかったラウエル（M. E. Rowell）氏の所蔵していた、一九四五年一二月から一九四六年二月の間の、憲法改正問題についての総司令部側の記録を掲げ、かつそれをもとに、日本国憲法の制定の過程を、総司令部側の動きにスポットライトをあてて、描き出したものである。

(55) ＳＷＮＣＣ「日本の統治体制の改革」、大嶽秀夫編『戦後日本防衛問題資料集』第一巻（三一書房、一九九一年）五九頁、財務省財務総合政策研究所編・前掲注（44）二一七頁。http://www.ndl.go.jp/constitution/shiryo/03/059shoshi.html、二〇一六年一二月三一日閲覧。

(56) ＳＷＮＣＣ「日本の統治体制の改革」大嶽・前掲注（54）六〇頁。

(57) ジャスティン・ウィリアムズ（市雄貴ほか訳）『マッカーサーの政治改革』（朝日新聞社、一九八九年）一五二頁、一六一頁、古関彰一『新憲法の誕生』（中央公論社、一九八九年）八六頁。

(58) 古関・前掲注（56）八五頁。

(59) Government Section SCAP, *Political Reorientation* (hereafter: *Political Reorientation*), Vol. 2, U. S. Government Printing Office, Washington D. C., 1949, pp. 470–471. この資料は Greenwood Press の復刻版（一九七〇年）を用いる。

(60) ジャスティン・ウィリアムズ・前掲注（56）一五九頁。

(61) 佐藤達夫『日本国憲法成立史』第二巻（有斐閣、一九六四年）六八一頁。

(62) *Political Reorientation*, Vol. I, p. 102.

(63) 鈴木昭典『日本国憲法を生んだ密室の九日間』（創元社、一九九五年）一二頁以下。

(64) *Political Reorientation*, Vol. I, p. 102.

(65) 「一九四六年二月四日の民政局の会合の要録」高柳・前掲注（53）一〇一頁。

(66) 同前・一〇二頁。

(67) 憲法制定の経過に関する小委員会・前掲注（42）三〇一頁。

(68) 同前。

(69) 信夫清三郎『戦後日本政治史』第一巻（占領と民主主義）（勁草書房、一九六五年）二七八頁、議会における審議過程については以下を参照されたい。衆議院事務局『衆議院帝国憲法改正小委員会速記録』（衆栄会、一九九五年）、参議院事務局『帝国憲法改正案特別委員小委員会筆記要旨』（参友会、一九九六年）。

(70) 詳しくは、古関彰一『日本国憲法の誕生』（岩波書店、二〇〇九年）一六八頁以下を参照されたい。

(71) 佐藤達夫『日本国憲法成立史』第三巻（有斐閣、一九九四年）一六五、一九〇、二四二、三三八頁など参照。

(72) 渡辺治『日本国憲法「改正」史』（日本評論社、一九八七年）八九～九〇頁。

(73) この「大平メモ」とは、幣原の無二の親友であった枢密顧問官の大平駒槌の三女の羽室ミチ子が、一九四六～四七年頃、幣原から直接聞いた話および父から聞いた話を記したものである。

(74) 田中英夫『日本国憲法制定過程覚え書』（有斐閣、一九七九年）九四頁以下。

(75) その他にも以下のような証言が幣原起源説を裏付けている。田中・前掲注（73）二七三頁。リチャード・B・フィン（内田健三監修）『マッカーサーと吉田茂』（上）（同文書院インターナショナル、一九九三年）六四頁以下。マッカーサー起源説をとるものとして、宮沢俊義（芦部信喜補訂）『全訂日本国憲法』（日本評論社、一九七八年）一五七～一五八頁、児島襄『史録日本国憲法』（文藝春秋、一九七二年）二二四～二二五頁、袖井林二郎『マッカーサーの二千日』（中央公論社、一九七四年）一七三～一七六頁。

(76) 三輪隆「日本非武装化条約構想とマッカーサー・ノート第二項」『埼玉大学紀要（教育学部―人文社会科学編）』第四七巻第一号（一九九八年）四六頁。なお、三輪隆によれば、非武装構想が当時の支配層に戦術的な構想として存在していたし、イニシアティヴも発揮できなかった点をあげ幣原提案説について批判的である。

(77) *FRUS 1946*. VIII. pp. 88–89.

(78) 三輪・前掲注（75）四五～四七頁。

(79) 三輪・前掲注（75）で再引用。*FRUS* 1946. VIII, pp. 150–152. その他非武装条約の影響を指摘するものは、石丸和人『戦後日本外交史Ⅰ』（米国支配下の日本）（三省堂、一九八五年）二七頁以下、秦郁彦『史録日本再軍備』（文芸春秋社、一九八九年）五六頁以下。

(80) 三輪・前掲注（75）。

(81) Draft Treaty on the Disarmament & Demilitarization of Japan, FRUS 1946, VIII, p. 153. 以上の翻訳は、三輪隆・前掲注（75）に従った。

(82) Draft Treaty on the Disarmament & Demilitarization of Japan, *FRUS* 1946, VIII, p. 154. 三輪隆・前掲注（75）五二頁。

(83) Three basic points stated by Supreme Commander to be "musts" in constitutional revision, About 4 Feb 1946, Alfred Hussey Papers; Constitution File No. 1, Doc. No. 5. http://www.ndl.go.jp/constitution/shiryo/03/072shoshi.html、二〇一六

年一二月三一日閲覧。

（84）Views of General of the Army Douglas MacArthur on Rearmament of Japan (Annex B of JCS 1380/48), April 16, 1948, U.S. National Archives. 古関彰一「日米安保条約の締結と日本の自衛権」『独協法学』第三四号（一九九二年）七七頁で再引用。

（85）Conversation between MacArthur and Kennan, March 5, *FRUS* 1948, VI, pp. 700–701, 702–705.

（86）木戸幸一日記研究会校訂『木戸幸一日記』（下）（東京大学出版、一九七三年）一二〇九頁。

（87）三輪・前掲注（75）四四頁。

（88）帝国九〇回一九四六（昭和二一）年六月二六日、衆議院本会議議事録六号八一頁。

（89）文部省『あたらしい憲法のはなし』（実業教科書株式会社、一九四七年）（東京出版、一九九五年復刻版）三一～三二頁。

（90）宮沢俊義『あたらしい憲法のはなし』（朝日新聞社、一九四七年）六一頁。

（91）浦部法穂外『注釈日本国憲法』（上）（青林書院、一九八四年）一六四頁。芦部信喜『憲法（第五版）』（岩波書店、二〇一一年）五六頁以下。

（92）https://www.sipri.org/sites/default/files/Milex-constant-USD.pdf、二〇一六年一二月三一日閲覧。

第三章　仲間入りの憲法——韓国からみた日本国憲法

1　招魂式と改憲

二〇一二年は日本国憲法改悪史において画期的な年である。自民党は一九五二年四月二八日のサンフランシスコ条約発効を主権回復の日にし、「主権回復六〇周年」に向けて、二〇一二年四月二八日に「日本国憲法改正草案（以下、「改正草案」）を決定、発表した。これは、すでに二〇〇五年一一月二二日、自民党結党五〇周年を契機にして自民党の党名をかけた憲法改正案である「新憲法草案」（これについては第Ⅱ部第二章で詳しく触れることにする）に続くものである。ところが、二〇〇五年の「新憲法草案」が、日本国憲法の形式的枠組みと文言を基本的に維持しながら、自衛隊を自衛軍にすることと人権制限に関して公共の秩序を新設するなどの比較的小規模の改正案であったのと大きく違って、二〇一二年の「改正草案」は「新憲法草案」を大きく越えた内容となっていた。天皇の元首化や国防軍の創設、国旗国歌の尊重義務化、緊急権条項の新設など復古的な要素が全面的に取り入れられた。

しかも、この「改正草案」が発表された年の一二月一六日に行われた第四六回衆議院選挙で自民党が大勝利し、四八〇席の六一％におよぶ二九四席を、公明党が三一席、日本維新の会が五四席をとるなど、改憲勢力が衆議院議席の三分の二を遥かに越え約八〇％を占めることになった。その後に発足した安倍第二期内閣は改憲を公に言うのみならず、靖国神社参拝、歴史修正主義的発言を繰り返し、韓国をはじめとするアジア諸国との緊張が高まった。

そういう東アジア情勢の中で、日本にしばらく留学していた経験があり、しかも憲法を専攻しているということで、特に二〇一二年頃は日本の政治から憲法をめぐる諸問題についてまで周りからよく聞かれるようになった。「靖国神社に参拝する人と日本国憲法を変えようとする人とはどういう関係なの」など。私は躊躇していた。「さあ、いったいどういう関係だろう。一応、一つは宗教の世界の問題であり、もう一つは規範の世界の問題である」。「あるいは、一つは戦没者追悼の問題であり、もう一つは憲法の問題である」。すぐに答えない私に「情けないね」という言葉が返ってくるのであった。

ところが、二〇一二年の真夏、知人の案内で靖国神社に初めて行った後からはすぐに答えることができるようになった。仏教で悟りを開くことを無明から脱すると言うが、何だか釈然と悟ったような気がしたためである。少なくともこれから述べる二つの問題に関する限りでは。

靖国神社の境内にある戦争資料館、遊就館で一番に目に入ったのは人間魚雷であった。魚雷とは水中で自ら動き敵の艦船または潜水艦を攻撃する武器である。小型戦闘艦も大型戦闘艦を攻撃できることになり海戦の変革をもたらした、一時期の最先端武器であった。ところが、魚雷は探知能力が重要である。日本の軍国主義勢力はそれを補うために人を使っていたのである。いわば水中特攻隊である。人間魚雷「回天」より荒唐無稽な武器、特攻爆弾ボート「震洋」というものもあった。新しい武器を製作する能力も余力もなかった敗戦間近の日本軍国主義勢力が選択したのは、またも人間であった。「震洋」は韓半島の最南端の済州《ぜじゅ》島にも配備された。済州島の南の海岸である西帰浦《そぎぽ》には人工洞窟が掘られているが、これが「震洋」の陣地の一つであった。トヨタの中古トラックのエンジンを木船にくっ付けたといわれるこのボートの頭に爆薬を装着し、衝撃を受ければ自爆するようにしたそうだ。終戦までに六一九七隻が作られたという。人を物として武器にした神風特攻隊は世界的にも知られているが、海の神風、「回天」と「震洋」は初めて知った。

　ところが、人を物として使う「術」の目玉は何と言っても招魂式であった。普通の追悼施設では戦没者の遺骨を納めて祭ることに重点があるが、(1) 靖国には大事な遺骨はなく名前（霊璽簿）しかない。霊璽簿は御羽車に乗せられ合祀されるそうだ。(2) 戦死者が神になるという儀式なのである。人が神になるという話も問題であるが、天皇のために亡くなった人のみを奉安することは亡くなった人すべてを祭る日本の伝統の一つである御霊信仰にも反するという。(3) なるほどこの招魂式で祭っているのは戊辰戦争からアジア太平洋戦争にかけての戦争で国のために命をささげた人であり、東條英機などアジアの諸国民を戦争に巻き込んだA級戦犯を含む、天皇のために亡くなった人々であった。しかも、合祀にあたって遺族へその旨連絡はするが、判断は神社が行っており、本人・遺族の意向は考慮されない。神様になりたくなくても拒否はできない。

　考えてみれば、このように人を物として使う「術」は、日本の軍国主義勢力には他にいくつも事例があった。中国の黒龍江省の省都、哈尔滨《はるびん》には、関東郡防疫給水部の跡がある。(4) この部隊は一九三六年八月、関東軍防疫部として発足され、一九四五年までに三〇〇〇人以上の朝鮮人、中国人、モンゴル人などがウイルス、ペストなど生化学武器の開発の実験台として使われ、犠牲になったことが知られている。(5) 一九四七年に米軍が作成した報告書によれば「二〇〇人以上の死亡者から作成された顕微鏡用標本八〇〇枚」(6) があったなど数々の実態が報告されている。この部隊の出身者による生々しい証言もある。(7) この部隊の名前は一九四一年、満州七三一部隊に変わった。人を物にする「術」としては招魂式に比べ大変俗っぽいかもしれない。ところが、さる二〇一三年五月一二日、東北の地震被災地を訪問した安倍総理が七三一という数字が鮮明にかかれた航空自衛隊の飛行機に乗って親指をたてる姿が、韓国はもちろんアジア諸国に伝わった。このことにより韓国では、安倍総理は、経済大国日本に相応しくない「情けない政治家」としての悪評を高めた。

この総理はずっと前から靖国神社参拝を行い、憲法改正を訴えている。あの七三一機パフォーマンスの一週間前には、プロ野球巨人軍の試合前に九六番の背番号で始球をした。自分が九六番目の総理大臣であるという意味にとれるとはいえ、彼が日本国憲法の改正に関わる第九六条を変え、次に第九条をも変え、日本を巨人にし、自衛隊を巨人軍にしようと考えていることは、韓国にもすでに知られている。この総理を党首とする自民党は天皇を元首とする憲法改正案を二〇一二年にまとめている。

政治家の靖国参拝を進める政治勢力は、戦没者に対する単なる追悼を行う素朴な政治勢力ではなく、日本を戦前に逆戻りさせる改憲の同盟勢力であったのである。いや同盟勢力でなくその中心的勢力であることが靖国に行ってから、わかってしまったのである。無明から脱する瞬間であった。

2　仲間入りの憲法と仲間外れの改憲

情けないのは九六番を愛するあの内閣総理大臣一人ではない。一見、人柄が良さそうに見える橋下徹という若い政治家は、戦争には慰安婦が必要であると言ったそうだ。いわゆる慰安婦が女性を性的な奴隷にするものであることを知らないはずのない弁護士であり、将来が有望視される政治家の発言としては想像を絶する。人を物として考えた点で、人を爆弾ボートにのせ、また魚雷に閉じ込め、死なせた後、「君は神様になった」と欺くこと、また生体実験台に上げることと一体なにが違うのであろうかと言いたくなる。

日本には共同体を重視し、義理と人情を大事にし、周りに気を配ることを重んじる美しい文化的伝統があると記憶している。人の情けを理解しない者は仲間から外すといわれる。法律規範に訴える前に倫理規範あるいは道徳規範に頼るともいわれる。ところが、このような文化は日本のみの文化ではない。同じく共同体を重視しているアジア諸国の文化でもある。日本の一番近くにある韓国もそうである。首相であれ、将来が注目される政治家であれ、このような言動は「仲間外れ」の第一の理由になる。

考えてみれば、日本国憲法は日本がアジアの仲間になるための憲法でもあった。第二次世界大戦後の日本国憲法に第九条がなかったならば、軍国主義だった日本がアジアの仲間となれたのか疑問である。ドイツ、イタリアのように国家主権の制限を前提に軍隊を認める場合もあったが、そのような国は戦時の指導者を徹底して処罰している。日本の場合は、軍統帥権の独立などの論争的な問題がないわけでなかったが、明治憲法における天皇の絶対的な権限を考えると、アジア諸国民にとって天皇を戦犯として処罰しないことには強い抵抗があった。

戦後すぐに就任した幣原首相から直接聞いた話などを記した「大平メモ」にも天皇の戦争責任に関する多くのことが語られている。「(幣原は) どうか生きている間にどうしても天皇制を維持させておいてほしいと思うが、協力してくれるかと (マッカーサーに) たずねた……幣原は、更に天皇のことについて色々説明し、今年 (一九四六年一月一日の人間宣言) の詔勅を御出しになったいきさつや平和主義者でいられる事も強調して説明をした。……マッカーサーは出来る限り日本の為になる様にと考えていたらしいが、本国 (米国) 政府の一部、GHQの一部、極東委員会では非常に不利な議論が出ている。殊にソ連、オランダ、オーストラリヤ等は殊の外天皇と言うものをおそれていた。終戦の時天皇の命令を聞いた国民の事だから、又ふたたび天皇の命令であれば何を始めないとも限らないと言う心配であったのだろう。だから天皇制を廃止することは勿論、天皇を戦犯にすべきだと強固に主張し始めた。この事についてマッカーサーは非常に困ったらしい」[8]。前（第Ⅰ部第二章）にも触れたように、いわゆる憲法第九条の幣原提案説でよく引かれる文書だが、幣原説の当否如何を離れ、ここで読み取れるのは、連合国の多くも天皇の処罰を求めていたことである。

アメリカ本国では、九月一八日に上院で当時の天皇裕仁を戦犯として訴追することを全員一致で議決していたし、三省調整委員会（ＳＷＮＣＣ）では「ヒロヒトは戦争犯罪人として逮捕・裁判・処罰を免れない」[9]という内容の「日本国天皇ヒロヒトの身柄の取り扱い」に関する政策文書（ＳＷＮＣＣ五五―三）を出している。そして、オーストラリア政府も天皇を戦犯リストにいれるべきであるとイギリス政府に強く主張していた[10]。

日本を脅威であると感じたのはソ連、オランダ、オーストラリアのみではない。アジアの諸国民はより強くそのことを感じていた。第二次世界大戦の際、天皇の名によって徴用され、天皇の名によって強制連行されたことを覚えているアジアの諸国民にとっては、戦争が終わっても日本は依然アジアの脅威であり（第Ⅰ部一章3参照）、天皇制を維持したままでは日本をアジアの一員として到底受け入れられない状況であった。このような文脈からすれば、非武装平和主義を規定した日本国憲法はある意味では天皇には生命を与え、日本政府にはアジアという外交舞台に再び上がる機会を与えたものである。

このような点からすると、日本政府、特に安倍政権の諸パフォーマンス、七三一機パフォーマンス以外にも、最近は、例えば、二〇一六年の国会での所信表明演説で自衛隊員らへ敬意を表し、その際自民党員が立ち上がり拍手を送る「スタンディングオベーション」[11]などはどう考えても調子はずれである。靖国参拝がアメリカのウェリントン国立墓地参拝と同じ意味合いであるはずがないことは日本の政治家なら知らないはずがない。日本国憲法第九六条の改正が単に硬性の憲法から軟性の憲法への衣替えとみる日本国民がいるはずもない。「侵略の定義は定まっていない」という安倍晋三の国会での発言[12]、「慰安婦制度が必要なのは誰だってわかる」という橋下徹の発言[13]、「あの戦争が侵略だと規定することは自虐しかない」[14]という石原慎太郎の発言など、侵略の歴史問題に関する一部の政治家の諸発言は外交行為としてとても容認できない。日本国内向けの政治行為であるとしてもあまりにも時代遅れであり、時代錯誤的であり、一つも好意的に評価する言葉が見つからない。

現実は多少違っていても、憲法規範としては戦後七〇年にも及び非武装平和主義を持ち堪えたことで、かつての侵略国であるにもかかわらず、アジアの一員として仲間入りができたことをすっかり忘れた調子はずれの音痴な外交である。忘れていないのであれば仲間を無視した政治行為である。日本国憲法前文の第二段にある「われらは、平和を維持し、専制と隷従、圧迫と偏狭を地上から永遠に除去しようと努めている国際社会において、名誉ある地位を占めたいと思う」という文言にまったく反している。

3　憲法改正の限界と自民党の憲法改正案

第二次世界大戦後の日本国憲法が侵略についての反省に基づく憲法であるか否か（「加害者としての憲法」）はここでは問わないとして、戦争の惨禍についての反省からできた憲法（「被害者としての憲法」）だとしても、安倍政権の靖国神社参拝と第九六条先行改憲論（＝第九条改憲論）は日本国憲法の文言にまったく反する。周知のように、日本国憲法の前文には「政府の行為によって再び戦争の惨禍が起ることのないやうにすることを決意し」、「この憲法を確定する」と規定している（第一段）。A級戦犯が祭られている靖国神社参拝が、このような憲法の前文に合致するとは考えられない。日本国憲法が成立した歴史的文脈に関する理解が必要である。

一　国防軍

よく知られているように、二〇一二年に自民党が出した「改正草案」の第九条は、現行憲法第九条第一項の戦争放棄は残したものの交戦権の否認という言葉が消え、自衛権が明文化した。第九条の二が新設され、国防軍を置くこと（第一項）、そして、国防軍の法定主義と国会統制（第二項）を規定している。まずは、二〇〇五年の自民党「新憲法草案」で自衛隊を自衛軍と呼んだのを、さらにすすめて国防軍にしているのも気になる。文面からすれば、自衛のための交戦権を認め、自衛権を具体化するための国防軍を置くという理屈であるが、にもかかわらず、二〇〇五年「新憲法草案」と違って自衛軍でなく国防軍にしたのは、自衛軍にする場合の政策的な縛りを取り払い、いわゆる普通の軍隊としてより積極的に位置づけたいという思惑が表れている。

このような条文新設はある意味では、現時点で憲法に違反して存在している自衛隊の現実を憲法化したとも言える。[15] しかし、憲法に違反する存在を正すどころか後追いで憲法をつくり、憲法に規定さえあれば合憲であるとする発想は憲法万能主義であり、立憲主義にまったく反する。

韓国憲法にもこのような反立憲主義的な憲法条項がある。例えば、韓国の国家賠償法（一九六七年）の第二条第一項目には、軍人・警察・公務員などが職務中に受けた被害に対して法律の定める補償以外、国家に対する二重の賠償を求めてはならないという規定があった。軍人などが忠誠の対象である国家に賠償を求めるなんてけしからんという発想であり、当時ベトナム戦争へ参戦した韓国政府が、戦争による被害賠償をなるべく抑えようとした結果である。ところが二〇年近く違憲判決を出していなかった日本の最高裁に当たる韓国の大法院が、一九七一年六月、この法律に対して、国家賠償請求権の侵害であると判決した。しかし、政府は一九七二年に憲法を改正する時にこの国家賠償法第二条第一項を憲法に入れ、むしろ合憲にした。こんなめちゃくちゃなことが起こったのは、日本でも独裁政権として知られている朴正熙《ぱく・じょんひ》政権下の話である。同じように、憲法の原理原則と合わない違憲なものも憲法に規定さえすればよろしいという発想が、経済大国日本の執権与党の、立憲主義と憲法に関する発想からもうかがえる。

自民党改憲案の第九条の二の第三項からは、自民党が安全保障に関する主題も把握できない政権であることがうかがえる。国防軍について書かれた第三項には「国際社会の平和と安全を確保するために国際的に協調して行われる活動ができる」とある。しかし韓国をはじめとするアジア諸国は、侵略の歴史を否定する日本政府に国際社会の平和と安全の確保を依頼したことがない。むしろ、人を物として使った戦前に回帰するような言動を行い、戦犯を合祀している靖国神社へ公式に参拝することを公言している安倍政権から脅威を感じている。他の保守的な政治家の言動からも、国際的な協調は期待できない。このような暴走政治にストップ(16)をかけることなく、むしろ票で支える日本の状況が情けない。

法律の専門家には常識的なことであるが、証人も有罪判決の重要な根拠である。いわゆる従軍慰安婦の存在と諸証言は、人を物にし、しかも性的に奴隷にしたことの証左である。これについては日本の政府も認定した。一九九三年八月の河野談話がそうである。国連もこの事実を認め現実を変えるよう日本政府に勧告している。ところが、近年はこれを否定する政治家の発言が目立つ。彼らにアジアの安全と平和の確保をお願いするのが嫌なのは、私一人だけではないだろう。従軍慰安婦達は老いている。はやくて五〜六年、長くても一〇年経てば、生存者はいなくなる。それを待っているわけでなければよいのだが。二〇一五年一二月二八日には、この件に関して日韓の政府が「合意」をしたが、当事者の意見が無視されたことをはじめ、手続的にも実体的にも問題があり、あらゆる非難に直面している。当事者達は真実の究明に基づいた「正義と和解」を望んでいる。

それでは、自民党はなぜこんな憲法案を出しているのであろうか。一つ考えられるのはアメリカとの従属的な軍事協調関係である。しかし、そのような関係にある日本にとって国際社会の平和と安全とは、はたしてなんであろうか。自衛隊をアメリカの軍事戦略に追随した軍隊とみなす日本は、日米安保条約以外にもすでに、アメリカの戦略的柔軟性という攻撃的な軍事戦略に従って、一九九〇年代以後、有事法制の整備に熱心であった(17)。二〇一五年には安保関連法が国会で強硬採決され、二〇一六年三月二九日から施行されている。

しかし、これは本音でないかもしれない。むしろ、アメリカの圧力を口実に軍事大国になりたいのではなかろうか。改憲案第九条の二の第三項、国防軍は「国際社会における公の秩序を維持し、または国民の生命もしくは自由を守るための活動」も行うことができるという文言からは、周辺諸国、例えば、韓半島有事の際には独自の軍事活動および先制攻撃（preemptive strike）をすることを想定していると思われても仕方ない。

同改憲案、第九条第四項と第五項は国防機密法のための根拠条項であり、軍事裁判所のための根拠条項までおいてある。「兵営国家（Garrison State）」ともいえる韓国でさえも軍事裁判制度をなくそうとしている時代に、自民党は一体何を目指しているのであろうか。

それだけではない。「改正草案」では現行日本国憲法第一八条にある「奴隷的拘束を受けない」という文言が削除されている。この文言は奴隷制をとっていたアメリカの憲法修正第一三条の「奴隷またはその意に反する苦役」の禁止に由来するが、『自民党改憲草案Q&A』の説明とは違って、日本の憲法になじまないことでもない。日本国憲法が制定される前、神風特攻隊のようなイデオロギー的な洗脳による前近代的な軍隊運用はもちろん、徴兵制という個人の意に反する苦役制度を国家の制度として日本は運営したことがある。従軍慰安婦のように日本や植民地の若い女性をその意に反して性的奴隷にしたことも想起される。

なお、第一八条は現在も私的な人間関係のみならず、国家と個人間関係にも適用される。国家は個人の持つ身体の権利を侵害してはならないのであり、この条文が日本では長く徴兵制の禁止条項として使われていた。よって、この文言を削除したということは、自衛隊を国防軍にし、将来的には徴兵制までも念頭においた条文削除であると考えられるのである。

二　天皇の元首化

さらに天皇を元首にするという自民党の憲法改正案の第一条からは、頭を強く打たれたような気がする。「天皇は、日本の元首であり、日本国民および日本統合の象徴であって、その地位は主権の存する日本国民の総意に基づく」とあるのだ。これは現行日本国憲法第一条の本文の前に「天皇は、日本国の元首である」という文言を挿入する形をとっている。周知の通り、天皇の名によって始められ、天皇の名によって終わったあのアジア太平洋戦争の惨禍を生々しく覚えているアジア諸国の人々にとっては、大日本帝国を想起させる文言であり、大きな衝撃を受けることだろう(18)。

なお、前文でも次のように天皇関係の文言がある。「日本国は、長い歴史と固有の文化を持ち、国民統合の象徴である天皇を戴く国家であって、国民主権の下、立法、行政及び司法の三権分立に基づいて統治される」。これは、解釈によっては、「長い歴史と固有の文化を持ち、国民統合の象徴である天皇」が、国民主権の下の三権分立に基づく統治に対して特別な地位を占めることができると把握することもできる。つまり、天皇の存在が国民主権に基づく三権分立の前提条件になりかねない。そうするとこれはある意味では皇国史観の復活とも言える(19)。

そこまで、拡大解釈をしなくてもこの文言は相矛盾しているため、近代的な憲法の文言とはいえない。すなわち、「国民主権を大原則にする国家において『いちばん、えらい』国民の総意で置かれている天皇を国民が『戴いている』というのは背理である(20)」といえるのである。

なお、現行日本国憲法では、「国政は、国民の厳粛な信託によるものであって、その権威は国民に由来し、その権力は国民の代表者がこれを行使し、その福利は国民が享受する」と叙述しているが、「改憲草案」の前文では、そのような近代憲法的な表現はなくなり、日本国は「天皇を戴く国家」であり、その「天皇を戴く国家」によって統治されることに変わっている。

アジア諸国をはじめ連合国を安心させ、またアジアの一員として仲間入りするための避雷針であった象徴天皇制は、容赦なく捨てられてよいものであろうか。非武装平和主義という価値を検討することなく、改憲が議論されてもいいのであろうか。時代遅れであるとして、イギリスでは存立が問われている君主制が、今の日本では逆に強化されようとしている。

三　国旗国歌の明文化

「改正草案」で目立つのは国旗国歌の明文化である。一九九九年八月一三日に制定された国旗国歌法の憲法化である。日本では一九九六年頃からすでに、当時の文部省の指導で公立学校などの教育現場で日の丸の掲揚と君が代の斉唱が義務づけられている。学校現場では早くも一九九六年からさまざまな反対の声が上がっていた。埼玉県立所沢高等学校では、卒業式・入学式での日章旗と君が代の扱いをめぐる批判があり、その他、日の丸関係の最高裁の判決も多数出てきている。例えば、卒業式などで日の丸に向かって起立せず、君が代を斉唱しなかった公立学校の教職員などを停職や減給、戒告とした東京都の懲戒処分をめぐる三件の訴訟の上告審判決が、二〇一二年一月一六日に出された（最高裁第一小法廷）。三件の訴訟の原告は計一七一人ということで、うち停職処分を受けたのが二人、減給処分が一人、あとの一六八人は戒告処分であった。最高裁は、停職処分二人のうちの一人と減給処分の一人について、「裁量権の逸脱・濫用」を理由に処分を取り消し、戒告処分の一六八人と停職処分の一人については裁量の範囲内で違法ではないとした。(21) 教員の「日の丸・君が代への不起立」が、職務命令に違反するとしてなされた懲戒処分の取消訴訟も続いている。(22)

国旗国歌法はさらに、国民には尊重義務を課した。日の丸・君が代を通じて国家に対する忠誠を求める根拠にするためである。戦前のように不敬罪などで天皇や国旗・国歌に忠誠を強制する可能性もでてくる。考えてみればこのような尊重義務は、自民党の長年の復古主義的憲法改悪プロジェクトの一つでもある。中曽根康弘政権（一九八二〜八七年）が設置した臨時教育審議会（臨教審）では、その第一次答申（一九八五年）で戦後の民主主義教育を権利意識は強いが責任意識はない不均衡なものと過小評価し、復古的な姿勢を見せたことがあり、今回の国旗国歌法もその延長線上にある。(23)

アジアの諸国民は、日の丸・君が代に対して格別の不快感がある。日の丸は徴兵され日章旗のもとに戦ったアジア太平洋戦争を思い出させるし、天皇の世が永続することを願うという君が代には植民地時代の悪夢をみるのである。

四　緊急権条項の新設

自民党の「改正草案」第九八条第一項は、「外部からの武力攻撃、内乱等による社会秩序の混乱、地震等による大規模な自然災害その他の法律で定める緊急事態」において、内閣総理大臣が緊急事態の宣言を行うことができるとした。国会の事後承認が規定されているが、緊急事態が宣言されると、内閣にも、法律と同等の効果をもつ緊急命令を発する他、緊急財政処分、自治体の長への指示をする権限が与えられ、国民には公共機関の指示に服従する義務が発生することになっている。

ところが、これらの条項についてはいくつもの疑問がある。まずは、自然災害と武力衝突などはその性質も対応の仕方も違うにもかかわらず、それが一体になっていることである。次に、自然災害にも武力衝突に対しても国防軍が対応するようになっていることも問題である。自然災害に対しては人命救助や施設復旧などの対応が求められるのであって、軍隊の出動は必須でない。一般警察力かあるいは人命救助などに特化された特別警察力、つまり災難救助隊などで対応すればよい。そこで韓国などでは緊急権条項を置いておいても、自然災害に関しては緊急事態の宣言が発されるための条件に含まれていない。なお、武力衝突・戦争などの事態に対しても警察力で対応できる事態には緊急命令で対応するようにし、軍事力でしか対応できない事態に限って戒厳令という緊急権を行使できるようにしている（詳しくは第Ⅲ部第四章で触れる）。こうした制限があるにもかかわらず、緊急事態の判断は権力担当者に任されていて濫用されがちである。

しかし、日本の自民党の「改正草案」はあえてこの区別をなくして、自然災害にも国防軍で対応するようになっている。自然災害対策という名を借りて戦争準備をするか、自衛隊存立の貧弱な根拠を自然災害で補おうとしているように見える。

なにより、これらの緊急権条項は立憲主義に反するものである。近代的憲法とは国家権力を縛る規範であり、それによって国民の自由を守るものだが、緊急権条項は国家に権力を集中させ、むしろ自由を制限することを本質としている。自民党の「改正草案」はそれを自覚していない。

五　いわゆる自主憲法の確認

これら問題点の根底には、歴史修正主義的な観点があると思われる。つまり、現行の日本国憲法を押し付けられた憲法だと決めつけ、その清算作業の一環として自主憲法を制定したいという考えがうかがえる。一九四六年に制定された日本国憲法は不十分でありながら、アジア太平洋戦争への反省、植民地支配への反省を間接的に表現し、それに基づく未来への誓いとして恒久平和を念願しているが、「改正草案」には日本国土の美しさ、日本の伝統など近代的憲法には不釣合いな内容と筋が盛り込まれている。天皇を国家元首にし、国防軍をおく案である。国防軍は自然災害の名を借りて緊急時に国民の自由を縛るか戦争準備をするかの恐れがある。考えてみればこれらが自民党が結党以来続けてきたいわゆる自主憲法の本音であり、「改正草案」はその一端に過ぎないかもしれない。

六　憲法改正の限界

ところで、七三一と書かれた飛行機上でパフォーマンスをし、靖国神社に公式参拝までする総理大臣の下での国防軍とはどういう軍隊であろうか。それはいうまでもなく人を物として使う軍隊であろう。さらに元首天皇制の下での国防軍とはどういう軍隊であろうか。天皇という国家元首のために、あるいは国民統合のために命を投げ出す、つまり結局は天皇のために命を投げ出す軍になるのではなかろうか。心配である。もちろん靖国神社では彼らの魂を神として招くのであろう。

このような自民党の憲法改正案は憲法改正の限界を越えるものである。(24) 憲法改正の限界については一般理論的な議論がさまざまあり得るが、(25) 少なくとも侵略戦争の結果として作られた現代憲法には三つの力に対する制限があると思う。国民主権と基本的な人権の尊重、そして平和主義である。最近の報道によれば日本国民の多くは憲法九条の変更を狙いとする改憲に反対している。憲法制定権力である国民が平和を選択しているところは注目に値する。私は情けない政治家に対する期待を捨て、情け深い国民に期待をかけるしかない。

4　姿を消した平和的生存権

最近、韓国はもちろん国際社会で注目されている言葉が一つある。それは平和権である。国連は一九八四年一一月の総会で「平和権宣言（Declaration on the Right of Peoples to Peace）」を採択した。二〇〇八年には国連人権理事会が平和への権利に触れ、この議論を継続的に行うことを決定した。二〇〇九年、国連の人権理事会は「平和権促進決議」を採択し、その後、国連の人権委員会には平和権諮問委員会が設置され、平和権宣言のための草案作りが進んでいる。(26) 二〇一六年一二月一九日の国連総会では「平和への権利宣言」が採択された。

二〇一〇年一二月には国際平和権大会がサンチアゴで開かれ「サンチアゴ平和権宣言」が採択された。韓国でもこれらの世界的な動きを受けて、二〇一二年の秋、平和運動諸団体と諸法学研究所などが平和権円卓ワークショップを行い「平和権の国際的な議論と韓国への受容可能性」を検討しはじめている。それを受けて、同年、米軍基地移転で争っている平澤《ぴょんてく》、海軍基地の設置問題で揉めている済州島《ぜじゅ》では、住民による平和権宣言が行われた。このような国際的な議論において大いに参考になったのは、日本国憲法前文の「平和の内に生きる権利」である。

ところが、不思議なことに日本国憲法改正の議論には、平和的生存権に関する議論がない。議論はもちろん、文言そのものが二〇一二年の自民党「改正草案」からなくなっている。航空自衛隊のミサイル建設のための保安林解除処分が争われた行政訴訟で、政府の処分が公益すなわち住民の平和的生存権を侵害したと判断した一九七五年の長沼地裁の判決以来、三五年ぶりに名古屋高等裁判所が平和的生存権を裁判規範として認めたことにも反している。

平和的生存権あるいは平和権は、平和と人権を結びつけた第三世代の人権であり、人権の前提条件としての平和を権利化した人権である。一九六八年に採択された世界人権大会の宣言文は「平和と正義は人権と根本的自由の実現に必須」であるとした。一九七六年の国連人権委員会は「すべての人は平和と安全が維持される中で生きる権利」があるとした（1976. 2. 27/5XXXII）。一九七八年国連総会の「平和に生きる社会の準備に関する宣言」では「すべての人々は人種、良心または性を問わず平和に生きるための生まれながらの権利を持つ」とした。そして、それが一九八四年の国連総会での平和権宣言につながった。

このような意味で第九条第二項を核心とする日本国憲法は、世界的なものになりつつある平和権を先取りした憲法だといえる。(27) 韓国では平和的手段による民族自決権、あるいは平和的手段による自主権の見本として、そして韓半島統一の志向点を考えるヒントとしても、日本国憲法に注目している。韓国は日本国憲法の仲間になりたがっているのである。

5　平和の仲間に

もう一つ、周りからよく聞かれることがある。靖国に公式参拝し憲法を改正しようとする政治家が多いのに「日本はなぜすぐ軍国主義にならないのか」である。これには私はすぐ答えられた。日本には情けない政治家は多いが、少なくとも戦後の日本国民は情け深いからだと。

ところが、最近、心配が一つ増えている。その存在に対する歴史的な根本的解決をせず、ある種の妥協策として提示されている権利、すなわち、特別永住権者の権利を特権と決めつけ、それをなくそうという人々が、公に声を出し始めたことである。一九四六年一月七日に出されたアメリカ側による「日本統治体制の改革」という文書では「日本臣民および日本の統治権の及ぶ範囲にいるすべての人（all persons within Japanese jurisdiction）」に基本的人権を保障すべきであるとした(28)。そして、それに基づく憲法草案が作られたが、日本政府はそれを否定し、国民を主語にする人権条項を作った（四月一三日の日本政府草案(29)）。

なお、日本国憲法が施行される前日である一九四七年五月二日、天皇の最後の勅令である第二〇七号「外国人登録令」で「当分の間、これを外国人とみなす」という巧妙な言葉で在日朝鮮人を日本人から切り離した。こうして「日本国籍を持った外国人」が作られた。そしてサンフランシスコ平和条約の発効直前である一九五一年四月一九日、法務部（いまの法務省）民事局長の通達「平和条約の発効に伴う朝鮮人、台湾人等に関する国籍及び戸籍事務の処理について」で、旧植民地の朝鮮人や台湾人の日本国籍が剝奪される。こうして、サンフランシスコ平和条約の発効と同時に、在日朝鮮人を一律かつ一方的に外国人にしたうえで、これを管理するための外国人登録法と出入国管理令が成り立つことになった。これは同化か追放かの二者択一を迫る外国人管理体制であった(30)。こうした措置により、在日朝鮮人、中国人を戦後補償から除外したうえ、貧弱な権利状態に陥れることになった(31)。

その後一九六五年の「韓日基本条約」とそれに伴う「協定の実施に伴う出入国管理局特別法」が制定され、初めて永住権（協定永住権）が認められることになる。そして、一九九一年、「日本国との平和条約に基づき日本の国籍を離脱した者等の出入国管理に関する特例法」（入管特例法）が制定されることにより、三代目以後にも同様の永住権が認められる特別永住者になった(32)。このようないきさつから特別永住権が生まれたということをあの会は知っているのであろうか。

第九六条につづき第九条第二項を改憲するところまで暴走し、日本がアジアの仲間から外れないことを祈る真夏である。

注

（1）遺族がいる場合は遺骨を家の墓地に安置し、そうでない場合、例えば、千鳥ヶ淵戦没者墓地では、第二次世界大戦の戦没者のうち日本国外で死亡した軍人、軍属、民間人遺骨のうち、遺族に引き渡すことのできなかった遺骨を安置している。

（2）高橋哲哉『靖国問題』（ちくま新書、二〇〇五年）二五頁。

（3）村上重良『慰霊と招魂――靖国の思想』五三～五四頁（岩波新書、一九七四年）；同『国家神道』（岩波新書、一九八〇年）四〇頁；小野祖教『神道の基礎知識と基礎問題（改訂増補版）』、（神社新報社、一九八七年）一八六～一八八頁。

（4）https://www.youtube.com/watch?v=BzXNo6IKDCc、二〇一七年一月五日閲覧。

（5）太田昌克『731免責の系譜――細菌戦部隊と秘蔵のファイル』（日本評論社、一九九九年）三三～三四頁。その他、この問題一般に関しては笠原十九司ほか編『歴史の事実をどう認定しどう教えるか――検証731部隊・南京虐殺事件・「従軍慰安婦」』（教育史料出版会、一九九七年）一四頁以下。

（6）松村高夫「『ヒル・レポート』（上）――七三一部隊の人体実験に関するアメリカ側調査報告書（一九四七年）」『三田学会雑誌』八四巻二号（一九九一年七月）二九三頁。

（7）731・細菌戦裁判キャンペーン委員会『元七三一部隊員の初の法廷証言――隠蔽されてきた日本軍の細菌戦を暴く歴史的証人尋問始まる』（ABC企画、二〇〇一年）。

（8）田中英夫『日本国憲法制定過程覚え書』（有斐閣、一九七九年）九四頁以下。この「大平メモ」とは幣原の無二の親友であった枢密顧問官の大平駒槌の三女の羽室ミチ子が、一九四六年～四七年頃、幣原から直接聞いた話および父から聞いた話を記したものである。

（9）山極晃・中村正則編『資料日本占領1』（天皇制）（大月書店、一九九〇年）四三四～四三八頁。

（10）*FRUS* 1945, Vol. V, pp. 908, 924-25.

（11）二〇一六年九月二六日、http://agora-web.jp/archives/2021785-2.html、二〇一六年一二月一五日閲覧。

（12）二〇一三年四月二三日、http://www.jcp.or.jp/akahata/aik13/2013-05-12/2013051203_01_1.html、二〇一六年一二月一

五日閲覧。

(13) 二〇一三年五月一三日、http://www.jcp.or.jp/akahata/aik13/2013-07-17/2013071702_03_1.html、二〇一六年一二月一五日閲覧。

(14)『朝日新聞』二〇一三年五月一八日。

(15) 第九条を改変して現実に合わせることが立憲主義のあり方として望ましいのかについての議論としては、山内敏弘『改憲問題と立憲平和主義』(敬文堂、二〇一二年)一二三頁以下を参照されたい。

(16) 澤藤藤一郎弁護士「安部政権の憲法改悪暴走にストップを」『憲法日記』、http://article9.jp/wordpress。

(17) 有事法制については、山内敏弘「「有事」における「米軍支援」法制」『有事法制を検証する——「9・11以後」を平和憲法の視座から問い直す』(法律文化社、二〇〇二年)を参照されたい。

(18) 天皇制の強化の諸問題点に関しては、山内・前掲注(17)一一四頁以下を参照されたい。

(19) 共産党『全批判自民党改憲案』(日本共産党中央委員会出版局、二〇一三年)三頁以下。

(20) 横田耕一『自民党改憲草案を読む』(新教出版社、二〇一四年)三三頁、笹川紀勝「自民党『憲法改正草案』の分析——主に天皇制に即して」『法律論叢』八七巻六号(明治大学、二〇一五年三月二四日)七四頁。

(21) http://www.jicl.jp/urabe/backnumber/20120126.html、二〇一六年一二月三一日閲覧。

(22) http://article9.jp/wordpress/?p=7661、二〇一六年一一月一五日閲覧。

(23) 改憲をめぐる言説を読み解く研究者の会編著『それって本当？　メディアで見聞きする改憲の論理Q＆A』(かもがわ出版、二〇一六年)三二頁。

(24) 民主党の「憲法提言」の諸問題点については、小沢隆一「自民党　民主党の改憲案を読み解く」(二〇〇五年一一月二九日、憲法学習会講演録)、http://www.kyodo-center.jp/shirou/kouen/kouen06.htm。

(25) 浦田一郎『自衛力論の論理と歴史——憲法解釈と憲法改正のあいだ』(日本評論社、二〇一二年)二〇〇頁、佐藤功「憲法改正——第九六条の諸問題」『法律時報』三〇巻一号(日本評論社、一九五八年)五八頁以下を参照されたい。

(26) Report of the human rights council advisory committee on the right of peoples to peace (2012. 4. 16., A/HRC/2031). 国連舞台など国際社会における平和権に関する議論の動向に関しては、笹本潤・前田朗編著『平和への権利を世界に——国連宣言実現の動向と運動』(かもがわ出版、二〇一一年)。

（27）日本国憲法の比較憲法的位置づけに関しては、杉原泰雄「比較憲法史をどう描くか」『法律時報』一九九五年一月号九〇頁、浦田一郎『現代の平和主義と立憲主義』（日本評論社、一九九五年）九九頁を参照。
（28）SWNCC 228 'Reform of Japanese Government System', 高柳賢三ほか編『日本国憲法制定の過程』（Ⅰ　原文と翻訳）（有斐閣、一九七二年）四三二〜四三三頁。
（29）佐藤達夫『日本国憲法成立史』第三巻（有斐閣、一九九四年）三三八頁などを参照されたい。
（30）在日本大韓民国民団中央民族教育委員会企画『在日コリアンの歴史――歴史教科書（第二版）』七一頁以下（明石書店、二〇一三年）。
（31）姜徹『在日朝鮮人の人権と日本の法律』（雄山出版社、一九九四年）、水野直樹・文京洙『在日朝鮮人――歴史と現在』（岩波新書、二〇一五年）などを参照されたい。
（32）在日本大韓民国民団中央民族教育委員会、前掲注（30）八五、九七頁。

第Ⅱ部　日本国憲法とアジア

第一章　韓国と日本の平和を語り合う——平和主義の現在と将来

1　平和を論じる

日本では平和ボケという言葉がよく使われる。この言葉を私なりに解釈すれば、まずは、戦後七〇年以上続いている平和な状況のせいで、国の安全に国民が鈍感であるという意味であろう。もう一つは戦後七〇年以上続いている平和な状況のため、むしろ平和の大切さに鈍感であるという意味であろう。前者はいわゆる保守派が国の対外政策を軍事化するための文脈でよく使われ、後者はいわゆる進歩派が軍事化する対外政策を批判するための文脈でよく使われる。

しかし、隣の国である韓国の者にはこういう状況さえもうらやましい。お互いの攻防からうかがえるのは、少なくとも、日本は七〇年以上平和が続いていたことである。ところが、韓国にとって戦後約六〇年間は平和も平和に関する議論さえなかった時期である。熱戦と冷戦が繰り返し続いた六〇年であったためである。そのような状況のためか、ある国会議員は国会で国の基本政策として平和統一を主張したが、平和的な手段であれば自由民主主義を否定するはずの共産化統一も容認していいのかと批判され、国家保安法違反で起訴されたことがある。(1)

南北の平和軍縮を主張しても、韓国の軍事力を弱めることは北朝鮮が主張している軍縮主張と共通していて、結局のところ敵を利する主張だと批判されたりしていた。

隣の国でありながら、一方の日本では第二次世界大戦後、七〇年以上平和が続き、平和でボケているかどうかが問題になっているが、他方の韓半島では戦後、日本の植民地支配のせいで南北が分断され、そのなかで平和を論じること自体がタブーとされた。

ところが、韓半島でもいわゆる戦後六〇周年[2]にあたる二〇〇五年あたりになると、平和が本格的に論じられた。二〇〇五年九月一九日、韓国政府は六者会談で韓半島の平和体制を論じることに合意した[3]。アメリカは北朝鮮に関する不信から六者会談という多国間の対話テーブルを好み、北朝鮮はアメリカとの二国間の交渉を試みたが、互いに妥協して一応この六者テーブルにみな座ることになった。ただ当初は六カ国のテーブルで主に米朝が話し合うような風景であった。ところが時間が経つにつれ、文字通りの六者会談としての形で議論が行われ、二〇〇五年の第四次六者会談の末である九月一九日には、北朝鮮の核開発疑惑などを発展的に解消するための対策のみならず、韓半島の平和体制まで合意した（以下、この合意を「九・一九共同声明」と呼ぶ[4]）。

「九・一九共同声明」で、韓半島の平和の直接の当事者である南・北は「永久的な平和体制についての協議」を始めること、日本を含めた六者（南・北、露、中、米、日）は「東北アジア地域の永続的な平和と安定のための共同の努力を約束し」、「東北アジア地域における安全保障面の協力を増進するための方策について探求していく」こと（「東北アジア平和フォーラム」）に合意した。なお、六者はこの合意を東アジア平和体制に移行するための原則として、「約束対約束」、「行動対行動」の原則を掲げ、段階的に相互に打ち合わせた措置をとることまで合意した。

「九・一九共同声明」の行動原則に基づいた実践に関しても、二〇〇七年二月一三日に合意（Initial Actions for the Implementation of the Joint Statement、以下、「二・一三合意」）が得られた(5)。これによると、韓半島の平和のためには周辺諸国の平和的関係の構築が望まれ、特に、日本と北朝鮮の間では両国の関係正常化のための対話を始めることが合意された。そして、そのために歴史問題の解決が促された。なお、東北アジア地域の永続的な平和と韓半島平和体制に関する協議に着手することも規定（第六項）している。

こうみると、「九・一九共同声明」は、戦後の日韓関係において、韓国と日本が平和という言葉で国際的につながる画期的な事件であったと思われる。なお、戦後の平和の歴史は異なるが、韓半島の平和と東北アジアの平和のためには、日韓両国ともにアクター（actor）あるいは担い手であることが合意されたということでも非常に意味深い。

ところが、韓国と日本の平和への道のりに関し、別の意味でも強いつながりがこれから期待される。日本政府は二〇〇六年五月一日、両国の外務、防衛大臣が参加する日米安全保障協議会（二＋二会談）を開き、包括的安保戦略で米軍の組織再編などを含む以下の合意をした。すなわち、アメリカのワシントン州にある米陸軍の第一軍団司令部が神奈川県の座間に移転し拠点司令部（Unit of Employment：ＵＥｙ）の役割をする。自衛隊の一部を改編して中央即応司令部（Central Readiness Force：ＣＲＦ）をつくり、座間基地に配置する。二〇一二年三月二六日に日本の航空自衛隊の司令部は、駐日米空軍司令部のある横田に移転完了する。沖縄にある米海兵隊はグアムに移転する。こうみると、日米安保条約のため軍事協力態勢にとどまっている日米間の軍事関係を、軍事融合の段階まで引き上げようとしていることがわかる。

従来米軍は前方など特定的の位置に固定配置している旅団—師団—軍団—軍という四層構造になっていたが、

機動力を高めるためにより小規模の自己完結性の高い部隊である未来型旅団（Unit of Action）をモジュール化した上で、未来型師団（Unit of Employment X：UEx）―統合拠点司令部（UEy）という三層構造にしようとしている(6)。

拠点司令部（UEy）とは従来の軍または軍団司令部に替わる司令部であり、イラク作戦のような大規模作戦を指揮する拠点司令部である。韓国政府も二〇〇五年三月から駐韓米軍の第二師団を未来型師団（UEx）(7)に改編し(8)、それを中心として韓半島の休戦線近くの前方にある第八米軍を、そこから一〇〇キロメートルほど離れた後方にある平澤《ぴょんてく》に移し、韓半島のみならずその他の諸アジア地域まで動いて作戦可能な「迅速起動軍」の拠点司令部（UEy）にしつつある。

両国におけるこのような動きは二〇〇三年一一月二五日に発表された、アメリカの「海外米軍再配置検討(Global Defense Posture Review：GPR)」によるものである。「海外米軍再配置検討（GPR）」とは、ブッシュ大統領がテロ、大量殺傷武器（WMD）などの拡散に対処するため全世界にある米軍の軍事態勢を再編すべく発表したものであり、米軍の迅速な対応能力の強化に焦点がある。これに基づいてアメリカは一九九〇年代から海外駐屯米軍の軍事変換（Military Transformation）を試みている。膨大な軍事赤字も変換の主な原因の一つであるが、膨大な海外駐屯米軍にもかかわらずアメリカの軍事的世界支配力が弱まりつつあることが、より決定的な政策転換の契機になった。海外米軍の再配置はそのような軍事政策変換の第一の現れである。

軍事政策変換は軍事作戦の鍵概念も大きく変えた。従来の海外駐屯米軍はいわゆる前方配置軍であるが、軍事変換の一環として試みられているのは、右でも触れたような、「迅速起動軍」である。例えば、韓国の平澤《ぴょんてく》にある米軍は北朝鮮の侵略に対応するのみならず、韓国以外のアジアの地域も守備範囲にする。ところが、このよう

図 2-1-1　陸軍のモジュール化

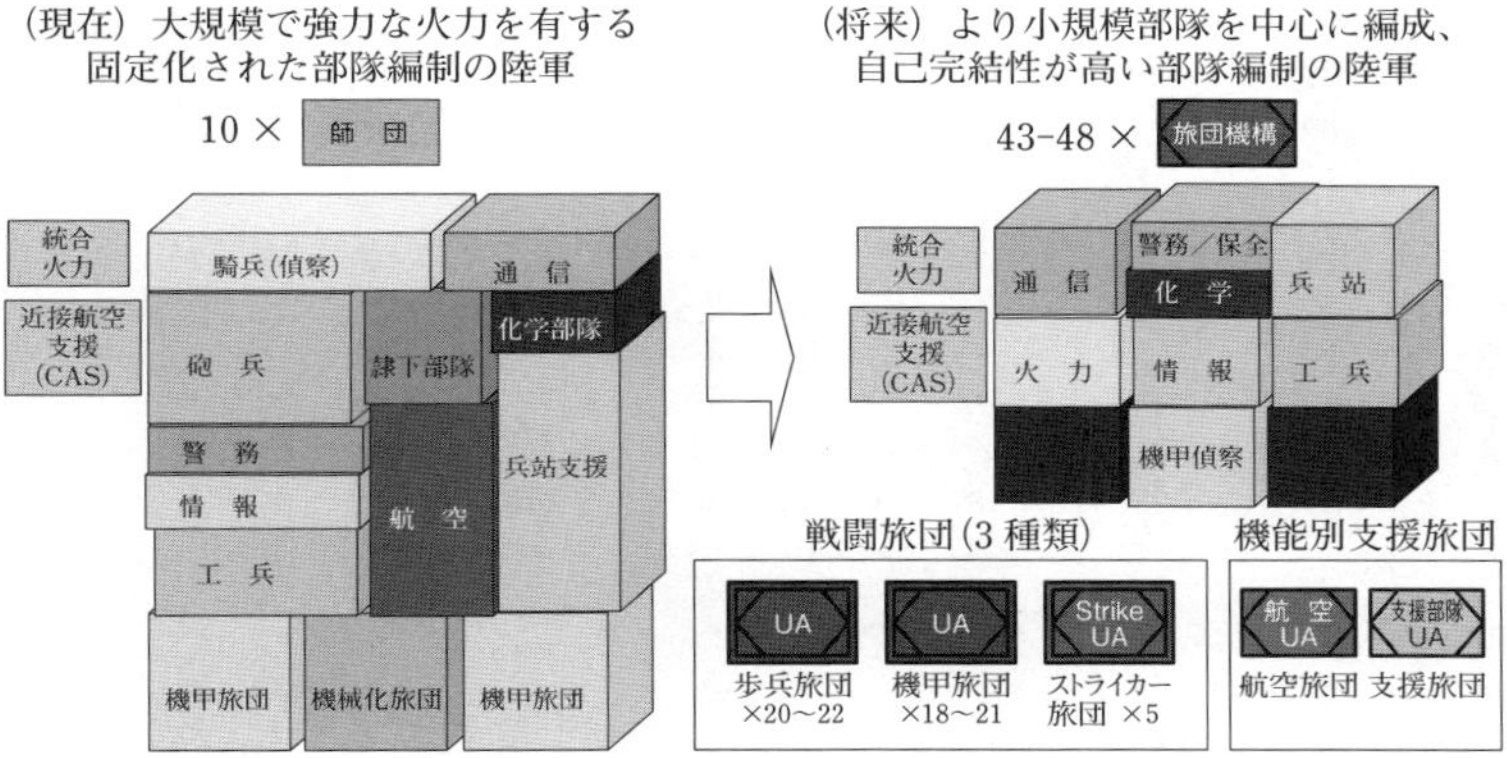

出典）U.S. Army, "Army Campaign Plan: Acp Briefing" 〈http://www.army.mil/thewayahead/acppresentations/4_13.html〉, p 13 を元に作成。

図 2-1-2　UA-UEx-UEy の概念図

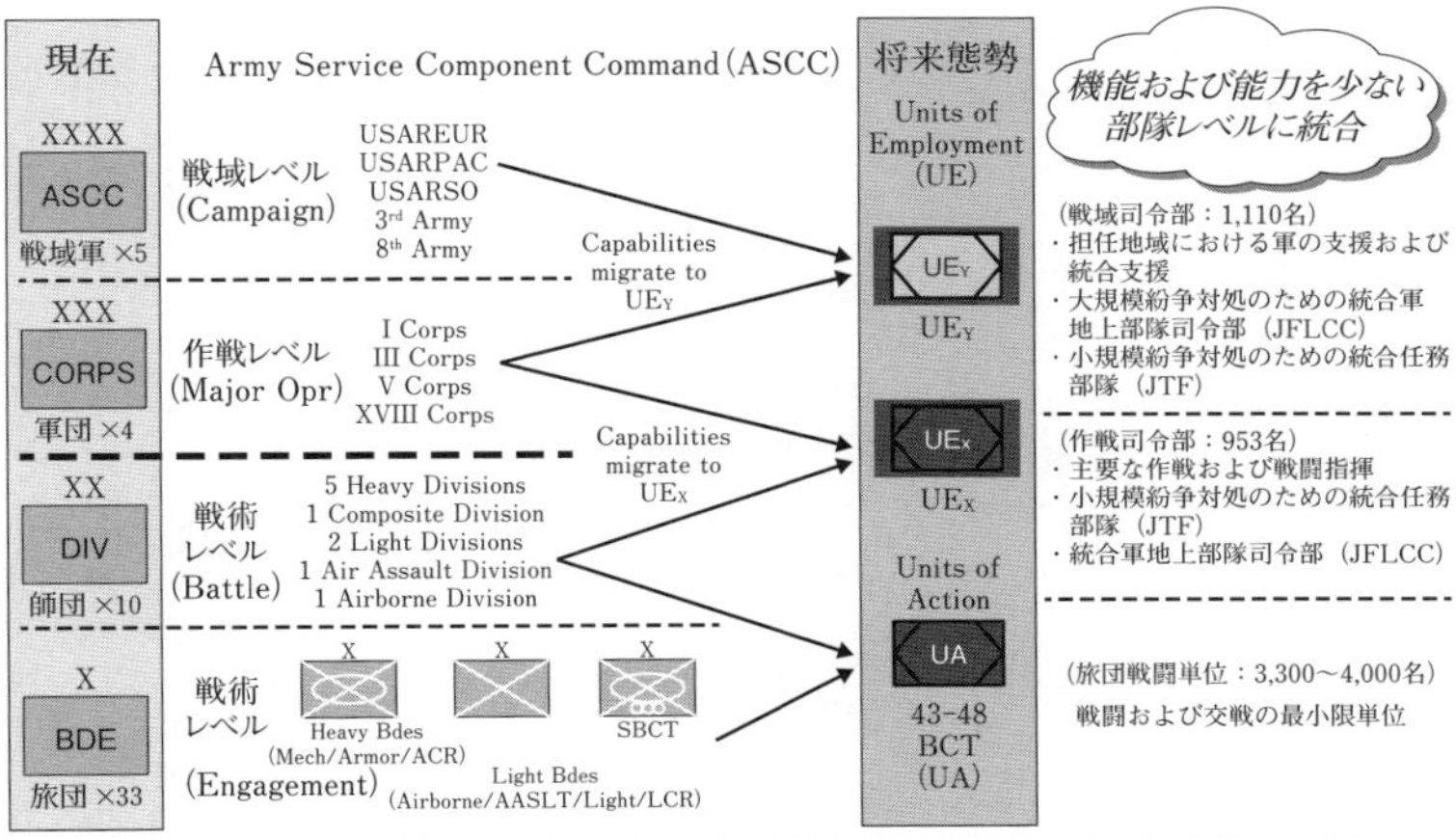

出典）U.S. Army, *The U.S. Army Transformation* 2004 〈http://www.oft.osd.mil/library/library_file/document_386_ATR_2004_Final/pdf〉, pp. 38-44 を元に作成。

な迅速起動軍化は一見効率的にみえるかもしれないが、米軍が駐屯している国と地域が戦争に巻き込まれる可能性を高くする。そこで、日本では「海外米軍再配置計画」による日本の基地再編に対して、一連の平和的生存権訴訟と運動が、岩国、沖縄などで行われている。韓国でも平和的生存権訴訟が平澤《ぴょんてく》などで行われた。

このように、韓米日間の軍事協力関係が軍事変換を軸に同盟化を試みていることからすれば、韓国と日本の間で平和を論じることの意味は大きいと考えられるのである。

2　日本の平和主義が韓国の平和主義に語りかける平和的生存権

平和運動にとって不毛の地ともいえた韓国でも平和運動の輪が広がっている。もちろん二〇〇〇年以前にも米軍の犯罪に対する運動あるいは米軍基地関係の運動がなかったわけではないが、反米運動あるいは韓国式でいえば「民族自主化運動」の側面が強く、平和主義を強く意識したものとは言いにくい面がある。そういう流れからすると二〇〇〇年代の平澤《ぴょんてく》米軍基地移転訴訟は注目に値する。

一　平澤《ぴょんてく》米軍基地移転違憲訴訟(9)

韓国政府と米国政府は二〇〇四年一〇月二六日、「平澤《ぴょんてく》米軍基地移転協定」と「平澤米軍基地移転協定移行のための合意勧告に関する合意書（以下、「移転合意書」）」を締結し、「平澤米軍基地移転協定」については国会の同意を得た。それに基づき、韓国政府は平澤の総計三四九万坪（そのうち二八五万坪は拡張）の敷地を米軍に提供するため土地の買収と収用の手続きを進行させた。

住民側は生業の基盤である土地を政府側が住民の同意なしに収用することに強く反発した。しかも、その土地が米軍基地に取られることを強く懸念し、平和的生存権が危うくされると主張した。他方で、政府側は、二〇〇五年一一月、中央土地収用委員会の裁決を根拠に、強制的に土地収用手続きを推し進めた。そこで、これまで条約締結に反対して国会の周辺で反対運動を続けてきた住民および平和運動団体は反対運動の輪を広げた。「平澤米軍基地拡張阻止のための全国対策委員会」を結成し、全国トラクター巡礼、五〇〇日間のキャンドル集会、反戦平和決議集会など、あらゆる方法で国民を無視するような政府側の動きへ反対の意思を強く示した。

しかし、政府側は二〇〇六年五月、警察一万二〇〇〇人、軍人三〇〇〇人、撤去要員七〇〇名を動員し、平澤米軍基地拡張に反対する住民が集まっていた小学校を破壊し、米軍基地拡張予定地を軍事力で接収した。さらに、軍事施設保護区域という名目でこれらの区域への一般人の立ち入りを一切禁止した。

このような攻防の最中である二〇〇五年三月、住民側は、「平澤米軍基地移転協定」が平和的生存権を侵害したという理由で憲法訴願を提起した。憲法訴願とは日本にはない憲法訴訟の一つで、国家権力の作用または不作用による人権侵害の救済を目的とする。憲法裁判所が請求を認容すると、対象になる国家権力の作用は無効となる。

この憲法訴願で、平澤の住民一〇三二人が「平澤米軍基地移転協定」と「移転合意書」が自分たちの平和的生存権などを侵害したと主張した。全国の駐韓米軍基地を統合し、平澤に集中再配置することは平澤を米軍の東北アジア基地または世界的基地にするつもりであって、平澤の住民らを戦争に巻き込む恐れがあり、平和的生存権を侵害するという主張であった。請求人側は平和的生存権について次のように述べている。

「平和的生存権とは各個人が武力衝突と殺傷に巻き込まれず平和に生きる権利を意味する。憲法が保障する基本権のうち、生命権が最高の位置を占めているとともに、平和的生存権も韓国憲法第一〇条から由来する幸福追求権のなかで高い位置を占めている。武力衝突と殺傷から自由でなければ生命と身体の安全を奪われ、また威嚇される可能性が高く、幸福追求権の他の内容を実現することができない。

平和的生存権は各個人が加害者にならず、自分の人間性と人間としての尊厳と価値および平和を失わない権利までをも含む概念である。他人の生命と身体の安全を侵害しない権利は生命の尊厳からくる。相共存する人間本来の生活方式によって他人を殺傷せずに人間としての尊厳を守ることは人類の普遍的な価値を反映したものである。ところが、自分の意思とは関係のない国家政策によって武力衝突が起こり、その結果、他国民の生命または安全を侵害する場合、生命の尊厳が破壊されるのみならず、人間性も破壊される。そうなると憲法上の基本権も実現することが難しくなる。したがって、平和的生存権は核心的な基本権として認められるべきである」。

だが、憲法裁判所は、「平澤《ぴょんてく》米軍基地移転協定」と「移転合意書」は米軍基地移転を行うための条約にすぎず、平和的生存権を現に侵害したとは言えないと判断した。すなわち、この事件の諸条約は米軍基地移転のためのものに過ぎず、その内容のみでは、将来韓国が戦争に巻き込まれることを認めることはできないということであった。憲法裁判所の目には、これらの条約は米軍基地が移転されることを内容にしているだけであって、直接に平和的生存権などを侵害したとはいえないものであった。その結果、平和的生存権という人権侵害とかかわるが、憲法訴願の引用に必要な要件（人権侵害の存在、直接性、現在性）のうち、直接性と現在性という要件に欠けているためこの審判請求は却下された。

しかし、憲法裁判所のこの決定については評価しうるところもある。すなわち、平和的生存権のいわゆる市民権獲得という側面では評価の余地がある。韓国憲法には日本国憲法と異なり、「平和のうちに生きる権利」という明文の規定はない。にもかかわらず、七〇年におよぶ韓国憲法政治史のなかではじめて平和的生存権が憲法上の権利であるとの言及が憲法裁判所によって下されたのであり、非常に意義深い判決であると思われる。この点について憲法裁判所は以下のように述べている。

「請求人達はこの事件の条約（「平澤《ぴょんてく》米軍基地移転協定」と「移転合意書」）による米軍基地の移転は駐韓米軍を防衛的軍事力から攻撃的軍事力に転換するためのものであり、したがって、これは幸福追求権から認められる平和的生存権、すなわち各個人が武力衝突と殺傷に巻き込まれず、平和的な生き方をする権利を侵害したと主張する。今日、戦争とテロもしくは武力行為から免れることは人間の尊厳と価値を実現し幸福を追求するための基本的な前提であり、別にこれを保護する明示的な基本権がなければ、憲法第一〇条（人間の尊厳と幸福追求権）、第三七条一項（筆者注―包括的基本権）から平和的生存権という名でこれを保護することが必要である。その内容は侵略戦争に強制されず平和的に生存することができるよう国家に要請する権利であるとみることができる」。

二　戦時増員演習（ＲＳＯＩ）の違憲確認訴訟[10]

平和的生存権を権利として認めた平澤《ぴょんてく》米軍基地移転違憲訴訟に勇気づけられた平和運動団体などは、韓米連合司令部が二〇〇七年三月二五日から三一日まで韓国全土にわたって行った「二〇〇七年戦時増員演習（ＲＳＯＩ）」こそ平和的生存権侵害の恐れのある国の行動であると考え、二〇〇七年、戦時増員演習（ＲＳＯＩ）の執行停止仮処分申請を提出する一方、憲法訴願を提出した。

戦時増員演習（ＲＳＯＩ）とは、韓国軍と米軍との合同指揮訓練である。日米間で隔年で行われているキーンエッジ（Keen Edge）という共同統合演習（指揮所演習）と類似している。(11) 海外にある米軍を韓国に受け入れ(Reception)、待機（Staging）し、前方移動（Onward Movement）させ、統合能力（Integration）を高めるための訓練である。一九九四年から始まったこの戦時増員演習（ＲＳＯＩ）はそもそも防衛的な性格の軍事演習であったが、イラク戦争後、攻撃的な軍事演習にその性格が一変した。作戦計画五〇二七―九二では北朝鮮の首都である平壌《ぴょんてく》を包囲する内容が含まれた。作戦計画五〇二七―九八では北朝鮮の首都平壌を制圧することと野砲などで先制攻撃する内容を含めた。作戦計画五〇二七―〇〇では米国からの増員軍の数を最大六三万名以上まで増やすことが含まれている。(12) このような攻撃的な性格の変化の中で行われた二〇〇七年戦時増員演習（ＲＳＯＩ）ではアメリカ本土にある米軍六〇〇〇名と核航空母艦ロナルド・レーガン号とＦ117ステルス戦爆機などが投入された。

この憲法訴訟では、右の平澤《ぴょんてく》米軍基地違憲訴訟（二〇〇五憲マ二六八）で憲法裁判所が「平和的生存権は侵略戦争に強制されず平和的生存をすることができるよう国家に要請する権利である」と述べたことを根拠にした。

そこで、請求人側は次のように戦時増員演習（ＲＳＯＩ）の違憲性を主張した。

「第一に、韓国政府が二〇〇七年三月に行った戦時増員演習（ＲＳＯＩ）は北朝鮮を相手として計画された作戦計画五〇二七による先制攻撃訓練であるがために韓国憲法の第五条（国際平和の維持、侵略戦争の否認）、憲法第四条（平和的統一政策樹立の義務）、憲法前文（恒久的平和）に違反する。

第二に、韓国軍の統帥権者である大統領は戦時増員演習（ＲＳＯＩ）に韓国軍隊を参加させたことによって休戦状態の韓半島に予測不能の戦争の危険性を高め、結局、韓国憲法第五条などの平和主義に反した。なお、南北を含む周辺六ヵ国による第五次六者会談と「九・一九共同声明」で合意した平和共存の原則にも違反する。しかも、このような訓練によって緊張感が醸成され南北の交流と和解などが侵害される。

第三に、戦時増員演習（ＲＳＯＩ）は侵略戦争に強制されず平和的生存ができるよう国に要請する権利である平和的生存権を侵害する」。

憲法裁判所の憲法訴願は、基本権侵害などの適法性要件を充足している場合にのみ本案判断に入ることができる。そこで、憲法裁判所は、平和的生存権そのものが果たして権利といえるのか否かを次のように検討している。「確かに、憲法の前文および第一章の諸条文に現れた『平和』に関する規定によると、韓国憲法は侵略戦争を否認し、国の平和的統一を志向し、また恒久的な世界平和維持に努力することを一つの理念または目的として定めていることは事実である。

しかし、平和主義が憲法の理念または目的であるといっても、そこから直ちに国民個々人の平和的生存権が存在するとはいえない。憲法に挙げられていない基本権を新しく認定するためには、まず、その必要性が特別に認められ、権利内容が比較的明確にされ、具体的な権利としての実体、すなわち、権利内容を規範として相手に要求する力があり、またその実現が妨害される場合、裁判によってその実現を保障することができる場合に、初めて具体的な権利としての実質を持つことになる。

しかし、平常時の軍事演習、軍事基地の建設、武器の輸入および製造などの軍備拡大の行為が『侵略的』戦争準備に当たる場合はほとんどない。侵略的性格、重大な恐怖などに関する判断は事実上困難であり、このような抽象概念でもって平和的生存権を主張し、平和的生存権の名で公権力の行使を中断させようとすることは肯定できない。

したがって、請求人の基本権侵害を前提として求められたこの審判請求は不適格であるがために却下する。なお、平和的生存権は侵略戦争に強制されず、平和的生存ができるように国に要請する権利であるとした二〇〇三年二月二三日の決定（二〇〇五憲マ二六八）はこれを変更する。」

この決定は、平澤《ぴょんてく》米軍基地移転違憲訴訟からわずか三年も経たないうちに、平和的生存権を抽象的理念に過ぎないと判断した点で、平和運動側には大きな衝撃を与えた。

そもそも人権とは公権力の統制のための権利であり、対国家的権利である。にもかかわらず、韓国の憲法裁判所は「国家がなければ人権もない、そして、国の安全保障と関わりのない人権のみが人権」であるという国家中心的見解を見せている。韓国の普通の憲法教科書にも掲載されている人権の天賦性を否定する、非常に前近代的な人権観と言わざるを得ない。

ただし、裁判官九人のうち三人は次のように平和的生存権が裁判上の権利であるという少数意見を出している。国土防衛のため軍隊を維持し軍事訓練を実施することは許されるが、「その目的を著しく離れて国際平和を破壊するよう国民に要求することができない。また侵略戦争とテロ行為または武力行為から自由になることは人間の尊厳と価値を実現し幸福を追求するための前提であるので、国民を侵略戦争に動員することは……憲法一〇条が宣言した国家の憲法上の責務にも反する。したがって、国民は侵略戦争を強制されないで……平和的に生存することを国家に対して要請する権利をもっている。これらの権利は、憲法に明文化されていなくても、国家に対して要請できる具体的な権利である」としたのである。

三　日本と韓国が語り合う平和的生存権

このような憲法裁判所の消極的な決定にもかかわらず、平和的生存権を鍵概念とする平和運動は現在も活発である。

一つは、韓国の最南端、済洲《ぜじゅ》島の西帰浦《そぎぼ》市の江汀《かんじょん》村で行われている海軍基地建設反対運動である。ここ一〇年の間、韓国政府はさまざまな理由で韓国の最南端の済洲《ぜじゅ》島に海軍港の建設を試みた。その論理の一つは、東アジアの海洋における紛争に備えるためであるという。日本でも知られているが、東アジア地域には中国と日本との間のいわゆる尖閣列島問題などいくつかの紛争がある。ところで、韓国と日本は、米国と環太平洋共同海上軍事訓練（Rim Of The Pacific Exercise：ＲＩＭＰＡＣ）[13]を行っている。よって、中国としては済洲《ぜじゅ》島に海軍港が建設されれば、大きな脅威を感じざるを得ない。その分、済洲《ぜじゅ》島、特に江汀《かんじょん》村は中国の軍事戦略の標的になる可能性が高くなり、平和な村は紛争に巻き込まれる可能性が高くなる。この江汀《かんじょん》村の海軍港は二〇一六年二月二六日に一応完成したが、いまだに人々は平和的生存権侵害を主張し続けている。

アメリカはここ二〇年以上の赤字予算などさまざまな理由と海軍戦略の変更のため、海外海軍基地の建設を自制し、その代わりに同盟国により多くの寄港地を要求している。実際に東アジアでもアメリカは戦略的な地域には海軍を前進配置し、同盟国に要求して寄港地を増やしている。こうして、海上攻撃の能力および防衛能力を増やし、制海権を強化してきた。韓国との関係でいえば、大量破壊兵器拡散防止構想（ＰＳＩ）への参加、アメリカ海軍主導の連合海軍への参加（例えば、ソマリアへの韓国の清海《ちょんへ》部隊の派遣）、韓米日間の環太平洋共同海軍訓練（ＲＩＭＰＡＣ）が行われている。しかし、これについては中国および北朝鮮などから、自分達を仮想の敵国にしているとの強い懸念が寄せられている。

しかも、米国と海洋戦略を共有している韓国海軍が済洲《ぜじゅ》島に軍港を建設するとアメリカ海軍の艦艇が寄港する可能性は非常に高くなることは言うまでもない。その場合、海軍港の建設が試みられている江汀村《かんじょん》の平和的生存はどうなるのか。村人の強い懸念と一七〇〇日を越えた粘り強い反対運動はこういう平和的生存権の侵害から始まる。

二〇一六年に、韓米政府は、韓国の中部の尚州《さんじゅ》という地域に「高高度ミサイル防衛（Terminal High Altitude Area Defense）」システム（以下、THAAD）を設置することに合意している。(14) 中国からの攻撃の的になることによってこのTHAAD配置の周辺地域の人々の平和的生存が危うくなること、そして性能も検証されていないのにアメリカのために韓国の年間国防予算の二・五％（約10億ドル）近くを初期設置費用として使うことなどを理由に反対運動が続いている。

平和的生存への熱望は一地域の市民の念願にとどまらない。「参与連帯」という韓国で一番影響力のある市民団体の「平和軍縮センター」は、二〇一一年一一月、韓半島の平和体制構想を具体的に提案した。「市民が提案する韓半島の平和体制」と題する報告書によれば、韓半島における平和体制の基本原則は平和主義、互恵主義、国際規範の尊重、市民参加である。平和主義との関わりでは「国家が戦争を対外手段にしないようにすること、平和的生存権を保障する」ことを掲げている。(15)

このように韓国でも平和が本格的に論じられるようになり、特に、平和的生存権が語られるようになったことに、実は日本国憲法の平和的生存権が大きく影響している。憲法裁判所も「そもそも平和的生存権という概念は日本国憲法前文の『平和のうちに生存する権利』という表現から、日本の学界と下級審裁判所が権利と認めたところから始まった」と触れている。従来の平和運動は、主に民族の自主、自決とその一環として米軍の撤退を主張するという形で行われたが、現在は平和的生存権の一環として米軍の撤退を含めた軍縮運動が行われている。

民族自決のためには戦争も辞さないという民族自決権から、平和的手段による民族自決つまり平和的生存権に変わりつつある。[16] 日本の平和運動と韓国の平和運動の交流が運動と学問のレベルで深まったことが要因であると言える。

3　韓国の平和主義が日本の平和主義に語りかける「平和外交」

韓国の平和学と平和運動の観点から日本の平和主義について語りたいことがたくさんある。ここでは日本国憲法の平和主義にも関わらず、日本が韓半島有事の際に国連軍の後方基地として使用されること、そして日本も東アジアの平和のために、日本国憲法の平和主義に適合した積極的な外交が期待されることを中心に述べてみたい。

一　「国連軍[17]」の後方基地日本

「九・一九共同声明」では韓半島の非核化のための諸原則が提示されている。特に北朝鮮の核放棄の対価として議論されている多様な安全保障措置の中で、平和協定の締結を含む平和体制構築が大きな位置を占めている。そして、二〇〇六年一〇月の北朝鮮の核実験にもかかわらず、二〇〇七年二月、この「九・一九共同声明」の実施のための初期措置を第五次六者会談で協議した。その結果である二〇〇七年「二・一三日合議」でも南北間の平和協定の締結を含む平和体制構築が内容の一部を占めている。

ところが、平和体制作りの一環として平和協定が締結されると、「国連軍」司令部は解体を余儀なくされる。

平和協定が締結され、北朝鮮とアメリカとの国交の樹立などが行われると戦争の一方当事者としての「国連軍」とその指揮部である「国連軍」司令部の存在理由はなくなる。

そのためか、「九・一九共同声明」によって韓半島平和体制に関する議論が盛り上がった二〇〇七年一月、ベル（Burwell B. Bell III）駐韓米軍司令官はこのような流れとは逆にむしろ「国連軍」司令部の強化を次のように主張したことがある。「国連軍司令部の構造、役割、任務に関する検討が行われるべきである。平時も戦時と同様に国連軍司令部の組織を編成することが重要である。危機が強まり戦時に転換する場合、指揮関係の統合が必要である。国連軍司令部はすべての国連軍支援戦力に対する作戦指揮権を保持すべきである。駐韓米軍司令官が現在と同様に国連軍司令官を兼ねるべきである。日本国内にある米軍基地の使用は国連司令部の任務の中で重要である[18]」。

このような主張に対しては、一九五〇年代の韓国戦争期の「国連軍」司令部体制への復帰を言明しているものであると多くの批判が韓国内外から寄せられた[19]。それではなぜ、二〇〇七年頃、死んでいくはずの「国連軍」司令部の強化が突然主張されることになったのであろうか。一番説得力のある分析は「国連軍」司令部がなくなると、韓半島有事の際、米軍による日本の軍事基地の使用が難しくなるからである[20]。

ベル司令官の次のような言及は右のような分析に説得力を与える。「戦力の増員及び戦闘継続能力を保証するための核心は国連司令部と日本政府間の国連軍地位協定である。日本国内の基地の利用は国連軍司令部の任務のなかで重要である。日本の基地を利用できなくなると米軍または多国籍軍の戦力を迅速に展開することが難しくなる。同盟国を迅速に支援するメカニズムは重要であるがこのメカニズムは国連軍司令部を通じて機能する[21]」。

「国連軍」の一番の重要な任務はこのように「国連軍のような米軍」の日本の基地使用であるが、もう一つの任務は、米軍の自衛隊に対する指揮権の確保である。在日米軍は二つの顔を持っていて、一つは日米安保条約による駐日米軍であるが、もう一つは「国連軍」としての米軍である。実体は同じであるが、形式的には二つに区別される。ところが、この区別によって米軍が得る実益というのは膨大である。このような区別によって、米軍は日米安保条約とそれに基づく行政協定によって日本の基地を提供してもらうことが可能になったからだ。

このように「国連軍」が在日米軍基地を自由に使えるようになったのは、サンフランシスコ講和条約締結以降である。一九五一年のサンフランシスコ講和条約は、そもそも国連と日本との間の平和条約の締結を含む平和体制を作るものである。ところが、韓国からみると、日米による韓国戦争への支援体制作りともみえる。韓国戦争の最中であったため、「国連軍」への協力が切実であったアメリカにとっては協力の仕組みをいち早く作り上げることが重要でもあった。

実際に、サンフランシスコ講和条約の第五条（a）項で、「国際連合憲章第二条に掲げる義務」（(iii) 国際連合が憲章に従ってとるいかなる行動についても国際連合にあらゆる援助を与え、且つ、国際連合の防止行動又は強制行動をとるいかなる国に対しても援助の供与を慎むこと）を日本は受諾した。

そして、その帰結ともいえる一九五一年の旧安保条約で、極東条項を置くことで、米軍が引き続き日本に駐留し、日本の基地から米軍が韓半島に飛び立つことができた。旧安保条約の第一条で、「この軍隊は、極東における国際の平和と安全の維持に寄与」するために使用することができると規定したため、米軍が日本を韓国戦争の後方基地として使用することができたのである。

安保条約とともに交わされた吉田・アチソン交換公文では、韓国戦争における「国連軍」に援助と協力を与えることを以下のように確認した。

「一九五〇年七月七日の安全保障理事会決議に従って、合衆国の下に国際連合統一司令部が設置され、総会は、一九五一年二月一日の決議によって、すべての国及び当局に対して、国際連合の行動にあらゆる援助を与えるよう、且つ、侵略者にいかなる援助を与えることも慎むように要請しました。連合国最高司令官の承認を得て、日本国は、施設及び役務を国際連合加盟国でその軍隊が国際連合の行動に参加しているものの用に供することによって、国際連合の行動に重要な援助を従来与えてきましたし、また、現に与えています(22)」。(米国側往簡)

「また、日本の施設及び役務の使用に伴う費用が現在どおりに又は日本国と当該国際連合加盟国との間で別に合意されるとおりに負担されることを、貴国政府に代って確認されれば幸であります(23)」。(米国側往簡)

「国際連合の行動に従事する軍隊を日本国内及びその付近において支持することを日本国が許し且つ容易にすること、また、日本の施設及び役務の使用に伴う費用が現在どおりに負担されることを、確認する光栄を有します(24)」。(日本国側返簡)

これらに基づき、一九五四年に締結された「国連軍地位協定」では次のように国連軍の日本の基地使用を明らかにしている。「国際連合の軍隊は……日本国とアメリカ合衆国との間の安全保障条約に基いてアメリカ合衆国の使用に供せられている施設及び区域を使用することができる」(第五条第二項)。

以上によると、韓半島の有事の際、「国連軍」司令部と日米安保条約を通じて日本は国連軍の後方基地となるのである。

二　韓半島の平和に邪魔になっている日米軍事協力体制

日米韓の軍事協力体制は実質的には以上のように「国連軍」を通じて緊密であるが、日米安保と韓米安保は少なくとも形式の点では注目すべき異なる側面を有する。

韓米安保条約はその「韓米相互防衛条約」という正式の名称からもわかるように双務的条約である。韓米相互防衛条約は「各当事国は他方の当事国に対する武力攻撃を自国の平和と安全を脅かすものとして認め共通の危険に対処する」ことを定めている（第三条）。これによると休戦ラインの南の韓国領土に対する北朝鮮などからの攻撃に対して米韓両軍の共同軍事行動が可能である。そして、太平洋地域におけるアメリカの領土に外部からの侵略があった場合（第二条）でも、韓国軍はこの条約に基づき共同軍事行動が可能である。

しかし、旧日米安保条約には日本に対する外部からの攻撃に関して在日米軍の軍事行動（第一条）のみが規定されている。新安保条約でも日本の領土における日米いずれか一方に関する攻撃に対する共同対処のみが規定されている。いわゆる片務的条約である。

このような大きな違いは日本国憲法のあり方から生じる。すなわち、第二次世界大戦の戦犯国でありながら天皇を象徴にする代わりに非武装平和主義を選択した日本国憲法の第九条では、陸海空軍その他の戦力が禁止されているので、日本国憲法の下では集団的自衛権が認められない。そして個別的自衛権も認められない、あるいは自衛権そのものは認められていても戦力が禁止されているので、結局軍事行動はできない。そのため双務的な軍事条約そのものが憲法違反になる。そこで、日米両国は憲法違反という非難を緩和するために、日本領土への武力攻撃に限って共同対処すること、すなわち片務的条約の形をとっているのである。

以上のような点からすると、日米韓を一つに結ぶ軍事条約は日本国憲法の原理上不可能である。そこで、軍事条約の解釈運用の面で、日米韓三国を結ぶためのいくつかの欺瞞的手法が用いられている。いわゆる極東条項と太平洋条項がそれである。

まず、旧日米安保条約の中では「極東における国際の平和と安全の維持に寄与」することを規定している。これがいわゆる極東条項である。そして、旧安保条約の締結後に交換された吉田・アチソン公文のなかでは、「平和条約の効力発生の後に一又は二以上の国際連合加盟国の軍隊が極東における国際連合の行動に従事する場合には、当該一又は二以上の加盟国がこのような国際連合の行動に従事する軍隊を日本国内及びその附近において支持することを日本国が許し且つ容易にすること」としている。韓米相互防衛条約では、「……いずれかの締約国に対する太平洋地域における武力攻撃が自国の平和と安全を危うくするものであることを認め、……共通の危険に対処するように行動することを宣言」(第三条) している。

以上のような極東条項・太平洋条項を通じて日米韓を具体的に結ぶのは、「国連軍」司令部である。前にも触れたように、「国連軍」司令部の後方事務所が日本にあり、韓半島有事の際に米軍は「国連軍」司令部を通じて日本の基地を利用することができる。

日米韓を結ぶ軍事行動は、軍事行動計画としても試みられてきた。三矢計画などはその代表的なものである。一九六五年二月一〇日、日本の衆議院予算委員会で「昭和三八（一九六三）年度統合防衛図上計画」の存在が明らかになった。この計画は昭和三八年度の計画なので「三矢計画」として知られている。この図上防衛計画は北朝鮮からの攻撃を想定し、これに対する米国と日本の軍事協力体制を次のように講じている。

①侵略当日（七月一九日)、「在韓米軍司令官は……国連軍としての行動を開始することを宣言し」、②「七月二一日、東京において日米安保協議委員会が開催され」、ついで、③「政府は同日夜、閣議を開き、その結果防衛庁長官は総理大臣の承認をえて、自衛隊に防衛出動待機を下令」する。④「防衛出動を下令された部隊は、日米

安全保障条約第五条の適用を受けない事態においても、わが国防衛上必要と認めた場合は、前号による日米共同作戦を実施」する。⑤七月二二日、防衛庁統幕と在日米軍司令部の細目調整会議、米軍の自衛隊指揮権を確認する。(25)アメリカと日本との密約に詳しい古関彰一は、これらの軍事作戦計画の中にアメリカの自衛隊に関する指揮権が潜んでいると指摘する。(26)

統一作戦指揮権は隠されているわけではない。「国連軍」は条約上で、統一指揮権をもっているという分析もある。日本の自衛隊に関する指揮権の架け橋になっているのは「国連軍地位協定」である。その構造は「国連軍地位協定」の付属文書である「合意議事録」から読み取れるという。

「この協定の適用上、アメリカ合衆国は統一司令部として行動するアメリカ合衆国政府（＝the Government of the United States of America acting as the United Command）の資格においてのみ行動する。日本国における合衆国軍隊の地位は、一九五一年九月八日にサンフランシスコ市で署名された、日本とアメリカ合衆国との間の安全保障条約にもとづいて行われる取り決め（＝行政協定）によって定められる」(27)。統一指令権を持つ米軍と行政協定によって基地権をもつ米軍にわけているが、(28)前者が自衛隊に関する指揮権の根拠だという分析である。(29)これによると米軍は二回にわたる吉田の口頭の指揮権密約（一九五二年七月二三日の吉田クラーク極東軍大将統一指揮権密約、一九五四年二月八日の吉田アリソン大使第二次指揮権密約）のみならず、条約上でも有事の際に米軍が自衛隊に対する指揮権をもつことになる。矢部宏治はこれを「密約の方程式」という。つまり、指揮権のように都合の悪い取り決めは、見せかけの取り決めとその実質を定める密約との両方によって構成される。(30)

これらを総合すると、在韓米軍司令官が兼職している「国連軍」司令官は、自衛隊と韓国軍そして米軍を結ぶ役割をしている。なお、韓半島有事の際の韓国軍に対する作戦指揮権が米軍にあるので、結局、韓半島有事の際

には米軍が自衛隊と韓国軍の指揮権をもつことになる。(31)

軍事同盟を念頭においた日米韓軍事協力体制作りの歴史は長い。中国の共産化が確実となり、日本と韓国の労働運動が激しくなるに伴い、アメリカの東北アジア政策は共産主義に対する封じ込めの色を濃くした。東北アジアの地域統合は右のようなアジア情勢への対応策であった。

こうした状況の下で、一九四九年六月一〇日、国防総省（Dept. of National Defense）が国家安全保障会議（NSC）に対して、アジア政策の全般的見直しを要請してきたのを契機に、包括的な再検討が進められた。その結果、同年一二月二三日に「アジアに関する米国の立場」（National Security Council Report 48-1：以下、NSC四八―一）と題する報告書がまとめられ、同三〇日、若干の修正の後、大統領の承認を得た（NSC四八―二）。(32)

アメリカの東北アジア政策の包括的再検討を目的としたこの文書の狙いは、「アジアに非共産主義勢力が主導権をとる方法の模索」であった。この文書でもっとも関心をもって論じられたのは日本であり、韓国に対しても経済、技術、軍事およびその他の援助を引き続き与えることを明らかにした。また実際に、韓国には従来の経済援助法による援助と相好防衛援助計画（Mutual Defense Assistance Program：MDAP）の適用が促された。

ただ、この段階では経済支援、軍事支援などによる「地域連合」の発想が強く、(33)単なる「軍事力による封じ込め」政策ではなかった。これに対して、トルーマン・ドクトリンの宣言とNSC六八の世界はNSC四八―二と大きく違い、アジアにおける封じ込め政策の軍事化、安全保障の観点からの軍備支出の増大の論拠を提供したものになった。(34)

今日においても日米韓の軍事協力体制の緊密化は続いている。九・一一テロ後の二〇〇六年二月、アメリカは冷戦（Cold War）後の世界情勢を長期戦（Long War）と規定し、「四年周期国防政策検討（Quadrennial Defense

Review：QDR)」を発表し従来の戦区を地球規模の体系に変換する構想を発表した。全世界にある米軍を前方配置軍から迅速起動軍に再編し、効率的に運用することを核心的な内容としている。

そして、このような米軍再編の一環として、日本では、二〇〇六年五月一日、「再編のための日米ロードマップ」というものが確定された。アメリカのワシントン州にある米陸軍第一軍団が神奈川県の座間基地に移転、沖縄県宜野湾市の普天間飛行場の名護市シュワブ基地への移転、神奈川県厚木基地にある航空母艦搭載部隊の山口県の岩国への移転、沖縄駐屯海兵隊八〇〇〇人のグアムへの移転などを主な内容としている。

特に、ワシントン州にある米陸軍第一軍団が神奈川県の座間基地に移転することは、米軍の東北アジア軍事戦略上注目に値する。後方支援の拠点に過ぎなかった座間基地が東北アジア地域の拠点司令部（UEy）になり、韓半島有事の際に座間の拠点司令部（UEy）で韓国の第八軍と第二師団を指揮することが議論された。結局、地域拠点司令部（UEy）でなく運用部隊（UEx）として結論がでたが、ここで米軍司令官が、韓半島有事の際、駐日米海兵隊と空軍に対する直接指揮権を持つと報じられている。(35)

このような軍事再編は日本のみではない。二〇〇六年一〇月には駐韓米軍再編のロードマップが確定された。二〇〇〇年代半ば、韓国社会と平和運動の大きな争点になった平澤《ぴょんてく》米軍基地移転協定の問題(36)とその協定による米軍基地移転問題も、実はこのアメリカによる駐韓米軍再編のロードマップによるものである。

これらをアジア全体の目からみると、アメリカは駐韓米軍と駐日米軍を地域的に統合運用する一方、そこから一歩進めて「グローバル化」した形で運用することを望んでいることがわかる。

朝日新聞によると、日米両国は韓半島の有事を想定して、日米間の軍事協力のための「日米共同作戦計画五〇五五（著者注—韓半島急変事態対応）」というものを作成していたそうである。二〇〇四年一〇月閣議決定された新防衛計画大綱も、この共同作戦計画に基づいていたことが明らかになった(37)。

安保関連法などの有事法体制(38)も日米韓の軍事協力体制のもう一つの柱である。例えば、周辺事態法は周辺事態を「このまま放置すればわが国に対する直接の武力攻撃にいたる恐れがある事態など」と曖昧な表現を使用することで、対象地域を日米による日本の「安保」から極東そしてアジアの「安保」へ際限なく拡大しつつある。

周辺事態法によると米軍に対する「物品及び役務の提供、便宜の供与その他の支援措置（第三条）」を規定していて、韓半島有事において日本が米軍のもっとも強力かつ最大の支援基地になることを予定している。なお、日本の米軍に対する後方支援法制としては、一九九六年改正された「日米間、後方支援・物品または役務の相好提供に関する協定（ACSA）」がある。

周辺事態法などのかつての有事法制がアップグレードされたのは二〇一五年の安保法制である。周辺事態法でいう周辺事態は重要影響事態に拡大されたが、依然中心となるのは東アジアにおける日米韓の軍事協力体制の強化であり、武力攻撃事態法でいう存立危機事態は、米軍に対する後方支援の積極的な強化である（詳しくは第Ⅰ部第一章を参照）。この安保法制の採決後、日本と韓国の軍事情報交換のために日韓軍事情報協定（GSOMIA）が二〇一六年一二月に締結された。

以上のような観点からすると、日本国憲法第九条の存在にもかかわらず強行された日米安保条約の締結と、その後強化されつつある一連の安保関連法は、韓国にとっては、日米による韓国戦争または韓半島有事への積極的な対応とみなせる。そして、このような支援体制は、今日、韓半島の平和体制の構築にとって大きな障害になっている。

両国の憲法のあり方が異なっていることや日米、韓米軍事条約の存在にもかかわらず、日米間の密約によって

「国連軍」司令部は日本の基地を韓国の後方基地として使用しているし、その機能の活性化のために平和協定と整合しない「国連軍」司令部の存続および強化が在韓米軍司令官などによって主張されている。日米安保条約に頼って生き残ろうとしている「国連軍」司令部、それを裏で支えている日米安保は、はたして韓半島の平和体制構築、そして東アジアの平和にとって望ましいのであろうか。

4　日本の外交に平和を望む

一時期日本では、韓国の平和にも大きく関わる日米安保条約を見直そうとする動きがあった。鳩山由紀夫総理は「対等な日米関係の構築」を主張し、政権就任の一〇〇日間の三大課題として米軍再編、アフガニスタン支援、気候変動問題を取り上げ、沖縄の普天間基地を海外など沖縄以外の地域に移転することを公言した。そして、鳩山政権の外交政策の担当者であった岡田克也外相は二〇〇九年九月一六日に「国民の理解と信頼に基づく外交」という名目で、日米間の諸密約問題すなわち一九六〇年一月の安保条約改正時の核持込に関する密約[39]と韓半島有事の際の在日米軍の戦闘作戦行動に関する密約（「韓国密約」）、一九七二年沖縄返還時の日米間の核搬入を巡る密約などを取り上げた。さらに、内部調査と検証のための外部の有識者による委員会を設置し、その結果を二〇一〇年三月報告させ、その中に「韓国密約」があったことを確認した。[40]

民主党の鳩山由紀夫、社民党の福島瑞穂、国民新党の亀井静香の各氏による三党会談では連立政権政策に合意し、駐日米軍再編の一環として議論されている基地移転の再検討、駐屯軍地位協定の改正に関して次のような折衷案に合意したこともある。「沖縄県民の負担軽減の観点から日米地位協定の改定を提起し、米軍再編や在日米軍基地のあり方についても見直しの方向で臨む」。三井物産戦略研究所の寺島実郎氏など鳩山総理に外交・安保のブレーンとされているグループが、在日米軍の構造変化を促していたとの声も聞こえていた。彼らはドイツの例をあげながら、脱冷戦期を迎えドイツが米軍地位協定を改正したように、在日米軍の地位などの変更を提起していた。

　二〇〇六年に日米両国が、沖縄の宜野湾市にある普天間基地を同じ県の名護市の辺野古に移すことに合意したところ、沖縄県民の反対に直面し、膠着状態に陥ったことからすると、民主党政権の登場は沖縄米軍基地問題の画期的な転換点であったと思われた。しかし、鳩山政権は、二〇一〇年五月二四日、米軍基地移転計画を撤回した。普天間基地の存続に反対した連立与党の社民党の福島瑞穂は辞任し、連立政権も崩れた。日米安保見直し論は、その後挫折したようにみえる。

　ところが、興味深いのは鳩山首相の以上のような決定に、韓半島の安保情勢が大きく影響したことである。鳩山首相は韓国の天安艦《ちょんあん》の沈没事故[41]を名分に東アジア情勢の不安を強調し、沖縄米軍基地見直し論を撤回した。そもそも鳩山政権は二〇一〇年五月まで沖縄の普天間基地などの米軍基地移転問題に関する答えを出すつもりであったが、天安艦《ちょんあん》の沈没事故を機に、二〇〇六年の日米両国合意案に逆戻りし普天間基地の沖縄存続が決まったわけである。

　これによって、二〇〇六年以後続いていた基地移転問題に一旦決着がつくこととなり、日米安保の見直し論もでていない。このような流れを目撃したアメリカのウェイン・メディソン（Wayne Madsen）というジャーナリストは、オンラインジャーナル（Online Journal）などに「天安艦《ちょんあん》の沈没事故は沖縄米軍基地の海外移転を挫折させるための出来事であり、日本政府の了解の下でアメリカ政府が東北アジアの安保不安論を積極的に広げた」[42]

と主張した。彼の主張の真偽はまだ明らかでないが、いずれにせよ、天安艦《ちょんあん》の沈没事故後の情勢は彼の主張の通りに進行した。日本政府も東アジア安保不安論に便乗したことは言うまでもない。

民主党連立政権の平和外交に大きな期待を込め、東アジアにおける米軍の軍事再編に大きな変化が生じることを期待していた平和愛好家陣営に、この一連の事態は大きな失望感を与えた。日本国憲法の定めた平和外交とも大きく掛け離れた出来事であった。

日本政府は、従来、受動的に韓半島有事の際の米軍の後方基地の役割を果たしたが、今はむしろ、アメリカとともに韓半島の安保情勢を積極的に活用しまたはコントロールしているかのような、遺憾な事態が新しく展開しつつあるのである。

5　東アジアの平和を担うべき韓国と日本

以上のようにみると、韓国と日本は隣国でありながら、平和の観点からすると、戦後七〇年あまりは、別の世界で暮らしてきたともいえる。韓国は北朝鮮との熱戦と冷戦を繰り返していたため、平和を語ること自体が非常に難しかった。政権交代などで民主主義の回復にエネルギーがとられ、平和を語る余裕もなかった。一方、日本では直接的な戦争がなかったため平和な日常生活が続いてきた。軍国主義体制への復古主義などへの警戒はあったが、東アジアのために平和外交を通じて積極的に貢献をする原動力はなかった。

しかし、二〇〇五年に出された「九・一九共同声明」で、日本を含む六カ国が合意したように、北東アジアの平和体制作りにおいて、いまや日本は傍観者でなく行動の一主役（actor）である。「九・一九共同声明」でも書き込まれたように、日本も含めた東北アジアの六者（南・北、米、露、中）は東北アジアの平和の担い手である。直接当事者である南北韓は「韓半島の永久的な平和体制のための協議」をすること、日本は「東北アジアにおける安保協力の増進のための方策と手段を模索」することが必要である。それに加えて、日本には韓半島との不幸な歴史を清算し、北朝鮮との関係を正常化するという歴史的な使命も背負っている。

このように、アメリカの世界軍事戦略の大きな転換は、逆説的ではあるが、東北アジア平和の担い手としての韓国と日本の役割を大きくしている。韓半島における有事に備え前方に配置されていた駐韓米軍の平澤《ぴょんてく》への再配置、日本における駐日米軍の再配置などは、戦略的柔軟性という新しい軍事概念に基づくものであり、戦争に巻き込まれる危険性を高くしている。戦争に巻き込まれることなく東アジア市民の平和的な生存が維持されるべく、日本、韓国は役割を果たさねばならない。戦略的柔軟性という概念に従う米軍の軍事戦略の下での東アジアにおける平和的生存は、一国平和主義のみでは勝ち取ることができない。平和的生存権は自国の政府の反平和的外交を牽制するとともに隣国の反平和的外交政策にも批判の声をあげることができる第三世代の人権である。平和主義の国際的な協調が必要な時代である。

二〇一七年は、日本国憲法施行七〇周年になる。日本と韓国の間で、単に平和を語り合うというレベルを越え、力を合わせて平和的生存を勝ち取ることが期待される。

注

（1）　兪成換事件（大法院　一九九二年九月二二日、九一ド三三一七）。平和統一が国の第一の目標、すなわち、国是だと国会で主張したことで国家保安法違反で逮捕された事件。

（2）韓国では戦後という表現よりは、解放七〇周年あるいは敗戦七〇周年という言葉がよく使われている。解放七〇周年という言葉は日本の植民地支配からの解放から七〇周年であることを意味し、敗戦七〇周年という言葉は日本が連合国に敗戦してから七〇周年だという意味である。どちらも日本との関わりで使われている。

（3）もちろん南北の間で平和に関する合意がまったくなかったわけではない。一九九一年に南北間では「南北基本合意書」が採択され、一九九四年にはアメリカと北朝鮮との間の「ジュネーブ合意」が成立したことがある。ただし、これは両国間の合意に過ぎず、東北アジアの多数の関係者による平和体制に関する合意にまでは至っていなかった。

（4）第一次六者会談は二〇〇三年八月二七～二九日、中国の北京で開かれた。その後、数回にわたって開かれたが、二〇〇七年三月の第六次六者会談後、停滞している。そもそも六者会談は米国が北朝鮮の核開発疑惑に対し国際的な圧力をかけるつもりで開かれたため、これといったような成果がなかった。例えば、第一次六者会談では、米国は北朝鮮が先に核開発を放棄することを主張し、北朝鮮は核開発の放棄と支援を並行すべきであると主張し、議論は平行線をたどっただけであった。ところが、第四次六者会談では、アメリカが「行動対行動」原則に基づいた同時進行（核開発の放棄と支援）に合意したため、韓半島の平和体制と東北アジアの平和構築の話まで進展した。

（5）「二・一三合意」では、基本的に韓半島の非核化のためにとられるべき諸措置を規定し、そのような諸措置に対応する相互の行動を規定している。例えば、北朝鮮側に対しては寧邊《よんびょん》核施設の停止・封印、ＩＡＥＡ査察団の入国および監視活動を保証すること、韓国に対しては韓国にあるアメリカの核兵器の不在を確認すること、緊急エネルギー支援として重油五万トンを提供することなどを規定している（第二項）。

（6）大嶋康弘外「米国のトランスフォーメーションと主要国の対応」『防衛研究所紀要』九巻二号（二〇一六年一二月）七三、七五頁。US Army, 2004 Army Transformation Roadmap, 〈http://www.dtic.mil/futurejointwarfare/strategic/army_trans_roadmap.pdf〉 pp. 3-5、二〇一七年二月七日閲覧。

（7）運用部隊（Unit of Employment X：ＵＥｘ）とは米陸軍が未来目標戦力の一つとして推進中である作戦司令部級の部隊であり軍団と師団の中間規模のものである。Ｘは二〇〇〇～五〇〇〇人規模の旅団を指すシンボルである。いずれにせよ、この運用部隊は平常時には実戦部隊を持たないが、有事には旅団規模の実戦部隊に転換する。規模は大きくないが、無人偵察機（ＵＡＶ）、最新型戦車（ＡＩＭ）などの最新装備を備え精密打撃能力および遠距離作戦能力をもつ。なお、運用部隊には機甲ＵＡ、航空ＵＡ、支援ＵＡそしてストライカ部隊（Stryker Brigade Combat）が付く。

(8)「駐韓米二師団、未来型師団への改編完了」連合ニュース(韓国、二〇〇五年六月一七日)。この改編により米軍の部隊編成などに大きな変化があった。この未来型師団とは従来の師団とは違って無人偵察機(ＵＡＶ)、最新型戦車(ＡＩＭ)などの最新装備を備え精密打撃能力および遠距離作戦能力をもつことになる。そこでこの未来型師団をストライカー部隊(Stryker Brigade Combat Team)とも呼ぶ。平常時には一つの旅団(brigade)で動くが、有事には、他の四つの旅団の投入によって戦闘師団になり迅速起動軍として動くことになる。

(9)韓国憲法裁判所、二〇〇六年二月二三日、二〇〇五憲マ二六八。

(10)韓国憲法裁判所、二〇〇九年五月二八日、二〇〇七憲マ三六九。

(11)二〇一六年 共同統合演習(Keen Edge)には在日米軍司令部、第五空軍司令部、在日米海軍司令部、在日米陸軍司令部、在日米軍海兵隊から約六〇〇名の隊員が参加し、自衛隊と米軍司令部隊員達はさまざまなコンピューターシミュレーションを駆使し危機や緊急事態における対応手順の演練をした。日米間の訓練に関しては、http://www.usfj.mil/Media/Press-Releases/Article-View/Article/648137/usfj-jsdf-wrap-successful-keen-edge-2016/ 二〇一七年二月七日閲覧。

(12)道下徳成・東清彦「朝鮮半島有事と日本の対応」木宮正史責任編集『朝鮮半島と東アジア』(シリーズ日本の安全保障六)(岩波書店、二〇一五年)一八一頁以下を参照されたい。

(13)環太平洋共同海上軍事訓練(ＲＩＭＰＡＣ)とは太平洋沿岸国による世界最大の海軍軍事訓練でアメリカ海軍が中心になりカナダ、オーストラリア、イギリス、韓国などが参加する。一九九〇年から始まり隔年に行われる。二〇〇〇年代に入ってからアメリカの軍事戦略の中心がヨーロッパからアジアに移ることになり、規模も強化された。日本も二〇〇二年から公式的に参加することになり、集団的自衛権の行使につながるとの批判をいち早くから受けていた。これらは中国に対する牽制の動きになるため、この訓練に関しては中国側も強く反発している。

(14)ＴＨＡＡＤとは、二〇〇〇キロメートルに及ぶ性能のＸ－バンドレーダ、邀撃ミサイル、制御センターなどで構成される。これが韓半島に設置されると中国東部のほぼ全域が監視の対象になるため、有事の際には配置場所とその周辺を第一の攻撃対象にする可能性がある。

(15)参与連帯の平和軍縮センター「市民が提案する韓半島の平和体制」(韓国、二〇一一年一一月二三日)四～六頁。

(16)政治学などでは平和権という概念が多く使われるようになったし、法学でも平和的生存論に基づいた議論が行われている。例えば、李京柱「平和的生存権の憲法実践的意義」『民主法学』四一号(韓国、二〇〇九年一一月)。

(17)「国連軍」司令部にはアメリカをはじめカナダ、イギリス、フランス、オーストラリア、ニュージーランドを含む一六カ国が参加している。「国連軍」司令部は三つの任務を担当していると言われている。一つ目は一九五三年に締結された「韓半島停戦協定」の遵守を監視し、これに違反した場合には違反を是正すること、二つ目は停戦状態が破られた場合に「国連軍」の戦闘体制を整えること、三つ目は後方軍事支援をすることである。現在「国連軍」司令部は戦闘力を保持せず、龍山《よんさん》に司令部のみを置き約三〇〇人が勤務している。そもそも「国連軍」司令部は日本の座間にあったが、一九五七年、韓半島の龍山に移ってきた。しかし、現在も「国連軍」司令部の後方指揮所は、座間から横田に移ったが、日本に駐在している。この横田の後方指揮所には四人の常勤隊員と八人の非常勤隊員がいる。八人の非常勤隊員は八カ国の駐日大使館の武官が兼ねている。その他、在日米軍基地の中で七カ所（座間基地、横須賀軍港、佐世保軍港、横田基地、沖縄県の嘉手納航空基地、普天間航空基地、ホワイト・ビーチ）が「国連軍」の基地に指定され、国連旗を揚げた米軍以外の艦艇と航空機の日本への出入りが可能である。

(18)「ベル司令官、国連軍司令部機能強化すべき」韓国、連合ニュース（二〇〇七年一月九日）。

(19) 李時宇「ベル国連司令官の国連司令部強化論に対する分析」（韓国、二〇〇七年一月二一日 www.siwoo.pe.kr）。

(20) 同前。

(21)「ベル指令官、国連軍司令部戦時組織必要」韓国『連合ニュース』二〇〇七年一月一八日。

(22) 大嶽秀夫編『戦後日本防衛問題資料集』（第二巻、講和と再軍備の本格化）（三一書房、一九九二年）二三四頁。

(23) 同前。

(24) 大嶽・前掲注(22)二三五頁。

(25) 吉岡吉典『日米安保体制論――その歴史と現段階』（新日本出版社、一九七八年）一九頁。

(26) 古関彰一「有事の際、自衛隊は米軍の指揮下に（上）」『朝日ジャーナル』二三巻二一号（一九八一年五月二二日）二二頁以下、「有事の際、自衛隊は米軍の指揮下に（下）」『朝日ジャーナル』二三巻二二号（一九八一年五月二九日）九〇頁。

(27) 矢部宏治『日本はなぜ「戦争ができる国」になったのか』（集英社インターナショナル、二〇一六年）、二四九頁で再引用。

(28) 矢部説では、指揮権の確保のみならず、国連軍の韓国戦争関係の費用支援に日本政府の「終戦処理費」支援などを流用するためであるなど、米軍の最大限の利益を得るため、わざわざこのような複雑な構造をとることになったとしている。矢部・前掲書二五一頁以下。
(29) 矢部・前掲注（27）二五五頁。
(30) 矢部・前掲注（27）八九頁以下。
(31) 米軍の韓国軍に対する平常時の指揮権、正確に言えば作戦統制権（Operational Control）は一九九四年に韓国に返還された。二〇一二年には非常時の指揮権が返還される予定であったが、二〇一五年以後に先送りされ、二〇一六年現在も返還されていない。米軍に韓国軍の作戦指揮権が渡されたのは一九五〇年七月一五日である。当時の李承晩大統領は「国連軍」司令官マッカーサーにいまの韓国戦争のような「敵対状態が続く間……陸空海軍に対する一切の指揮権を移譲する」とした。そして、一九五四年一一月一四日、「韓国に対する軍事援助に関する韓国とアメリカ合衆国間の合意議事録」では「国連軍司令部が韓国防衛の責任を取っている間は韓国軍に対する指揮権を国連軍司令部の下におく」と明らかにした。一九七五年「国連軍」解体に関する国連の決議などが議論されると、米国と韓国は国連軍司令部以外に「米韓連合司令部」を一九七八年に作り、駐韓米軍司令官が兼職している。そこに韓国軍に対する指揮権を渡した。その後、韓国内外からの批判に応える形で平常時の韓国軍に対する作戦統制権が一九九五年に韓国側に返還されることになった。
(32) ＮＳＣ四八―二「アジアに関する米国の立場」（一九四九年一二月三〇日）、山本満ほか『冷戦史資料選――東アジアを中心として』（法政大学出版局、一九八二年）一六六頁以下
(33) National Security Council Report 68, "United States Objectives and Programs for National Security" この文書を通称ＮＳＣ―六八と呼ぶ。
(34) 菅英輝『米ソ冷戦とアメリカのアジア政策』（ミネルヴァ書房、一九九二年）三〇八頁以下を参照されたい。
(35) 『読売新聞』二〇〇五年八月一日。
(36) 韓国の米軍基地移転に関しては、李京柱「韓国における平和的生存権」浦田一郎ほか編『立憲平和主義と憲法理論――山内敏弘先生古希記念論文集』（法律文化社、二〇一〇年）を参照されたい。
(37) 「朝鮮半島有事の日米共同作戦判明」『朝日新聞』（二〇一四年一二月一二日）。その他、韓半島有事への日本の対応については、道下・東、前掲注（12）の一九〇頁以下を参照されたい。
(38) 周辺事態法に対する詳しい議論については、全国憲法研究会『憲法と有事法制』（法律時報増刊、二〇〇二年）、山内敏弘『日米新ガイドラインと周辺事態法――いま「平和」の構築への選択を問い直す』（法律文化社、一九九九年）を参照さ

れたい。

（39）太田昌克「日米核密約―安保改正五〇年の新証言」『世界』七九五号（二〇〇九年九月）。

（40）http://www.mofa.go.jp/mofaj/gaiko/mitsuyaku/pdfs/hokoku_yushiki.pdf、二〇一六年一二月三一日閲覧。

（41）天安艦事故とは二〇一〇年三月二六日韓半島の西海岸にある白翎《ぺんりょん》島近くの海上で韓国海軍の哨戒艦ＰＣＣ―772号（天安艦）が沈没し、四〇人が死亡、六人が行方不明となった事故である。韓国政府は真相究明のための調査団を結成し、二〇一〇年五月二〇日、北朝鮮の魚雷による攻撃であると発表した。しかし、北朝鮮はこの報告を強く否定する一方、共同調査を要求した。他方、韓国は国連の安保理にこの件を付託した。

（42）http://www.newscham.net/news/view.php?board=news&category2=&nid=57014、二〇一七年一月一二日閲覧。

第二章　第九条、アジアのものになりえるか

1　二〇〇五年、自民党「新憲法草案」の波長

一　二〇〇五年の自民党「新憲法草案」

二〇〇五年一〇月二八日、自民党が憲法改正案「新憲法草案」を出し、近くて遠い国、韓国にもそれが伝わり、大きな反響を呼んだ。韓半島にも大きな影響を及ぼす憲法改正案を、一九五五年の自民党結党以来、初めて堂々と出したからである。

日本の保守政党は戦後、間歇的に憲法の見直しを主張してきたが、党の憲法改正案を提示するまではいかなかった。自民党は「新党の使命」、「新党の政綱」において「現行憲法の自主的改正をはかる」ことをあげている(1)。自民党の結党の目的そのものが日本国憲法の改正であったが、しばらくの間は、消極的な姿勢をとっていた。日本国憲法をアメリカから「押し付けられた憲法」であると決めつけ、自主憲法を制定すべきであると主張してき

たが、国民の抵抗にぶつかり、安保と憲法第九条問題を極力さけ、「所得倍増」などの経済重視政策を展開し始めたのである。(2) 一九六二年五月二八日、当時自民党総裁兼総理大臣池田勇人は参議院選挙向けの演説で、「憲法については、学識経験者、国民大多数の意見を聞き、結論を出すまでは改正しない。三分の二以上の勢力になったからといっても、すぐ改正する、という形式的な考えは毛頭もない」といい、憲法改正をしないことを公約としたが、その後の政権もこのような立場を一応しばらくつづけることになる。(3) 代わりに、一九六〇年代の半ばからは日本国憲法第九条を巧妙に解釈して、自衛隊に正当性を与える「解釈改憲」で対応してきた。(4) 事実上の戦力にみえる自衛隊を維持しながらも、アジア諸国との関係および批判、日本国民の厳しい抵抗などを意識したと思われる措置だった。ところが、そのような基調が、「新憲法草案」によって一気に変わるのではないかという疑念が湧き上がったのである。

考えてみれば、自民党が、ずっと伏せていた憲法改正という旗をより本格的に持ち出し始めたのは、二〇〇三年の衆議院総選挙辺りからであった。そして、二〇〇三年一一月九日の第四三回衆議院選挙で、四八〇席の過半数近くにあたる二三七席をとった自民党は、二〇〇四年一月の党定期大会では、二〇〇五年に新憲法草案を公表すること、国民投票法を制定することを明言した。その後、党内に保岡興治を会長にした憲法調査会を設置し、二〇〇四年一一月一七日に、自民党「憲法改正素案」を発表した。

ところが、その「憲法改正素案」は、陸上自衛隊の幹部が作成した憲法改正案をそのまま反映したものだということが共同通信などマスコミに報じられ、改めて小泉首相を長とする「新憲法推進本部」が発足された。そしてこれを契機にして復古的な改憲を主張しつづけていた改憲勢力も活発な動きをみせた。中曽根元首相が会長である「世界平和研究所」は、防衛軍を規定し、天皇を元首として復活させ、前文には東アジアにおける「独自の文化や固有の民族性」を云々する「平和憲法私案」を発表した(5)。

その後、二〇〇五年九月一一日の第四四回衆議院総選挙で四八〇席の過半数を遥かに超える二九六席をとり、公明党の三一席を合わせれば、三分の二の三二〇席を超える三二七席を獲得したことに鼓舞され、党名をあげて作り出したのが二〇〇五年一〇月二八日の「新憲法草案」である。

二　自衛隊運用の限界突破の試みとしての「新憲法草案」

結党以来初めての憲法改正案を出した背景には、衆議院で三分の二を超えたことで念願の憲法改正の旗を持ち出す準備が整ったということがある。しかし長い目でみると、一九九〇年代以後の自衛隊運用の限界を突破するという長年の思いが背景にあると考えられる。

日本政府は一九九〇年代に入ってから国連平和維持活動（Peacekeeping Operations：ＰＫＯ）という名前で自衛隊を海外に派遣し、積極的にアメリカへの軍事協力体制を強化していた。ところが、日本国憲法第九条があったため、様々な制約があった。一九九二年の「国際連合平和維持活動等に対する協力に関する法律（以下、ＰＫＯ法）」の場合は、自衛隊が戦後はじめて海外に出て行くことを可能にしたが、その活動は、戦闘終結後の地域における非軍事的なものにとどまった。一九九九年の周辺事態法で韓半島・台湾など日本の周辺地域までは、戦闘中であっても自衛隊を派遣することができるようになったが、これも後方支援に過ぎず、武器の使用は禁じられた。二〇〇三年のテロ特別法で武器の使用は緩和されたが、戦争物資の補給と輸送は禁止された。ところが二〇〇三年のイラク特別法が制定されると戦争物資の補給と輸送も可能になり、捜索救助活動および安全確保支援活動（武器、弾薬、兵力の輸送）までできるようになった。この段階までくると憲法との矛盾が甚だしく目立つようになり、いくら制限をつけてもそれ自体が憲法に適合できないようになった。こうして、ある種の限界にぶつかったので、その限界を突破するために、今まで回避してきた明文改憲を実行するしかなかったのだと思われる。(6)

他方、不思議でもあるが従来護憲を命脈としていた野党側も程度の差があるにせよ、国際貢献という名分の下で、非武装平和主義を核心とする現行憲法の改正に乗り出した。一九九〇年代の有力野党である民主党は憲法草案までは出していないが、「憲法提言」という文書の中で「安全保障に係わる憲法上の四原則・二条件」という形で、(7)自衛隊の合憲化および国連ＰＫＯへの参加を明確にすべきであると主張している。

ところが、いゆわる自主憲法論の拠点である自民党が二〇〇五年一〇月二八日に出した自民党「新憲法草案」は、意外にも従来自ら批判してきたいわゆる「押し付けられた憲法」の枠をほぼ維持し、第九条を中心としたわずかな明文の変化にとどまっていた。

この点がまず、私のような外国人の目には興味深かった。変更が小幅であったのが衝撃であったわけではなく、もっと正直にいうと、いままでの改憲論者の主張してきた「押し付けられた憲法だから」とか、「新しい人権を加えるため」であるとか、「違憲審査制を強化するため」であるとか、「首相を自らの手で選ぶため」といったような話がすべて建前に過ぎず、本音が第九条第二項を変えて自衛隊を軍隊にしたい、海外に軍隊を出したいということであると明確にわかったからである。

自民党が多数を占めていた国会の憲法調査会も、このような自民党の本音を反映し、「なんらかの措置も否定しない」という内容の報告書を出した。日本国民の多数が誇らしく思ってきたはずの憲法第九条、なかでも第九条第二項に対して自衛隊という「現実に」合わせて何らかの措置をとる。与党内あるいは内閣内の調査会でもない国会の憲法調査会が、日本国憲法の基本原理を損なう改憲の方向性を多数意見だとごまかして提出していたのである。ここで「ごまかす」と書いたのは、最初から改憲論者が多数だったにもかかわらず調査の結果あるいは議論の結果そうなったというような報告書の出し方を指している。また、憲法調査会の名に反し憲法規範と現実との乖離の張本人である自衛隊の問題については調査せずに、改憲論の論点整理をしていたことも「ごまかし」である。

自民党「新憲法草案」が第九条の改悪を本音としながら小幅の改正案にとどまったのは、ある意味では、第九条の変更を核心とした憲法改悪の強い意思の表現であると私には感じられた。日本の研究者の間でも同様の分析が多く、例えば渡辺治は「自衛隊の海外での武力行使を可能にする憲法九条の改正を実現するためには、草案が復古的なものとして、公明党や民主党に忌避されないよう、現行憲法の条文をできるだけいじらず、とくに復古派から出ていた前文の文章や天皇元首化、人権条項の中に家族保護や国防の責務を入れることなどを排除(8)」した結果であると書いている(9)。

2　後ろ向きの日本の平和主義

一　時代遅れの「公共の秩序」

九条の次に、この二〇一五年自民党の「新憲法草案」で目立つのは、「公共の秩序」に関する条項（第一二条）

である。よその国の憲法問題に注目したり衝撃を受けたりするのは、国境を超えて何でもかんでも比べてしまう比較憲法研究者の職業病のせいかもしれない。

韓国は長い間、憲法というものを国民を統治する文書として理解してきた国の一つである。例えば、「国家の安全保障、秩序維持、公共の福利のために人権を法律で制限できる」という一般的な法律留保条項が、韓国憲法などには日本国憲法と違って存在する。この条項は「国家の安全のためなら、公共の福利のためなら国民の人権なんか制限できるよ」と読まれてきた。特に国側はそう押し付けてきた。日本にもよく知られている独裁政権の代名詞である朴正煕《ぱく・じょんひ》政権とその後の権威主義政権では、この条項が法律留保条項すなわち国民の代表に制限の如何を任せるという意味ではなく、まさに「人権侵害根拠条項」として機能してきた。

ところが、一九八七年六月の全国民的な民主化運動の後、右の条項についての認識が変わりつつある。まず、人権保障のためにはこのような条項がない方がよい、ただ、存在する場合も人権親和的に解釈すべきという解釈論が一般化されつつある。つまり、国家の安全保障、公共の福利など明確な目的がなければ、人権を制限してはならない。制限する場合も、法律という議会制定法でなければならない。議会制定法であっても、人権の本質的な内容を侵害する法律であってはならない。本質的な内容を侵害しない法律であっても過剰な制限であっては無効であるという解釈論である。ところがこういう解釈論というのは、韓国の独特の解釈論ではなく、近代的な憲法典をもつ国々におけるもっとも基本的な近代的でリベラルな解釈論にすぎない。やっと韓国もそこに辿り着きつつあるということにすぎない。なお、あえて言えば「対外的な秩序」に当たるが、抽象概念にすぎない国家の安全保障という概念を憲法から削除するか、少なくとも「対外的な秩序」として厳格に縮小解釈するかという議論が活発になっている。

全世界的な流れに逆らい、「先進国」日本の執権与党自民党の改憲案では、「公益及び公の秩序」という抽象概念を、人権侵害を正当化するための一般的条項として入れようとしている。この抽象概念を根拠にし、「国の安全という公益」、「多数与党自民党が考える公の秩序」のための法律案が、自民党が多数を占める国会を通過し、個人の人権を侵害する時代をみるのもそれほど遠い未来の話ではないかもしれない。軍事目的の人権制限、例えば、軍事目的の表現の自由の制限、軍事目的の財産権の受容など、今までの日本国憲法では考えられなかった事態が憲法理論上可能になるだろう。

このような事態は「非武装平和主義を定めた憲法規範にもかかわらず自衛隊という現実があるから立憲主義が軽視されている、だからこの乖離を直し、立憲主義を立てなおす」というような簡単な出来事ではないだろう。近代立憲主義が目指している自由と人権擁護を、国家安全保障の念頭においた「公共の秩序」というトロイの木馬が根本的に損われるだろう。

自民党の平和主義つぶしに対抗している、いわゆる新護憲論の平和主義論も、今一つ元気がないというかパッとしないというか複雑な感じがした。それは、日本国民の情緒とか世論をあずかり知らないよその国に住んでいる者の気持ちであろうか。例えば、在日問題などに積極に関わり良心的進歩知識人として韓国で知られている大沼保昭氏は、国際公共的な安全保障行動に参加するための改憲を唱えている。(10) 米国こそ国際法を破綻させていることを知らないはずがないのに。また、原理（principle）と準則（Rule）を区別する議論もあるようだ。憲法解釈の出発点は文理解釈であり、憲法第九条についても当てはまる。程度の差および歴史的環境は異なるが、ドイツのワイマール憲法下においても、あらゆる政治学的憲法論が登場したことを覚えている。ドイツのある憲法学者が憲法と憲法律を区別して、ワイマール憲法典とは憲法律に過ぎないと言い放ち、リベラルなワイマール憲法の文言の無力化に貢献してしまったことが思い浮かぶのは仕方ない。第九条を守っても守らなくてもいいような宣言として過小評価してしまって果たしてよいのだろうか。

二　軍事国家への道、自衛軍

二〇〇五年の自民党の「新憲法草案」の最大の問題であり、より衝撃的なところは、自衛軍関係の条項である。この草案では現行の日本国憲法、第九条第一項を残したものの、第九条第二項を削除し、その代わりに第九条の二という条文を新設し、そこで自衛軍を規定した。ただ、軍隊に関する指揮者を戦前のように天皇にはせず、内閣総理大臣を自衛軍の指揮権者にし（第一項）、自衛隊の組織に関しては法定主義をとり（第二項、第四項）、国際協調活動など（第三項）を規定している。

この第九条の二の核心条項は第一項（「わが国の平和と安全と独立並びに国及び国民の安全を確保するため、内閣総理大臣を最高指揮権者とする自衛軍を保持する」）である。自民党の「新憲法草案」より少し早い時期に出た読売新聞の「二〇〇四年憲法試案」とも歩調を合わせたとみえる。この「二〇〇四年憲法試案」でも自衛隊を自衛の軍隊にし、文民統制の枠を提示している。(11)

ところがこの自民党の「新憲法草案」の第九条では、自衛軍といいながらも自衛隊の地理的な活動限界などを定めていない。例えば、一九四八年の韓国憲法には国軍の使命を国土防衛にして地理的な活動限界を定めていたが、この「新憲法草案」では自衛軍の目的上の活動限界しか定めていない。これを拡大解釈すれば、国家の安全のためには日本領土以外のところでも活動できるということになる。軍事クーデタで政権を握った軍人の下で作られた一九八〇年の韓国憲法で、軍隊の使命を従来の国土防衛から国家の安全保障まで拡大した手法と非常に似通っている。私には改憲論者が主張する専守防衛の枠をも遥かに超える落とし穴が掘られているように見える。

韓国も一九九〇年代から韓国軍隊が国連PKOの名目で海外派兵されたことがあるが、国土を離れた地域への派兵を正当化する理屈の一つが国家の安全保障であった。国民の安全というのは国家の安全にすりかえられやすいが、国民の安全に国の安全を挟み入れるやり方は「先進国」の面子にも関わる前近代的な手法である。

自衛軍の組織と活動を議会で定める法律によることにしたのは、軍隊を置いた近代国家でよくある法定主義である。ところが、日本のように議会を特定の政党が長期にわたって支配する一党支配国家においては、この法定主義がうまく機能しない場合が多い。韓国でも一九六〇～七〇年代の朴正熙《ぱく・じょんひ》政権時に、国軍の海外派兵を支援する法律が国会で多数決で可決されたり、一九九〇年代以後も反平和勢力が多数を占める国会で法律・同意案が議決されたため、法定主義がうまく機能しなかった。多数が決めた法律の定めで、むしろ憲法に反する軍事行動の正当性が強められたのみであった。

日本の自民党の「新憲法草案」も韓国と似通った形で自衛軍の使命を抽象化して、「国際社会の平和と安全」についての活動を明記している。恐らく、これは一九九〇年代以後強まっているアメリカによる海外派兵要求に応じるための根拠づけであろう。今まで日本では日本国憲法第九条を巧妙に解釈して（「解釈改憲」）アメリカの要求に対処してきたが、限度を越えたため、明文改憲に走らざるを得なかったと思われる。

ところが、アジアの国々の観点からすれば、自衛軍という名目の下での日本軍の「国際社会の平和と安全」活動には、大きな違和感を感じる。アメリカの要求には応じたものの「日本に対する（アジア諸国の）安全」への答えにはなっていない。いまだに日本はアジア太平洋戦争時、そしてアジアへの植民地支配に際して行った日本軍の責任についてアジア諸国を納得させていない。日本政府は南京における軍人による虐殺を認めていないし、被害者の具体的な人数の認定は困難とあいまいにしている。また植民地の女性を軍隊の性的奴隷にしたことの責任所在もあいまいなままである。このような環境の中で、自衛軍という日本軍の「国際社会の平和と安全」活動を純粋に受け入れる人はいないであろう。では、望まれていないし、歓迎されない国際活動に臨むのはなぜであろうか。結局、アメリカの要求に便乗しながら再び軍事大国になろうとしているとみなされても仕方ない。

自衛軍という軍隊の新設を目指し、軍事裁判所も新設されている。明治憲法でも軍に関する裁判を行う軍法会議を置き一般の司法権の外に置いた結果、大きな人権侵害が起きたことは周知の通りである。さらに、現在の立憲主義国家の世界的な流れとしても、軍隊をおいても軍事裁判所による裁判を縮減し、できるだけ一般の裁判所の管轄にすることである。[12] 自民党の「新憲法草案」はこのような意味でも新しいものではなく、「後ろ向き」の憲法草案にすぎない。

日本国憲法の特色の一つが、平和のうちに生きる権利が人権であることをいち早く発見し、前文に「平和のうちに生存する権利」を規定したことである点について、少々付言しておきたい。この条文は世界の流れを先取りした側面もあるが、アジア諸国民への誓いでもある。それは平和のうちに生きる権利の主体が日本の人民ではなく、世界の人民になっていることからもうかがえる。日本国憲法制定時において、恐怖と欠乏から免れ平和のうちに生きる権利がほしかったのは日本の人民のみならず、日本の侵略戦争による恐怖と植民地支配による経済的欠乏から免れるべきであったアジア諸国の諸人民であったからである。[13] このような意味からすれば、平和のうちに生きる権利とは、平和主義からくる概念である前に反植民地主義をもとにした概念であるとする議論に大きな共感を覚える。[14]

三　争点から外された天皇制

第九条に続きアジア諸国の関心事である天皇制について、「新憲法草案」は、現行の日本国憲法の枠と条文をほぼ維持している。それは第九条の改悪が戦略的な課題であり、改憲の争点を増やしたくなかったので、わざと争点から外したのだとみることができる。

ところが、中曾根康弘元総理大臣などが中心の世界平和研究所により作成された二〇一五年「憲法改正試案」では、主権は国民にあるというところは維持されていたが、天皇を元首にするなど天皇の格上げを試みている。なお、衆議院で自民党中心の超党派が出した二〇〇七年五月三日の「新憲法大綱案」でも、天皇に憲法上の元首としての性格を与えることに加えて、国事行為でも私的行為でもない第三の行為類型としての「象徴としての行為」を明文化することが図られている。(15)

振り返ってみれば、第九条の提案者が幣原であろうが、マッカーサーであろうが、第九条制定の基本的な目的は、「日本に対する（アジア諸国民の）安全」をどう確保するかである。そして、日本国憲法制定時、天皇制が維持されたのは非武装を規定した第九条とセットだったからだと考えられる。第九条変更に関する議論というのはかならずセットになったもう一方、すなわち天皇制に関する議論を呼び起こすことにつながるであろう。

3　前向きの韓国の平和主義

一　平和主義の取り戻し

韓国は長い間、分断の国として海外に知られている。分断は地理的な境界線上の分断にとどまらず、戦争をやむを得ぬ事態として考えたりする思想傾向にも影響が及んでいる。日本にもそのような時代があり、尚武精神を崇めるため戦争や戦争英雄などを記念したりした。戦前の日本でみたような傾向あるいは風景が、韓国には今でも残っている。同盟国との関係のため、あるいは国の安全のためなら海外にも派兵しうる。よその国の民族自決権なんかどうでもよく、いったん派兵されたら勇猛に戦い戦果を上げるのが勇ましいというような傾向だ。ソウルの真中にある龍山《よんさん》、植民地時代日本軍の本陣があったあの龍山《よんさん》に輝かしく立てられている戦争博物館などに典型例をみることができる。

ところが、ここ数年の間、分断の国、韓国でも平和を願う文化が広がりつつある。植民地時代の本町と呼ばれていた鐘路《じょんの》には平和博物館推進委員会がある。(16)平和博物館の初めての行事は、ベトナム戦争時の韓国軍による民間人虐殺などに対する反省のセミナーであった。退役軍人らによる激しい反対もあるなか、わずかの期間でたくさんの基金が集まった。

このような文化の変化の要因には、平和運動の発展という追い風がある。韓国の平和運動は長い間、平和運動

＝反米運動＝親北運動としてしか知られていなかったが、反米か親北かにかかわらず平和運動が成り立つ余地が広がりつつある。そこには韓国憲法第五条に対する再発見が大きな役割をしている。韓国憲法第五条第一項には「韓国は国際平和維持のため努力し侵略戦争を否定する」。第二項には「国軍は……国土防衛の神聖な義務を遂行することを使命とし、その政治的中立性は守られる」と規定されている。

逆説的であるが、アメリカの軍事戦略の変化は、この第五条をただの宣言に過ぎないものではなく憲法原理であることを自覚させた。つまり、米軍戦略が敵を封鎖する戦略から先制攻撃する戦略に変わることによって、韓半島が戦場になる可能性が高くなる。核を使って北朝鮮を攻撃すると、北だけではなく、南北の韓半島の人々の平和的生存そのものがあぶなくなる。しかも、アメリカ軍の再編が従来の前方配置軍概念から迅速起動軍に変わることによって、専守防衛ではなく、韓国軍が太平洋と中東まで展開することになると、韓国民の意思とは関わりなく戦争に巻き込まれる可能性が高くなる。これこそ平和的生存を危うくすることであろう。そこで、龍山《よんさん》にある米軍基地を韓半島の南の平澤《ぴょんてく》に拡大再編成するための韓米軍事基地協定が平和的生存権違反である、との憲法訴願が提訴されたのである（第Ⅱ部第一章）。

韓国憲法第三九条に兵役義務が規定されているにもかかわらず、平和的な良心から召集を拒否し、代替服務を要求するいわゆる良心的兵役拒否者も出ている。エホバの証人など宗教的な良心でもって兵役を拒否する者ばかりでなく、平和を願う良心から兵役を拒否する若者も増えつつある。[17] 平和運動に関して今まででは考えられないことが起こりつつある。

イラク派兵の時には韓国憲法第五条第一項の侵略戦争拒否、第二項の国土防衛条項に反するという平和運動陣営の主張が国民的反響を呼んだ。

二　東アジアの平和環境の向上

日本国憲法の改正に関する外部環境の一つとして、韓半島有事などアジア諸国の軍事対決が取り上げられることが多い。ところが、日本で自民党政府が後ろ向きの「新憲法草案」を作成している時期、まったく逆に韓半島では「前向きの平和」への進展があった。日本が平和憲法を揺さぶるつもりで戦後初めて国会に憲法調査会を設置した二〇〇〇年、韓半島の南北の間では歴史的な南北頂上会談が行われた。一九四五年の南北分断以来初めて南北の首脳が会談をし、統一問題を南北が自主的に解決すること、南北の統一方策（一次段階を意味する「低い」段階の連邦制と国家連合）に共通性があること、南北の交流と協力を約束するなど南北統一も武力でなく平和的な方法によるべきであるとの展望をみせた。

二〇〇〇年六月一五日の第一次南北頂上会談では平和的な方法で統一を志向していくことに合意し、二〇〇五年の「九・一九共同声明」と二〇〇七年の「二・一三合意」では、韓半島の平和協定の締結、段階的非核化、米朝間の信頼構築、日朝国交正常化、東アジア平和フォーラムなどに合意した。ここで注目したいのはこの共同声明の第四条である。南・北、中国、ロシア、アメリカ、日本の「六者は東北アジアの恒久的平和と安定のための共同努力を約束」した。これを受け、「二・一三合意」では「関連当事国は別の適切なフォーラムにおいて韓半島における永久な平和体制に関する交渉を行うこと」とある。二〇〇七年一〇月四日の第二次南北頂上会談では、「軍事的な緊張を緩和し、対話と交渉を通して紛争問題を解決していくこと、韓半島におけるあらゆる戦争に反対し、不可侵の義務を断固として遵守すること」に合意した。特に、南北間の間歇的な紛争の原因をなくすために「西海での偶発的な衝突防止のため、共同漁業水域を決定し、この水域を平和水域とするための対策と、各種の協力事業に対する軍事的な保障措置など、軍事的な信頼構築のための措置を協議すべく、南側の国防長官と北側の人民武力部長の会談」を開くことにも合意した。実際、南北国防長官会談が二〇〇七年一一月二七日から一二月三日にかけて行われ、北方海上限界線（ＮＬＬ）の共同利用などの西海岸の境界線問題に対する進展があった。

二〇〇〇年代に入ってからは東アジアにおける市民社会のネットワークも広がり、平和運動の横のつながりも広がった。二〇〇四年から二〇〇五年にかけて、韓国の「平和ネットワーク」と日本の「ピースデポ」が「三＋三体制」「東北アジア非核地帯」設立に関する議論を進め、共同安保概念に基づいた東北アジア地域安保協力体制の方向性を提示している。(18)

二〇〇九年以後中断された六者会談を促進するため、二〇一五年六月二三〜二五日に民間六者会談がモンゴルのウランバートルで行われ、韓国、日本、アメリカなどの平和団体が参加している。(19)

4　改憲、アジアのためになるのか

安倍晋三、石破茂などの世襲議員が改憲推進を概ね務めているいわゆる日本版ネオコンは、「日本が改憲によって重武装することになっても平和主義を志向することは変わらない」という。しかも「アメリカとの同盟は変わらないから第二次世界大戦とはまったく違う」という。

ところが彼らが友好さを強調しているアメリカの軍事戦略というのは、冷戦時代に敵を封鎖したというような消極的なものではない。核を使った先制攻撃も辞さない積極的な攻撃戦略であり、日本には迅速機動同盟軍を要求している。すでに重武装平和主義の路線に従っている韓国の場合は、米国によるイラク侵略戦争に手を貸している。軍隊を持つ以上、相互防衛のための軍事同盟にならざるを得ず、平和主義に徹することができなくなる。軍事面でアメリカに大いに依存している、あるいは従属している日本という国が[20]、果たして平和主義を徹するためにアメリカにNOといえるだろうか。それとも平和主義路線を損なってしまうのか。私の考えでは、結局、アメリカの軍事戦略に便乗した形で、日本は軍隊を持ち、重武装の道を堂々と歩き始めるであろう。

同様に、国際貢献という名で、結局、アジアに派兵の道が広がるのではないかという懸念が隣国からはあがっている。アジア諸国に影響を及ぼす日本の改憲は、単に日本国内の問題ではなく外交軍事政策の変化として隣国でも懸念の対象となっている。

一方で「平和憲法の核心は他国を侵略しないことである」という議論もあるようだ。確かに日本国民の多くが「第九条も自衛隊も」という相矛盾する憲法意識[21]を持っていることを考えると、専守防衛というカードが侵略戦争という絶対悪を防ぐ切り札になるかもしれない。ところが自衛隊を認めることは、果たして侵略戦争阻止の止め石になるのか、それとも侵略戦争への渡り橋になってしまうのか、油断できない。第九条があってやっとここまで防げたとは考えられないだろうか。そういう議論は古すぎるのであろうか。

いずれにせよ、自衛隊が軍隊として認められてしまうことは、アジアの諸国にとっては衝撃的な出来事になるであろう。日本はアメリカとは戦後処理をしたかもしれないが、アジアとはまともにしていない。日本がアジアに対するまともな戦後処理なしにアジア社会に復帰できたのは、第九条という約束があったからに違いない。この約束が破られることをアメリカは了解するかもしれないが、アジア諸国は大きなショックを受けるだろう。

もう一つの問題は、平和の方向に向かって紆余曲折はあるにせよ進んでいるアジア、特に東アジアの地域共同体のための諸努力、例えば、北朝鮮の核開発疑惑などを議論するための政府間の「六者協議」、民間の六者会議といえる「ウランバトル・プロセス」、「東北非核地帯化」、「東アジア共同体」、「東アジア共同の家」構想などに肯定的な影響を及ぼすか否定的に影響するかという問題である。米軍と一体となった日本と韓国を、果たして中国は放っておくか、それとも対日牽制を名分とする軍備競争がより激しくなるだろうか。ナショナリズムが互いに煽られるであろう。果たしてこれはわれわれが願う事態なのか。

しかし、日本国内での憲法第九条切り捨ての動きとは異なって、第九条拾い上げ（持ち上げ）の動きが海外であることを覚えておいてほしい。二〇〇五年一一月三日、韓国ソウルの日本大使館前でユニークな集会が開かれた。周知の通り一一月三日は日本国憲法制定日である。韓国の二六の平和運動団体と日本の一六の平和団体が、前日の共同シンポジウムに引き続き、「日本国憲法第九条をアジアのものに」「アジアとの約束を守れ」という中身の集会を行った。ここではただ単に約束だから第九条を守れというばかりでなく、第九条の先駆性を語っていることから注目に値する集会であった。韓国内の平和運動の高揚によって、第九条というものが「アジアの宝物」であるとみなすことができる。最近は第九条のアジアを越えた世界的存在価値が発見され、二〇一四年頃からは「第九条にノーベル平和賞」を授けるべきであるという運動も広がった。韓国でも多くの人々が賛同している。

日本国憲法第九条を切り捨てることが果たして日本のみならず、アジアのためになるのかどうかについても、考えていかなければならない。

日本の平和主義運動は停滞しているといっても、その経験と理論は韓国の平和主義のものとは比べられないくらい、しっかりとした土台を持ったものであるはずだ。日本国民はドイツと違って第九条を七〇年も守ってきた。長沼事件がそうであり、砂川闘争がそうであり、非核三原則、武器輸出三原則がそうであり、地方自治体の非核宣言がそうである。

5　信頼の岐路

以前、教科書問題が持ち上がったとき、ある出版社の公民教科書が日本国憲法というのは七〇年間一度も一句も改正されていない古いものであるかのように「自虐」していた。ところが日本留学経験者でもある私は、たまに比較憲法の授業で、日本国憲法はドイツとは違って非武装平和主義を七〇年も貫いたと「自慢」したりする。そうすると学生の側から歓声があがる。日本国憲法はもちろんさまざまな限界がある憲法である。天皇制の問題もその一つである。人権の主体を国民にしていることも在日コリアン（korean）をはじめとする外国人には許しがたい。にもかかわらず、多くのアジアの人々が日本国民に信頼をよせているのは、天皇制が存続されていても象徴にとどめ、自衛隊があるにせよ、非武装平和主義というアジアの未来を守ってきたからである。はたして、このような信頼の重みを日本国民自身は感じているのであろうか。

注

（1）　渡辺治『現代史の中の安倍政権——憲法・戦争法をめぐる攻防』（かもがわ出版、二〇一六年）一三八頁。

（2）中村政則『戦後史』（岩波新書、二〇〇八年）八四頁。
（3）渡辺治『日本国憲法「改正」史』（日本評論社、一九八七年）三四二頁。
（4）同前・四五七頁以下。
（5）http://www.iips.org/research/data/kenpouhikaku.pdf、二〇一六年一二月三〇日閲覧。
（6）渡辺・前掲注（1）一六二頁。
（7）https://ssl.dpj.or.jp/s/article/102276、二〇一六年一二月三一日閲覧。
（8）渡辺・前掲注（3）一六三頁。
（9）二〇〇七年五月三日、衆議院の自民党中心でありながらもいわゆる超党派という名目で書かれた「新憲法大綱案」では、第九条第二項の削除と防衛軍の保持、国家非常事態条項の新設、国民の国防義務を規定するなど、従来自民党が目指していた改憲論の流れをもっとはっきりと示している。彼谷環「『新憲法大綱案』の特徴と問題点」『国際教養学部紀要』四号（二〇〇八年）一八七頁。
（10）「大沼保昭参考人の意見陳述の要旨」『衆議院憲法調査会ニュース』一六号（二〇〇一年一〇月二六日）。
（11）https://info.yomiuri.co.jp/media/yomiuri/feature/kaiseishian.html、二〇一六年一二月三一日閲覧。
（12）李桂洙「ドイツ軍司法制度再論」『公法学研究』一七巻三号（韓国、比較公法学会、二〇一六年八月）。
（13）このような議論をする論者は日本にもいる。例えば、武者小路公秀「平和への権利と『平和的生存権』」反差別国際運動日本委員会編『平和は人権――普遍的実現をめざして』（解放出版社、二〇一一年）三八頁以下。
（14）同前・四〇頁。
（15）彼谷・前掲注（9）一八六頁。
（16）http://www.peacemuseum.or.kr/?ckattempt=1、二〇一六年一二月三一日閲覧。
（17）http://www.withoutwar.org/?ckattempt=1、二〇一六年一二月三一日閲覧。
（18）李三星・梅林宏道『東北アジア非核地帯』（韓国、サルリン、二〇〇五年）。
（19）http://www.tongilnews.com/news/articleView.html?idxno=112748、二〇一六年一二月三一日閲覧。
（20）矢部宏治『日本はなぜ、「基地」と「原発」を止められないのか』（集英社インターナショナル、二〇一五年）七頁以下。加藤典洋『戦後入門』（ちくま新書、二〇一五年）二二二頁以下。

(21)　東洋大学社会学研究所研究報告書第四集『世論調査にみる戦後日本の平和意識』(東洋大学社会学研究所、一九八七年)七六頁以下。

第三章　東北アジアから見た憲法第九条の役割
――韓国の平和運動を中心に

1　「平和からの脱走」と「平和の熱望」

一　平和からの脱走と憲法調査会

わが友、太郎君！　久しぶりだね。昨年二〇〇三年一一月九日の第四三回衆議院選挙の結果は意外だった。僕の知っている日本と違って、憲法違反のテロ特別法（二〇〇一年一一月）、武力攻撃事態法（二〇〇三年六月）、イラク特別法（二〇〇三年八月）など国際貢献を名分に自衛隊を海外派遣しようとする法律および各種の有事法制が制定されたにもかかわらず、執権与党の自民党が過半数近くの二三七席も獲得したからである。

二〇〇〇年一月二〇日、戦後初めて日本の国会に憲法調査会が設置され、そろそろ（二〇〇五年）報告書を出す頃だったので、君のような普通の人々が堅く守ってきた日本国憲法が危うくなるのではないかと、実は心配だった。日本でもそのような心配があったようで、「九条の会」が活躍しはじめ、論壇では「国際社会と憲法九条」

の役割に関する議論が広がり、そのうちある出版社では韓国など諸外国では日本国憲法をどうみているかという企画が立てられたらしくて、企画担当者から原稿を頼まれた。それで、ここの二〜三カ月余り、日本の新聞やテレビを本当に久しぶりに念入りに注意深くみてみたのである。

相変わらずプロ野球ニュースも多かったが、朝鮮民主主義人民共和国（以下、北朝鮮）ってすごく「不良な国家」（Rogue State）、日本でいう「ならずもの国家」であること、そして日本という国はすごく国際貢献をしたがる国であることが改めてわかった。言ってみれば、「北朝鮮は拉致問題[1]を起こすような何をするかわからない国だ。その国が核開発を行い、日本を射程範囲とするノドン（蘆洞）ミサイル[2]を備えている。だからミサイル防衛も必要だし有事法制も必要だ。イラクに大量破壊兵器なんかなくても[3]アメリカがやる国際貢献ならなんでもやる」となるわけだ。僕はこれらをつなげ、「核開発をするかもしれない北朝鮮をアメリカが攻撃するなら、日本も国際貢献の名でそれに追随する」というメッセージと受けとった。

それから国民の間に「憲法第九条も要るが憲法違反の自衛隊も要る。そしてその自衛隊のPKO参加も賛成である」という非常に分裂した世論が広がり、憲法改正賛成論が反対論をいよいよ上回っていることもわかった。憲法改正論に対する警戒心が稀薄化される中、自民党憲法調査会は「憲法第九条第一項は自衛権を行使する場合は戦争に参加しうること、第二項は自衛隊を軍隊にする」[4]ように改正することを内容とする最終報告書を二〇〇五年五月に提出する。そしてなんと野党も「論憲」という形で憲法改正議論に加わるという報道もあった。

考えてみれば、二〇〇〇年に国会に憲法調査会が設置されること自体がまったく驚きの事件であった。もちろん、憲法改正を結党の目的にしている自民党は一九五五年以来憲法改正を主張し、国会のレベルで憲法改正案審議会のようなものを設置したかったのだと思う。ところが憲法改悪を心配した国民の強い反発と社会党を中心とする野党側の反対にあい、結局一九五六年六月三一日に自民党執権の内閣に憲法調査会を設置するにとどまったことを覚えている。[5] しかも、改憲を公に前提にすることが難しく、委員会の名前も「調査会」にし、一九六四年提出された「憲法調査会報告書」でも統一した明文改憲論を持ち出すことができなかった。[6] しかも、そこでの調査の内容も大したものではなかったような気がする。[7]

ところが、二〇〇〇年に入ってから国会に憲法調査会を設置したので、驚いた。調べてみたら、一九九六年一〇月二〇日の第四一回の総選挙で、自民党が定員五〇〇席の過半数近くの二三九席、小沢一郎など自民党から分離した諸政治勢力による自由党が一五六席を獲得し、護憲の立場を続けてきた社会党は惨敗した。その影響で国会内に憲法調査会を設置する法律が国会ですんなり可決されてしまったようである。ただ、その後、二〇〇〇年六月二五日に第四二回衆議院選挙が行われ、自民党が定員四八〇席の過半数近くの二三三席をとり、社会党の後身に当たる民主党などが一二三席をとったが、昔のような頑固な護憲筋の野党精神が弱まり、憲法調査会に協力しつつあるという話も海を越えて伝わってきている。民主党は改憲とまでは言わないが憲法を論じることは可能だという曖昧な立場を示し、それを「論憲」呼んでいた。宗教ベースの政党であるが長く護憲政党と、韓国にも知られている公明党は、いまの憲法に新しい内容を加えるのであれば改憲の議論もできるという名分で、「加憲」という立場をとっているようであった。

二〇〇五年四月一五日、衆議院憲法調査会の報告書が提出され、同年四月二〇日、参議院憲法調査会の報告書が出された。結論的には明文憲法改正案まで及ばなかったが、内容は好ましいものではなかったような気がする。憲法の実態に関する調査を行うという本来の目的（国会法第一〇二条六―日本国憲法の広範かつ総合的な調査を行う）を逸脱し、衆議院憲法調査会報告書は改憲を前提とする多数意見と否とする少数意見が明記される形で、そして、参議院報告書は改憲論・護憲論の両論併記の形式でまとめられていた。全体として「改憲を前提とする意見書」になってしまっていた。(8)

戦後日本の粘り強い平和主義から受けた深い感動をいまも覚えている僕には、誠に驚きばかりのニュースであった。特にイラクにおける人質事件の際、自衛隊を撤退しなくてよかったという世論が半分を上回ったという報道からは、人の命より政体不明の国益優先という幽霊が、韓国に続き隣国の日本にも現れたような気がした。

二　一九九〇年代から加速化された脱走

でも、考えてみれば日本社会のこのような無自覚的な平和からの脱走現象は、ここ二〜三カ月あまりの出来事でもなかったよね。僕たちが出会った一九九〇年代前半にすでに自衛隊そのものの違憲論が弱まり、自衛隊海外派遣の違憲・合憲が議論され、外国人の目には憲法の歪曲現象が非常に目立った。けれども今はそれどころでもないようだね。なんと今は日本の領域外における自衛隊の武力行使が違憲か合憲かが問われているんだもんね。

これまで、自衛隊とは東西間の冷戦の産物であるといわれてきたが、自衛隊の日本領域外の活動の合憲性を云々するようになったのは、あいにく冷戦が終焉した後のことである。自衛隊の海外派遣が議論されるようになったのには二つの要因があると考えられる。一つは、アメリカの要求である。冷戦終結後、新たに資本主義市場に参入した東欧、中東などに対し、アメリカはアメリカの大企業が安心して海外で活動できるアメリカ流の秩序維持を図ろうと国連を利用した。その国連主導の多国籍軍に、日本の参加を求めたのである。日本政府もアメリカの要請に応じる形で軍事力の活動範囲を拡大するために、従来の憲法解釈を変更したと考えられる。日本の企業もこれらの地域へ進出するための安定的な秩序が欲しかったので、「国際貢献」の大合唱が行われ、(9)そのような状況の下で作られたのが一九九二年の国連ＰＫＯ協力法であった。ただ、この時、日本政府はまだ海外での武力行使は違憲であるという線を維持し、武力行使と一体にならない活動つまり後方支援活動は大丈夫だという立場であった。これらの後ろ向きの憲法解釈の状況下で、護憲政党であったはずの社会党も一九九四年に連立政権を組んでからは自衛隊合憲の立場に転じ、結局自衛隊の日本領域外における武力行使の如何に問題の焦点が変わってしまったようにみえる。リベラルの方からも自衛隊を認めて国際貢献をという声があがり、「平和基本法」を作ろうという話があった。(10)皆熱心な人々なんだろうが、なんだかまとはずれに見えた。

ところが、状況はさらに悪くなってきたと思う。国際法に詳しい君も覚えているだろうが、ソ連・中国も加盟している国連がアメリカの思う通りに動かなかったので、アメリカは国連を使って世界の市場秩序を維持する方針を変え、国連ＰＫＯという形ではなく、多国籍軍によって対応することも辞さないことにした。そのためには敵が必要になるが、その敵とは、僕が冒頭で触れた、新聞を読みながら感知した「不良な国家」(Rogue State)であった。冷戦時代はソ連をはじめとする社会主義国家が敵であったが、いまや理念を問わず、アメリカのいうことを聞かない北朝鮮という「ならずもの国家」が敵である。そして、一九九九年の周辺事態法は対象とする範囲を韓国・台湾など日本の周辺つまり東アジアに限ったが、後方支援の輪を広げ、戦闘中であっても後方であれば違憲ではないとした。その後、二〇〇一年のテロ特別法、二〇〇三年のイラク特別法に進展するが、これらは国連ＰＫＯでなくアメリカ軍主導の多国籍軍にあらゆる後方支援をする法律になった。

一九九〇年代から二〇〇〇年代前半にかけての一連の海外派兵の動きは僕には平和からの脱走を克明に示すもの以外のなにものでもなかった。二〇〇〇年代の初め頃に人気のあった「タイタニック」という映画をみたことがあるが、日本の平和に対する認識状況は、まさに沈没間近の船といったあり様のように僕には見える。

しかし韓国では、平和という丈夫な船に乗り直そうとする熱心な人が増えつつあるよ。二〇〇三年、イラク戦争へ一部の医療部隊などが派遣されてしまったが、追加派兵はまだ行われず、派兵に反対する声が高まっている。韓国憲法は軍隊を規定しているものの侵略戦争を否認している。イラク戦争に派兵するのは憲法違反であるということだ。三〇年前、ベトナム戦争には軍隊を送ってしまったが、当時は憲法違反の声が小さかったことに比べると大変な変化といわざるを得ないよ。

なお、日本で自民党が戦後はじめて「新憲法草案」という憲法改正草案を作った二〇〇五年九月一九日（一〇月二八日、発表）、韓国、北朝鮮、中国、ロシア、アメリカ、日本による六者会談で東アジアの平和つくりのための基本的な枠組みができあがった。段階的非核化、韓半島平和協定の締結、米朝間の信頼構築、日朝国交正常化、東アジア平和フォーラムを内容とするものだった。そういえば、「九・一九共同声明」を出した六者会談には日本政府も参加したので、結局、日本は二重プレイをしていたわけである。

いずれにせよ、この時期、韓国の総選挙（二〇〇四年四月一五日）で軍縮を主張する政党（民主労働党）が国会議員定数三〇〇人の中、一〇席をも占める、戦後の韓国政党史上では珍しいことが起こった。

2　平和主義の自立

一　平和が語られるようになる

平和、そして平和主義を主張することが、君には当たり前のように思えるかもしれない。今はどうなっているかよくわからないが、一九九〇年代、日本に留学していた頃、横田基地周辺の米軍基地を定期的に写真を撮るなどの形で軍事動向を分析し、モニタリングをしている人々をみたことがある。韓国であったならば、軍事機密法違反の疑いか、国家保安法違反の疑いかで逮捕されるのではないかと心配であった。ところが、この頃は韓国でも、日本の一九九〇年代ほどではないが、情報公開法によって公開された情報などを分析したり、情報公開請求を行ったりして軍事動向をモニタリングしたりすることがそんなに難しくない段階にまで何とかきている。

実はこのように平和主義と公に言えるようになったこと、派兵は憲法違反だということ、それら自体、韓国憲政史においては画期的なことである。

韓国では、昔の日本の治安維持法に続く「国家保安法」というものがあって、特にその第七条では「反国家団体などの活動を讃揚《さんよう》・鼓舞《こぶ》または同調するかその他の方法で反国家団体を利した人は七年以下の懲役に処する」と規定していた。(11) 今まで平和または平和主義的な主張は、北朝鮮の活動を讃揚《さんよう》・鼓舞《こぶ》または同調するかのように疑われたり処罰されてきた。平和＝反米であると同時に、反米＝親北というステレオタイプがあって多くの人が平和主義的な内容の主張を慎んできた。韓国戦争のような悲劇が起こらないように、南北が不可侵協定あるいは平和協定を締結し、ともに軍縮しようと主張する人々を、(12) 政府側はそのような主張は北朝鮮の対南戦略戦術と脈をともにするからといい、国家保安法違反として拘束した。なお、例えば、米軍の民間人に対する犯罪行為に反発して、大学生らが駐韓米軍の撤退を要求したり、軍事演習の中断を要求したりした場合も、国家保安法違反で逮捕された。平和、軍縮、統一を語ることが国会議員にも禁止された時期があった。一九八九年に平和民主党の徐敬元《そ・きょんおん》議員が統一を議論するため北朝鮮を訪問し、国家保安法違反で逮捕された。(13) 同年、「平和協定、南北不可侵宣言、核兵器撤収」などを主張していた「平和研究所」のスタッフが北朝鮮と共通する思想を持っているということで国家保安法違反で逮捕された。(14) ところが、同主張は一九九一年の「南北基本合意書」、一九九二年の「韓半島の非核化に関する共同宣言」(以下、「韓半島非核化共同宣言」)の主な内容であった。

日本では想像もつかないことだろうが、長い間、韓国ではこういう事実がたくさんあり、平和主義に基づいた何らかの主張をすること自体が非常にリスクの高いことであった。

ところが現在はわりと自由に活動できるようになり、市民運動の一環として、軍事政策をモニタリングすることも可能になった。参与連帯という韓国の一番代表的な市民団体の中の「平和軍縮センター」は、二〇〇三年頃から活動を始め、一四年目を迎えている。「平和と統一を開く人々の集い」では、もっとラジカルに米韓軍事同盟関係に関する政策監視活動を行っている。「戦争のない世」という団体では良心的兵役拒否などを中心にして権力監視運動を続けている。

二　手段から目的に格上げ

韓国のリベラル陣営の中でも平和を統一の従属変数程度として理解していたため、理論的にもそれほど進展がなかった。韓国憲法で国は「平和統一政策を樹立しこれを推進する」と規定していることに注目しながらも、

「統一の手段あるいは方法論」としての平和といったような論法が主な流れを占めていた。

ところが「一九九四年の核危機」によって、人々の考え方も大きく変わりはじめた。この核危機とは北朝鮮の核開発疑惑がアメリカによって提起され、これに反発した北朝鮮が一九九四年六月に国際原子力機構からの脱退を宣言し、アメリカがこれに対して空爆などの武力制裁を本気で考えた事件であった。この一連の戦争危機は一九九三〜九四年にかけて最高潮に高まった。当時、アメリカのクリントン政府が北朝鮮の寧邊《よんびょん》の原子力施設を攻撃する寸前までいったことは、日本にもよく知られている。この際、アメリカは日本にも後方支援を打診していたそうである。ところが、当時の韓国の国防長官がアメリカのペリ国防長官に「韓国戦争時は犠牲者が二〇〇万人であったが、今戦争が起こると一〇〇倍以上の凄惨な結果になるし、戦争が起こると国家が消滅してしまう」[15]と訴え、クリントン自身も「戦争が起こった場合、生じる被害の規模に関する報告をうけびっくりした」[16]と回顧するなど、予測される被害の大きさに関係者が驚いたそうである。その後、カーター元大統領の仲裁があり、アメリカの対北朝鮮「作戦計画五〇二七」は稼動寸前に中止され、むしろジュネーブで核プログラムの中止とエネルギーの供給を内容とする「一九九四年ジュネーブ合意」につながって、この危機は一段落した。[17]

いずれにせよ、平和統一の方法論として認識する考え方に、大きな転機が訪れたということだ。統一を語る以前の問題として、再度の戦争が起こると第二のイラクになってしまうのではないか。第二の韓国戦争になるのではないか。そうなると北だけでなく南北ともに絶滅するであろう。毎日伝えられるイラク戦争のニュースは戦争の凄まじさを生々しく伝えてくれる。そこで極端に言えば、南北分断がしばらく続いても、韓半島の平和体制が構築されないことの方が困るという認識が広まった。まず平和構築、その後に統一といえるかな。これは統一のためには武力闘争も辞さないという「先に統一」論への批判でもあった。平和を主張しても親北朝鮮というわけではなく、南北政府両方の軍事力に対する政策批判をする素地ができ、市民社会の主張する平和主義がどちらにも偏らず、自立する契機になった。

ところが、皮肉にもこの一九九四年の韓半島の戦争危機を境に、アメリカの対日軍事政策の方は好戦的に変わったようである。当初アメリカが北朝鮮に対する攻撃を検討し、日本に対して後方支援などの積極的な役割を打診したようであるが、日本は個別的自衛権の限界を超えるとして断ったようだ。しかしこの事件が、アメリカから集団的自衛権への圧力がかかるきっかけになったようである。韓国では平和が目的化する一方で、日本は平和のなし崩しがはじまっていたようである。

いずれにせよ、韓国では南北朝鮮の平和、または安全保障のための東北アジアの話し合いの場が必要であり、その場をつくるためにも平和という共通の言葉がなければならないという認識が切実になっていた。そこで合意されたのが、二〇〇〇年六月一五日の第一次南北頂上会談であり、二〇〇五年の六者会談での「九・一九共同声明」であり、二〇〇七年一〇月四日の第二次南北頂上会談である。もちろん、二〇一七年現在は南北関係をはじめとする東アジアの平和情勢は低迷している。しかし、南北関係をはじめとする東アジアの平和情勢には波があり、何時また高潮になるかわからないし、このような合意の経験は先例として今後の交渉を促進することはもちろん、平和外交の大きな財産になることは間違いない。

いずれにせよ、南北関係の流れの転換によって、やっと韓国の平和運動も、北朝鮮へ先制攻撃すると威嚇する米国に反対すると同時に、核開発プログラムをもってこれに対抗する北朝鮮にも反対していくことになる。ようやく平和＝反米＝親北という等式が破れはじめた。

しかし平和主義の自立はそのような消極的な意味にとどまらず、東北アジアの安全保障のためのより具体的な政策提示や動きにつながっている。例えば南北平和協定案の公論化、東北アジア非核地帯条約のような具体的な主張がそうであろう。特に南北の間では一九九二年二月に「韓半島非核化共同宣言」[18]が行われたにもかかわらず進展がなかったので、二〇〇五年には六者会談に向けて期待が高まっていた。東北アジアにおける地域的な安全保障の取り決めの一つとして、非核地帯条約などが議論されるべきだということだろうね。

これらの動きには、核を通じた平和は不可能であり望ましくもないというメッセージが含まれており、南北当事者の対話と平和のための努力が必要である。なお、核問題が解決されないと、米国のミサイル防衛体制（MD）政策と日本の重武装を正当化させる危険性があるという認識がなされている。

3　市民社会と平和

一　平和軍縮運動と平和国家論

韓半島における平和主義の自立は皮肉にも韓半島の戦争危機のお陰であるが、それに劣らず大きな貢献をしたのは成長を続ける韓国の市民社会である。一九九〇年代のはじめから韓国にはあらゆる市民団体が現れ、非国家的公共領域において国家権力に対する牽制と監視運動が活発になっている。こういう流れの中から平和問題を積極的に主張する団体も数多く登場したんだ。

参与連帯の「平和軍縮センター」はその一つである。このセンターでは韓半島における平和運動の当面の課題の一つである軍縮問題に、いち早く取りかかっている。二〇〇三年五月に「二一世紀はじめの韓半島の秩序変化と韓国社会の平和運動」(19)という題で行われたシンポジウムでは、平和のための市民社会の役割を論じている。なお二〇〇三年末に出した「韓半島平和報告書」では、平和定着のための軍縮運動と国防改革の方向を提示している。(20)この時期に主張されたのは「平和国家論」である。「平和国家論」とは、韓国の現在の諸国家現象を安保国家とみなし、それとの対比において平和的方法で平和を追求する運動論としての新しい国家論で、軍縮、専守防衛、平和外交などを内容としている。(21)

一九九〇年代の後半に発足した「平和ネットワーク」では、韓半島の軍縮問題はもちろん平和主義の大衆化を目指し、ＭＤ反対問題、東北アジア非核地帯運動などに取り組んでいる。二〇〇三年には、ブッシュ大統領の予防戦争論が韓半島に及ぼす影響などを分析した「二〇〇三年韓半島の戦争と平和」(22)を出している。ごく最近は東北アジア非核地案を日本のピースデポと共同で発表した。

「平和をつくる女性の会」は二〇〇〇年の初頭に発足した団体で、女性の観点から韓半島の平和問題を積極的に提起している。平和を実現するための方法を研究し、平和政策を提示する上で女性の積極的な参加を呼びかけている。二〇〇二年の大統領選挙の際には、平和の観点から大統領候補達の政策を評価し、世論の熱い注目を浴びた。

「戦争のない世」(23)という比較的若い世代の平和運動団体は、良心的兵役拒否者への支援をつづけ、「非暴力平和の波」(24)は非暴力平和運動の輪を広げる活動をしている。

二　平和と人権の結合

主な人権団体の一つである「人権財団」では、二〇〇一年から二〇〇三年にかけて三〇〇人に及ぶ平和活動家と人権活動家および研究者達を済州島《ぜじゅ》に呼び、平和運動の懸案を議論し、その結果をまとめた「韓半島の平和と人権」という二冊の本を出している。(25) 日本では毎年八月になると平和運動関係者が集まる大型集会が行われるが、韓国でこれだけ大人数の活動家・研究者が集まることは稀であった。この企画は二〇〇四年の後しばらく停滞したが、二〇一七年六月に再開された。

学会でも平和主義問題は大きな関心を集めている。「民主主義法学研究会」(26)では、二〇〇三年一〇月の定期学術総会で、「韓半島の平和と民主法学」というテーマで一〇個も報告が行われた。そこでは韓国憲法における平和主義の実践的な意味、韓米安保条約の問題などが平和主義の観点から再検討されたし、韓半島の平和構築のためには南北平和協定が必要であると判断され、南北平和協定草案が発表された。報告者の一人である朴明林《ぱく・みょんりん》は、ここで戦争の終結宣言、兵力と武器増強を含む一切の軍備拡張の禁止、南北対置の論理から共同安保と協力への転換、戦時作戦統制権の米国からの返還、戦後清算としての南北離散家族の問題の解決などを主張している。(27) 日本から報告者（君島東彦）を招き、東アジアにおける日本国憲法の役割に対する報告も聞いた。解放七〇周年を迎えた二〇一五年には、憲法学会で「憲法と平和主義」というテーマの学術総会が行われた。韓国の憲法学会が平和主義を学術総会の全体のトピックにしたのは、これが初めてであった。日本ではこのような平和関連シンポジウムが多すぎるぐらいかもしれないが、韓国の法律関連学会で民主主義と人権問題だけでなく平和を語るようになったことは、とても画期的なことであった。

韓国戦争停戦五〇周年の年であった二〇〇三年には「韓半島平和大会」が組織され、「平和の日」を制定する運動や平和博物館の建設運動がスタートしている。なお韓国戦争の勃発した一九五〇年六月二五日を戦争の日として記念しているが、これからは戦争を反省し、平和を目指す日として記念することも提案された。

そして最近世間の注目を集めたのは二つの良心的兵役拒否事件である。一つは反戦平和の良心からの兵役拒否者の登場である。良心的兵役拒否者は毎年四〇〇～五〇〇人に及ぶが、そのほとんどが「エホバの証人」信徒たちであった。ところが二〇〇二年に呉太陽《お・てやん》という若者が仏教的反戦と平和愛護の良心から兵役を拒否した[28]。そして、二〇〇四年一二月には林宰成《いむ・ぜそん》という人がイラク戦争報道をみた結果として、戦争のない世界のために、平和主義の良心から、兵役を拒否した。その後一〇名が宗教的良心でなく、反戦平和の良心から兵役を拒否した（もちろん「エホバの証人」信徒として兵役を拒否する者はこの間も存在し続けている）。平和主義的良心から兵役を拒否したのは林宰成《いむ・ぜそん》である。彼は「戦争のない世」という平和団体で兵役拒否者の支援活動をしながら、自らも兵役拒否を宣言した例である。さらに現役服務を終えたが予備役訓練は拒否した者も多数いる。

もう一つは現役軍人による選択的兵役拒否宣言である。姜哲珉《かん・ちょるみん》は二〇〇三年一一月二一日、新兵訓練を終えた直後に休暇をとり、大韓民国政府にイラク派兵決定撤回を要求し、派兵決定が撤回されるまで軍への復帰を拒否し、軍事法廷により抗命罪などで一年六カ月の有罪判決を受けた（二〇〇四年三月二三日）。姜哲珉《かん・ちょるみん》は現在（二〇〇四年五月）、軍刑法の軍務離脱罪で起訴され、一審で懲役二年を宣告され陸軍刑務所に収監されており、控訴審に係わっている（二〇〇五年二月二八日、仮釈放）。姜哲珉《かん・ちょるみん》は裁判過程で「自分は憲法にあるように軍が国土防衛、平和守護の目的で存在していると信じて入隊したのであり、大韓民国政府がアメリカのイラク侵略戦争に軍を動員する決定を下した瞬間にこれ以上軍に服務する理由がないと考えた。むしろ自分の行動が憲法に則った行動である」という趣旨の記者会見をした。[29] 彼のこうした主張は、社会的にも大きな反響を呼んだ。

このように最近韓半島の市民社会において、平和を維持し冷戦体制をどう解体するかが大事な問題になっている。

4　韓国憲法の平和主義発見とその限界

韓国社会において平和主義が自立したことは、以上のような市民社会の成長に裏付けられたことがまず第一だが、憲法的な根拠がなかったらそれは砂の上の楼閣にすぎない。韓国憲法に平和条項がなかったわけではない。今までは冷戦のせいかほとんど注目されなかっただけである。現役軍人でありながらもイラク派兵に反対し兵役拒否宣言をした姜哲珉《かん・ちょるみん》が触れた韓国憲法第五条では、「大韓民国は国際平和の維持に努力し侵略戦争を否認する」と規定していることからもわかるように、韓国憲法は侵略戦争の否認という平和主義の大事な要素を定めている。日本国憲法の平和主義のような規定は、アジアでは敗戦国の日本にしかないと思いがちの君には多少驚きがあるかもしれない。なおかつ日本では、平和主義なんて理想主義で時代の変化に遅れている、GHQによって押しつけられたものであると思う人も多いだろう。ところが、マッカーサー司令部からGHQ草案のような憲法草案を提示されなかった韓国でも、侵略主義の否認のみならず、軍隊を持たないようにする議論があった。ただ、そのような議論は日本の軍国主義の侵略を受け、三六年間も苦労した韓国民には説得力がなかったため、やむを得ず国軍を規定した。[30] だから日本の非武装平和主義が維持されることは、統一後の韓半島の非武装国家化の可能性を高めることにつながる。

それはともかく、韓国ではこのような憲法の平和主義規定を再発見（詳しくは第Ⅲ部第一章で触れる）したため、イラク戦争に対する反対運動は多くの国民の支持を得ることができたし、根拠のない反米運動という汚名からも自由になれた。

しかしイラク戦争への派兵が国会で決議されることを阻止することはできなかった。そこにはさまざまな理由がある。まずは平和運動の熱気は高まったものの政府と国会にまでは及ばなかったということが大きい。だが他の理由もある。一つは韓国憲法第五条の国際平和維持という規定が関係する。これはいわゆる国際貢献条項である。

今日の日本では国際貢献ならなんでもいいという風潮があるようだが、国際貢献条項は米国と軍事同盟を締結している韓国にとっては、文言通りの国際平和への貢献というよりは、米国の言う通りの国際貢献、あるいは米国が判断する国際貢献になってしまいがちである。今回のイラク戦争への派兵問題の際、改めてわかった。それは日本も同じだろうね。

なお侵略戦争を否定しながら軍隊を規定している憲法規定も、大きな壁となっている。もちろん国土防衛すなわち自衛権のみを規定しているが、軍隊は実戦経験を積まないと戦闘力が落ちるので、戦争に参加したがる傾向にある。そして軍服の世界では戦争という実践経験は勲章になる。軍隊の存在そのものが呼び起こす戦争参加への誘惑があるため、国際貢献のための派兵、または国益のための派兵、戦後の再建における有利な条件をつくるための参加、国際貢献のための参加などさまざまな大義名分作りが行われる。

韓国の平和主義運動は、今日このような美辞麗句との戦いの中にある。平和運動勢力のなかからは、日本国憲法のように軍隊自体が憲法に規定されていなかったら平和運動が進むだろう、軍隊の存在が分断国家としてはやむを得ない現実であるとしても、国際貢献といったような抽象的で恣意的な判断ができる文句さえなかったら平和がより早く定着するだろうという声が上がっているよ。

5　日本国憲法第九条と東北アジアの平和

一　六者会談と東北アジア

そういう面で日本の場合は平和主義が定着するいい条件を持っている。しかも日本国憲法第九条は東北アジアの安全保障体制をつくるためには非常に大きな役割が期待される。

二〇〇三年から、東北アジアの諸国と周辺諸国家は、北朝鮮の核問題の解決のための話し合いの場として六者会談を開いた。二〇〇三年一月、北朝鮮の核拡散禁止条約（ＮＰＴ）の脱会宣言を契機に作られた六者会談は、そもそも国際社会が北朝鮮に非核化を圧迫するため設けられた側面が強かった。一方の北朝鮮は弁解の機会ととらえており、目的がそこにあったが、回数を重ねることによってそれなりの成果ができた。例えば、二〇〇五年九月の第四次六者会談では「九・一九共同声明」が出た。二〇〇五年から二〇〇七年にわたった第五次六者会談では、「九・一九共同宣言」を実践するための行動原則に合意し、「二・一三合意」が採択された。

二〇〇七年の第六次六者会談後、話し合いは難航しているが、一〇年過ぎた二〇一七年現在も、この六者会談は東北アジアにおける安全保障の枠組みとして韓国でも注目を集めている。うまくいけば六者会談が定例化されその延長線上に東北アジアの平和構築のための基本的な枠組みができるかもしれないからである。この枠組みが実現すれば、東北アジアの安全保障の焦点となっている核問題を解決する適切な構成をもつことになる。よく知られているように韓半島の地理的条件のゆえ、地域的な取り決めなしには核問題も平和統一もスムーズに進まないだろう。よって南北問題解決のためにも周辺国の理解と同意が必要である。(31)

なおアジアの民衆には、いまも日本の軍事的な潜在力と軍事大国化を懸念する人が多い。日本の目からみれば北朝鮮が不良国家（rogue state）と映るかもしれないが、東北アジア、少なくとも韓国民の多くには日本政府こそ信用できないという認識がある。最近、二〇一六年一二月に、日本の国防省長官が真珠湾を訪問した直後に靖国神社へ参拝をしたことから、その歴史とアジアに対する傲慢な態度に、不良国家あるいは「ならずもの国家」とはほかならぬ日本だという声も上がっている。しかも日本は、平和国家を標榜しながら一九八六年からはアメリカとの共同軍事演習を行っている。実働演習と指揮所演習をほぼ一年交代で「日米共同統合演習」という名目で行っている。二〇一六年にも一〇月三〇日から一一月一一日にかけて、一三回目の「日米共同統合演習」(Keen Sword 17/28ＦＴＸ）が日本全域、アメリカのグアムなどで行われ、自衛隊二万五〇〇〇人、米軍一一〇〇人が参加した。特に二〇一六年の演習では安保法制施行により、捜索救助のみでなく戦闘捜索救助訓練、米軍基地防衛訓練など重要影響事態を想定した訓練が行われた。(32)

だからアジア諸国の安全にとって潜在的な危険要素である日本が国際貢献という名で軍事大国の道を歩まないように牽制し、平和国家であり続けるためにも、右で述べたような国際的な安全保障の枠組みが必要であろう。同時に東北アジアにおける米国の役割を再定義するために、有意義な枠組みになる可能性もあるだろう。六者会談は東北アジアに平和共同体を作るための枠組みであり、平和主義はその内容になるといえるかな。韓半島が契機を提供し、中身については日本が六〇年あまり蓄積してきた平和を推し進めればいいわけだね。

この枠組みが定着するために、いくつか注意すべきことがある。その一つは国益が六つの国を結ぶ鍵概念になっては失敗するであろう。しかし本音はどうであれ、平和が鍵概念になれば成功するだろう。なぜならば平和を鍵概念にして初めて南北韓の平和協定の締結が可能になり、非核地帯化に合意することができるし、北朝鮮の核疑惑を制度的に解消することができるからである。(33) 二〇〇三年六月に韓国と日本の市民運動団体が開いた韓半島平和学術会議で、東北アジアの平和のための課題として掲げられた「日本は平和憲法維持、南北は平和協定締結」という結論は、非常に象徴的な話であると思う。

二　日本の友に

だいぶ話が長くなってしまった、ごめん。アメリカとヨーロッパばかり旅行していないで、いつかソウルにまた来てくれ。以前ソウルに旅行して韓国に対する印象がだいぶ変わったと言っていたよね。韓国社会は日本には長い間独裁政権の国として知られ、また戦後賠償を要求する嫌な国という印象があっただろうね。だが韓国に来て交流して初めて実感を伴った韓国理解ができたと言っていたよね。もう一度韓国に来て、発展途上ではあるが活発なものとなった、韓国の平和運動の姿も見てくれ。そして戦後七〇年も続いている日本の平和主義を自慢してくれよ。一八〇〇に及ぶ自治体が非核宣言をしたこともあったと知らせてくれよ。(34)

それから金鋼山観光が再開されれば、ここにも遊びにいってほしいな。僕も北朝鮮っていう国は不良っぽいイメージばかりあって、東北アジアの未来をともにする友達であることを忘れていた。それは韓国の長年の反共教育または反北教育のせいかもしれない。ところが日本はいま韓国でも薄まっている反北意識が強まってきていて、理性的な判断や友好感をわすれているようだね。あってはいけない拉致事件などが明らかになったせいだろうか、まるで対決意識が強かった一九七〇年代の韓国を見ているようだ。

セミナーのため北朝鮮に行って来た知り合いの法学研究者と歴史研究者達が聞かせてくれた話によれば、北朝鮮っていう国は貧しい国だが、そこにも普通の人が住んでいるんだそうだ。君にも交流を勧める。そして機会があれば昔日本も強盛大国、軍事大国を夢見て全体主義的な政治をし、また戦争をしてしまったが、結局戦争の惨禍を浴び長い間経済的にも精神的にも苦労したことをちゃんと言ってくれ。北朝鮮を平和の道に導くのも、北朝鮮をも含めて韓半島を侵略した日本の責務であると思う。

君は真面目で僕みたいにいつも万が一のことばかり考えているようだ。これからは平和のための万が一、平和のための想像力を発揮する友になればと毎日祈っているよ。韓国の友より。

注

（1）二〇〇二年九月一七日、平壌で開かれた第一次日朝首脳会談（金正日—小泉純一郎）の際に北朝鮮は初めて拉致問題の一部を認め、同年一〇月一五日には五名の拉致被害者が日本に戻って来ることになったが、これをきっかけに拉致問題が日朝関係の大きな争点になり始めた。

（2）北朝鮮では火星七号と呼ぶが、米軍の諜報衛星が、このミサイルが咸鏡北道咸州郡蘆洞《のどん》里にあるのを見つけたので、地名から蘆洞《のどん》一号と呼ぶ。これは射距離一〇〇〇キロメートルに及ぶ中距離弾道ミサイルと観測され、日本も射程に入ることになる。一九九三年五月末、北朝鮮はこのミサイルを発射した。一九九八年八月大浦洞《てぽどん》という中距離弾道ミサイル（射距離一八〇〇～二五〇〇キロメートル、グアムまで）を発射し、同年九月四日には、人工衛星、光明星《くあんみょんそん》（一号）を発射したと発表した。

（3）　ＡＦＰ通信は二〇一一年二月一五日英紙『ガーディアン』（Guardian）を引用して、次のように報道している。米国が二〇〇三年のイラク攻撃を正当化する根拠とした大量破壊兵器（ＷＭＤ）に関する情報を提供したイラク人科学者が、サダム・フセイン（Saddam Hussein）大統領（当時）を失脚させるためにうそをついていたことを認めたと報じた。この人物はラフィド・アハメド・アルワン・ジャナビ（Rafid Ahmed Alwan al-Janabi）氏。ドイツと米国の情報関係者に「カーブボール（Curveball）」というコードネームを付けられていた。ジャナビ氏はドイツ連邦情報局（ＢＮＤ）に、フセイン政権が生物兵器を積んだトラックを保有しているとの情報を提供した。この情報はジャナビ氏の上司だったイラク人によって否定され、ジャナビ氏は態度を後退させたが、それでも情報局は信用し続けたという。ジャナビ氏の情報は、コリン・パウエル（Colin Powell）米国務長官（当時）が二〇〇三年二月五日に国連安保理で行ったイラクの大量破壊兵器に関する報告につながった。国連での報告の中でパウエル長官は情報提供者のジャナビ氏を「イラクの化学技術者で兵器製造工場の一つを統括する人物」と紹介。さらに「生物兵器用の化学物質の製造に直接関与し、一九九八年の事故現場にも居合わせた」と説明した。http://www.afpbb.com/articles/-/2785653、二〇一六年一二月三一日閲覧。

（4）『毎日新聞』（二〇〇四年四月二〇日）など。

（5）渡辺治『日本国憲法「改正」史』（日本評論社、一九八七年）三〇五頁、星野安三郎『憲法改正』（三一書房、一九六二年）一五七頁以下を参照。

（6）渡辺治『現代史の中の安倍政権——憲法・戦争法をめぐる攻防』（かもがわ出版、二〇一六年）一四一頁。

（7）憲法調査会事務局『憲法運用の実際についての第三委員会報告書（天皇・戦争放棄・最高法規）』（一九六一年）。

（8）より詳しくは以下を参照されたい。「衆参両院・憲法調査会報告書の検討」『専修大学社会科学研究所月報』五一〇号（二〇一五年一二月二〇日）。

（9）渡辺・前掲注（6）一五三頁以下。

（10）共同提言「『平和基本法』をつくろう——平和憲法の精神に沿って自衛隊問題を解決するために」『世界』五八〇号（岩波書店、一九九三年四月）。

（11）鄭京植ほか『新国家保安法』（韓国、博英社、一九八七年）一九九頁以下。

(12)　朴元淳「国家保安法二（適用史）」（韓国、歴史批評社、一九九二年）三三六頁以下参照。
(13)　同前・三四九頁。
(14)　同前・五〇〇頁。
(15)　http://news.chosun.com/site/data/html_dir/2014/06/08/2014060801195.html?Dep0=twitter&d=2014060801195、二〇一七年一月一二日閲覧。
(16)　http://www.tongilnews.com/news/articleView.html?idxno=45059、二〇一七年一月一二日閲覧。
(17)　鄭旭湜『同盟の罠』（韓国、サムイン、二〇〇五年）四六頁。
(18)　一九九二年の第六次南北高位級会談では、「韓半島非核化共同宣言」を採択した。その内容は核兵器の実験・製造・生産・受付・保有・貯蔵・配備・使用の禁止、核エネルギーの平和的使用、核再処理施設およびウラン濃縮施設の保有禁止、非核化の検証などであった。二〇〇九年に廃棄宣言された。
(19)　参与連帯平和軍縮センター「（発足記念シンポジウム）二一世紀初韓半島の秩序変化と韓国社会の平和運動」（韓国、二〇〇三年五月二二日）。
(20)　他にも平和運動陣営では、特に、一九九〇年代以後、軍事的な手段ではない対話を通じた南北問題の解決、平和的共存共栄などの平和主義に沿った諸原則を公論領域で拡散している。例えば、朴淳成ほか『韓半島平和報告書』（韓国、ハンウル、二〇〇二年）。
(21)　参与連帯平和軍縮センター『平和白書二〇〇八』（韓国、アルケ、二〇〇八年）二五頁。
(22)　鄭旭湜『二〇〇三年、韓半島の戦争と平和』（韓国、イフ社、二〇〇三年）。
(23)　http://www.withoutwar.org、二〇一七年二月一二日閲覧。
(24)　http://peacewave.net、二〇一七年二月一二日閲覧。
(25)　韓国人権財団『朝鮮半島の平和と人権』（韓国、サラム・センガク社、二〇〇二年）。
(26)　「民主主義法学研究会」は一九八九年に発足して現在まで至っている。朴正熙《ぱく・じょんひ》・全斗煥《ちょん・どふあん》大統領時代の反民主主義的な法学状況に対する反省から、民主主義を目指す法学を標榜し設立され、大学教授など研究者一〇〇人ほどが会員である。二〇〇〇年に入ってからは民主主義の基盤が平和であるという認識のもと、平和主義への関心も高まっている。
(27)　民主主義法学研究会『民主法学』二五号（韓国、冠嶽社、二〇〇四年）。

（28）林宰成「控訴理由書」http://www.jabo.co.kr/sub_read.html?uid=10475&section=sc3、二〇一七年一月一二日、閲覧。
（29）「現役軍人派兵反対兵役拒否宣言」『民衆の声』（韓国、二〇〇三年一一月二一日）、http://www.vop.co.kr/A00000006472.html、二〇一六年一二月一五日閲覧。
（30）拙稿「占領管理体制下における韓国憲法の制定」『一橋論叢』一一八巻一号（一九九七年）を参照されたい。
（31）金昌洙『平和つくり統一つくり』（韓国、大同社、一九九六年）。
（32）「日米共同統合演習」については、大内要三「安倍政権の安保・防衛政策と自衛隊の動向」『法と民主主義』四八七号（日本民主法律家協会、二〇一四年四月）を参照されたい。
（33）李長照ほか『韓半島非核地帯化と国際法』（韓国、小花社、一九九九年）。
（34）南北交流の一環として金鋼山観光は一九九九年から始まり、多くの人が北朝鮮の地を旅行する画期的な出来事になったが、二〇〇八年七月一一日、観光客一人が死亡したことにより、その後中断されている。民間のレベルでは再開の声も高まり、政府のレベルでも南北交渉の議題にしてはいる。

第Ⅲ部　韓半島の平和とアジア

第一章　韓国憲法の平和主義、可能性と限界

1　はじめに

韓国憲法も平和主義を憲法の基本原理としている。しかし、日本と大きく異なって、平和主義は抽象的理念に過ぎないものとして見られるか、場合によっては政治的な宣言に過ぎないものだという見方がなきにしもあらずだった。

ところが、二〇〇三年イラク派兵を契機にして、平和主義を再発見することになる。韓国憲法第五条に国軍の使命を国土防衛と明記しているにもかかわらず、イラク派兵を決めたからである。

いうまでもないが、憲法の基本原理とは憲法の理念的な基礎になるものであり、憲法を総体的に支配する指導原理を意味する。これは憲法の前文か本文のなかで条文の形で規定されたりしている。韓国憲法学では国民主権主義、法治主義、福祉国家主義、文化国家主義、平和主義などを憲法の基本原理として取り扱う。だが、これらの諸原理を特定することについては異論がある。人によっては文化国家主義とか福祉国家主義は尊重すべきではあるが、基本原理まではないという場合もある。ところが、国民主権主義と平和主義については研究者からの

異見がほとんどない。しかし、概説書等で、国民主権主義については数十頁にかけて述べられているが、平和主義についてはたった一〜二頁に過ぎない場合が多い。大学の憲法の教科書で一番売れている教科書は大体二〇〇頁ほどなのだが、そこの平和主義に関する叙述は分量からみれば、〇・〇〇一%に過ぎない。

憲法の基本原理がもつ規範的な意味は、①憲法の各条項をはじめとするすべての法令解釈の基準であること、②立法権の範囲と限界そして国家の政策決定の方向性を示すものであること、③国家機関と国民が尊重および遵守すべき最高規範であること、④憲法改正における改正禁止の対象であること、である。

憲法の基本原理とは何かという教科書的な意味合いからすれば、国土防衛軍として規定している軍隊を国土ではないイラクに派兵することは、誰がみてもおかしなことであり、憲法の平和主義とは何かが問われざるを得なかった。

以下では、韓国憲法の平和主義の意味内容を検討し、韓国憲法がもつ平和主義の普遍性と特異性を確認し、その可能性を探ってみることにする。そして、その可能性の再発見とともに、限界はないのか、日本にどんな示唆を与えるのかを考察してみることにしたい。

2　韓国憲法史と平和主義

一　一九四八年憲法と平和主義の制限的な受容

（1）一九四八年憲法の平和主義

一九四八年韓国憲法は短い感激と長い失望が交差する憲法であった。植民地統治から逃れ、自分の憲法を持つことになったという面では国民を感激させるものであったが、国民の総意に基づいて制定されるべきだったものが、実際はそうではなかったからである（詳しくは第Ⅰ部二章を参照されたい）。南と北に各々の政府が樹立されたが、南（以下、韓国）のみの憲法を制定することに抗議する人々は憲法制定過程で除外された。例えば、済州《ぜじゅ》島では南のみの憲法制定に反対して「済州四・三抗争」[1]が起こったが、彼らは暴徒扱いされた[2]。

こういう分断憲法の状況の中でも、評価しうる側面がまったくなかったわけではなかった。その一つは不戦条約の法理が憲法に明文化されたことである。一九四八年憲法は前文で「恒久的な国際平和の維持に向けて努力する」ことを宣言し、第六条では「大韓民国はすべての侵略戦争を否認する。国軍は国土防衛の聖なる義務を遂行することを使命とする」と規定した。

国土防衛を任務とする軍隊であっても、いくつかの憲法的な制限が加えられた。大統領は宣戦布告・講和に関する権利（第五九条）を持ち、軍隊に対する統帥権をもつが、軍隊の組織と編成は大統領の命令などでは編成できず、国民の代表機関である国会が定める法律によることにした（第六一条）。しかも、宣戦布告と講和の場合も大統領が単独では決められず、国務会議の議決と国会の同意を得ることにし、いわゆる文民統制の道を残した。

なお、一九四八年憲法は外国軍隊の駐屯または集団的自衛権に関する実体的な規定も、手続き的な規定も置いていなかった。各種の条約に関する国会の同意権を規定した第四二条の場合も、「国会は国際組織に関する条約、相互援助に関する条約、講和条約、通商条約、国家及び国民に財政的な負担をかける条約、立法事項に関する条約の批准と宣戦布告に関する同意権をもつ」と規定しているのみである。

侵略戦争否認の法理がそんなに大きな注目を浴びていない今日と異なり、一九四八年憲法制定時は、第六条が侵略戦争の否認を規定したことで相当な話題になった。当時有力な憲法学者であり、憲法草案作成に深く関わった兪鎮午《ゆ・じんお》は次のように述べている。

「第六条では侵略戦争を否認すると規定しているのですが、その意味は以下のようなものであります。現在世界の重要な国家が『戦争放棄に関する条約』に加入しています。そしてそこで戦争放棄に関して規定しています。この憲法草案はその基本精神を承認しています……軍隊は侵略戦争を行う軍隊ではなく、国土防衛の遂行を使命とする防衛的なものであります(3)」。

しかし、国土防衛の義務を規定しながらも、戦後ドイツとは違って、良心を理由とする代替服務などの可能性については沈黙した。

このように、一九四八年憲法の平和主義は侵略戦争の否認、個別的な自衛権の容認、軍隊に対する文民統制を主な内容とするものであった。これはアメリカの当時の東アジア戦略とも背馳するものではなかった。米国は軍国主義の心配から日本本土を非武装にしたが、沖縄に空軍中心の軍隊を置き、韓国には小規模の陸軍中心の軍隊を置くようにしたからである。

(2)　安保条約の締結

一九五〇年六月二五日に韓国戦争が勃発し、一九五三年七月二七日に休戦協定が締結された。まもなく八月八日、卞榮泰《びょん・よんて》外務長官とダレス米国務長官は韓米相互条約という安保条約に仮署名をし、一〇月一日には正式に締結した。

アメリカは一九五一年九月八日にすでに、日本とも安保条約を締結し、東アジアにおける軍事的ネットワークを作ろうとした。日本においては非武装平和主義を規定した日本国憲法を根拠にした強い反対運動に直面し、「片務的」な安保条約を締結したが、韓国とは双務的な内容の安保条約を締結した。(4)

韓米相互防衛条約は当時の李勝晩《り・すんまん》とアメリカによる、軍事政策面におけるある種の妥協の産物であった。アイゼンハワー大統領は長引く韓国戦争を終結する意向を持っていたが、李勝晩《り・すんまん》は戦争を続け統一を達成しようとしていた。しかし、李勝晩《り・すんまん》は国民的な支持が低いなど統治の基盤が脆弱であったことから、結局妥協し、作戦指揮権を「国連軍」に譲るなど主権の一部の制限を受けてもアメリカとの軍事同盟を締結し、統治基盤の脆弱さを補おうとした。

ところが、一九四八年憲法では、国民の生命と安全に関わる軍事条約を国会の同意事項から外したことがわかる。例えば、条約に関する一九四八年憲法の第四二条では「国会は国際組織に関する組織、相互援助に関する条約、講和条約、通商条約、国家または国民に財政的な負担をかける条約、立法事項に関する条約の批准と宣戦布告に関する同意権をもつ」と規定しているのみであった。(5)国会の同意なしに軍事条約が締結できるとの解釈もできるが、このようなことは立憲主義的憲法論からは考えられない。

二　一九六二年憲法と平和主義原理の侵食

(1)　安保条約が登場した一九六二年憲法

朴正熙《ぱく・じょんひ》の軍事政変後に作られた一九六二年憲法は、一九四八年憲法の平和主義原理を大きく侵食した憲法で

表 3-1-1　アジア地域の取り決め一覧

		名称	性格	調印時期	軍事協力関連
米国とアジア	米日	日米（サンフランシスコ）講和条約	西側連合国と日本間の平和条約	1951 年 9 月 8 日	西側 47 カ国のみで調印、日米関係正常化
		日米安保条約	連合軍撤収による米軍駐屯の根拠条約	1951 年 9 月 8 日	米軍が日本の基地使用 日本領域＋極東条項
		日米駐屯軍地位協定	米軍駐屯による地位協定	1952 年 2 月 28 日	
	米韓	韓米相互防衛条約	米軍駐留条約	1953 年 10 月 1 日	太平洋条項
		韓米駐屯軍地位協定	米軍駐屯による地位協定	1966 年 7 月 9 日	
	米日韓	（韓国）国連軍と日本間の駐屯軍地位協定	国連軍の日本の軍事基地使用に関する地位協定	1952 年 6 月 1 日	韓半島有事には、米軍中心の国連軍も日本の基地使用
	米華	米華相互防衛条約	米台軍事条約	1954 年 12 月 2 日 1979 年 2 月 16 日失効	
	米比	米比相互防衛条約	米比軍事条約	1951 年	
日本とアジア	日韓	日韓協定	日韓関係正常化条約	1965 年 12 月 18 日	日米講和条約参加拒否される
	日朝	日朝協定	日朝関係正常化条約	交渉と停滞	
	日中	日中平和友好条約		1972 年 9 月 29 日 1978 年 8 月 12 日	日中国交正常化 日中講和条約
	日台	日華平和条約		1952 年 4 月 28 日	台湾（中華民国）との国交正常化、講和条約

出典）著者作成

ある。

まず、第四条では国軍の使命が国土防衛であるという文言を削除し、「大韓民国は国際平和の維持に努力し、侵略戦争を否認する」という部分のみを残した。一九六五年のベトナム戦争に国軍が派兵されたにもかかわらず、憲法的に批判が強く出なかったのは、このように憲法そのものに海外派兵の道を残しておいた影響もあると考えられる。

なお、この一九六二年憲法では、(6)韓米相互防衛条約のような軍事同盟を念頭に置いた規定が、国会の同意という条件つきで憲法に登場した。第五六条第二項では「国軍の海外への派遣または外国軍隊の大韓民国の領域内における駐留に対して国会は同意権をもつ」という規定が現れ、第五六条第一項では「国会は相互援助または安全保障に関する条約、外国軍隊の地位に関する条約または立法事項に関する条約の締結、批准に関する同意権をもつ」と規定している。(7)ある意味では、一九六二年の憲法改正は一九五三年の韓米相互防衛条約の憲法的根拠を事後承認したとも言えるであろう。

一九六一年五月六日の軍事クーデタが当時のマグルーダ（Carter B. Magruder）「国連軍」司令官の作戦統制権を離脱して行われたため、(8)アメリカが朴正熙《ぱく・じょんひ》を認めるかが焦眉の関心事になったが、朴正熙《ぱく・じょんひ》政府は作戦統制権がアメリカに復帰したことを明らかにする韓米共同声明を発表し、(9)以上のような憲法改正をするなどアメリカとの関係も予想より比較的に順調に進んだ。その後、韓米の軍事協力は米国への従属ともいえるほど緊密化されていく。一九六五年七月にはベトナム戦争に韓国軍が派兵され、一九六六年には治外法権的な権利を享受していた駐韓米軍の地位に関する協定、つまり韓米行政協定が締結された。

(2) 安保関連法制の体系化

韓米相互防衛条約の締結に伴い、韓国版の安保関連法制の整備が進むことになる。とりあえず、駐屯軍の地位協定が締結される。米軍は一九四八年九月八日から韓国に駐留することになるが、実は、正式な駐屯軍地位協定はまだ締結されていなかった。ただ、一九四八年八月二四日に「過渡期の暫定的軍事および安保に関する行政協定」が締結されただけであった。韓国戦争勃発後である一九五〇年七月一二日、「駐韓米軍の犯法行為の管轄権に関する協定」(いわゆる大田《でじょん》協定)を締結したが、米軍にあまりにも多くの特権を認めたものであった。その一六年後である一九六六年七月九日に「駐屯軍地位協定」が正式に締結された。一六年におよび治外法権的に特権を享受したともいえる。

国内的には戦争および戦争協力のための人的・物的調達に関する法制が整った。一九六三年に制定された「徴発法」は、戦争に備え物的調達を可能にする法律であった。徴発法は戦時・事変またはこれに準ずる国家非常事態に備え、物資と施設を総体的に徴発するための法律である。日本でも戦前に総動員体制があったが、(10) ある意味ではそのような体制に類似しているように見える。

人的動員法制である「兵役法」は一九四八年に制定され、すでに実施されていた。当初は徴兵制であったが、当時韓国軍の諮問をしていたアメリカの軍人定員削減計画に影響され、一九五〇年三月に志願兵制に転換された。しかし、韓国戦争の最中である一九五一年五月二五日の改正で徴兵制に戻り、六五万人体制になった。

朴正熙《ぱく・じょんひ》政権は物的・人的動員体制のみならず、冷戦を煽る「二大安保刑事法」を整備した。一九六一年七月三日、「反共法」を制定し、一九六二年には日本の治安維持法にならって「国家保安法」をさらに改悪した。(11) 反共法では讃揚《さんよう》・鼓舞《こぶ》罪を新設し、正当な政治的な表現をも北朝鮮を讃えるものであるか、あるいは、鼓舞するものであるかを理由に処罰する道を開いてしまった。基本的人権を侵害する悪法として知られていた国家保安法よりも、処罰の範囲、対象、刑などを拡大、強化した。北朝鮮から南を守るためという消極的な理由を遥かに超え、積極的に反共産主義体制を強化する目的として作られた法律であった。それによって南北交流がさらに難しくなり、平和主義を語ることも難しくなった。

(3) 平和主義原理の侵食

一九六二年憲法は、アメリカの戦後体制つまりアメリカによる世界支配を意味するパックス・アメリカーナ(Pax Americana)の軍事的な再編に相応するものである。一九五〇年代に入りアメリカは社会主義を封鎖し、韓国のような旧植民地を再編し、ドイツ・日本を軍事的に再編することを目標にして積極的な政策を展開していた。日米安保条約(一九五一年)、米フィリピン相互防衛条約(一九五一年)、東南アジア条約機構(SEATO、一九五四年)の締結はそのような例(表3-1-1を参照)である。このような国際関係の変化の下で、国内法体制の整備が日本でも韓国でも進んでいたが、一九六二年憲法はこのようなアメリカによるアジア再編戦略の一環としての側面を持っていた。

ただ、平和主義原理が侵食されたとは言え、積極的に解釈していく余地を根本的になくしてはいない。安全保障条約に関する文句が憲法に登場したが、それは実体的規定であるよりは手続き的な規定に過ぎないとも解釈できる。例えばアメリカとフィリピンの間ではフィリピンの上院が条約の延長に反対し、米軍基地が返還されたことがある。

一九六二年憲法は少なくとも、侵略戦争については否認する文句を残し、前文には国際平和の維持に貢献すべきであることを宣言している。

三　一九七二年憲法と平和主義原理の形骸化

(1) 安保イデオロギーの憲法化

一九七二年一〇月、朴正煕《ぱく・じょんひ》政権はいわゆる維新を名分にして政権延長を図り、新しい憲法(「維新憲法」)を作った。大統領制と権力分立を宣言してはいるが、国会議員の三分の一を与党側で推薦し、司法府のトップである大法院長を大統領が任命するなど実質的には大統領への超集中的な政府形態をとったため、独裁憲法あるいは新大統領制と批判された。憲法の改正過程も実質的にはクーデタ的であった。一九七二年一二月二七日、非常事態を宣言し、その下で新しい憲法を採択した。

新しい憲法の中身もいろいろな側面で立憲主義と距離があったが、特に平和主義に関しては大きく後退していた。憲法の基本原理の一つとして自由民主的な基本秩序を新しく掲げ、北朝鮮との平和共存より敵対を選んだ。ドイツから輸入されたこの自由民主的基本秩序(Freiheitliche Demokratische Grundordung)とは自由民主主義から後退したものであった。戦後ドイツにおいて、反全体主義の一環として自由の敵には自由を与えないという大義名分で人権を制限するなど、自由民主主義を後退させたものである。再軍備の過程を経ながら反共産主義として運営されるなど、ドイツでも批判されるものであった(12)。

人権保障と関連しても、人権制限を目的として従来の秩序維持と公共の福利以外に、国家安保を規定することになった。国家政策レベルの概念であり、法律レベルの概念としては抽象的で、恣意的に運用されがちな概念が憲法に導入され、反政府的批判勢力を反国家勢力として取り扱い人権を制限することが可能になった。さらに、国家保安法などの諸法律を正当化しようとした。平和のため軍縮や平和統一を主張する者は国家安保を阻害する者だと決め付け、人権保障から外すことによって平和への主張を萎縮させる悪循環を生んだ。日本でも、二〇〇五年自民党の「新憲法草案」と二〇一二年自民党「憲法改正草案」に現れはじめた「公益及び公の秩序」という文言は、まだ公には国家安保のことを憲法に持ち出していないが、韓国における経験からすれば、運用の面では国家の安保という抽象概念を公益および公の秩序に切り替える危険性が強いと思われる。

しかも、一九七二年韓国憲法では、従来の憲法で法律による人権制限があったとしても本質的な内容の侵害は禁じられていたものが、憲法にあったそのような明文を削除し、国家安保を理由として、国民の人権および平和的生存への主張を制限できることとした。

(2)　国家安保の法制化

平和主義の後退は、国家政策や立法の面でも続いた。立法の面からすると、まず、一九七三年の「軍需調達に関する特別措置法」の制定を皮切りに、防衛産業の育成が積極的に推進された。一九七四年から始まった「栗谷《ゆるごく》事業」(13)によって、新しい航空機の導入、高速艇の導入など戦力を増強する一方、武器や装備を国内生産することを推進した。一九七三年からは非常時に対応するため政府と民間レベルの「乙支《うるち》訓練」を始めるなど、安保体制作りに拍車をかけた。

一九七五年にはいわゆる「安保四法」が国会で採決された。「民防衛基本法」は「敵の侵略又は全国あるいは地域の秩序維持」を目的に掲げ、実質的には軍事作戦上必要な国民的な支援体制および動員体制を内容とした。

「社会安全法」は国家の安全を目的にしているが、その内容は「国家保安法」などの公安経歴者を監視するための法律であった。「防衛税法」は軍事力増強の財源のための法律であった。なお、「教育法」を改悪して、大学に準軍事組織である「学徒護国団」を作った。

(3)　敵対的共存関係の制度化と平和主義の形骸化

韓国における一九七二年憲法体制（いわゆる朴正熙《ぱく・じょんひ》維新体制）の登場は、北朝鮮の一九七二年憲法（いわゆる金日成《きむ・いるそん》唯一体制）の登場とほぼ同時に生じた。お互いに敵の脅威、国の安全保障を煽りながら独裁体制を作ったといえよう。

憲法において基本権制限を目的として登場した安全保障という抽象概念は、従来の秩序維持概念でも十分対応できる概念であったが、それはさらにイデオロギー性を強化し、平和を主張し人権保障を要求する人々を国家安保という名目で断罪するものだった。こうして平和主義に基づく軍縮・平和統一などの主張は立場が極限に弱いものとなり、平和主義は形骸化させられてしまった。

四　平和主義と乖離と一九八〇年憲法

(1)　平和主義原理の外見的復元

一九八〇年憲法は一九六二年憲法と同様、軍事クーデタによって政権を握った軍事政権が作った憲法であるが、いくつかの違いはあった。平和主義との関係でいえば、侵略戦争否認という文言を受け継ぎながら、国軍の使命を国土防衛に限定する文言を再規定した。

改憲過程の詳しい記録などは残っておらず、その真意は明らかでないが、一九八〇年の光州民主化運動を武力で鎮圧するなど政権簒奪過程が余りにも反憲法的であったため、それを隠蔽するための飾りものとして規定された疑いがある。国民の幸福追求権を踏みにじって登場した憲法にもかかわらず、幸福追求権にみえる規定も入り、環境権のような第三世代の人権も新しく導入された。憲法を権力制限規範として考えず、宣言文句程度と理解したためか、憲法前文の平和主義に関しても、「世界平和と人類の共栄に供するため」であると規定するなど従来とは違ってスケールが大きいものとなった(14)。

ところが、平和主義関係の諸条文は単なる修辞的な復元にとどまらず、一部では後退もみられる。国軍の使命を国土防衛に限るという文言は復元しながら、国家安全保障という文句を加え、国軍の使命を抽象化している。主権者の安全と安心を高めることに反対する人はいないだろうが、国家権力を牽制する文書である憲法に、主権者の権利を制限する概念である国家の安全保障が挿入されることは、憲法を「統治のための文書」として考えることと無関係でない。一九八〇年の光州《くあんじゅ》事件(15)のように、軍隊が国土防衛と無関係に使用されうる武力集団であることを想起すると、軍隊の使命が拡大されるべきではなく、より明確に限定されるべきである。

(2)　反平和勢力の政権奪取と非水平的韓米同盟

一九八〇年の憲法典に平和主義関連条項が外見的に復元されたのは、反平和的な政権奪取の過程も関係する。一九七九年一〇月二六日、朴正熙《ぱく・じょんひ》政権の崩壊により、新しい憲法を作ろうとする動きが強まり、憲法に関する議論が広がったが、一九八〇年五月一七日の非常戒厳令は以上のような自発的な民衆側からの憲法論議を強制的にストップさせ、否定したものである。戒厳令後、「国家保衛非常対策委員会」が新しい憲法を作り、新しい憲法公布後には「国家保衛立法会議」が拡大された。立法会議という名前と異なり、その権限は行政権まで及ぶなど軍事政変のための革命委員会の機能を担った。

このような一九八〇年の憲法の制定過程は、韓米同盟の現状をみせるものでもあった。一九七八年の「韓米連合軍司令部構成に関する協定」では「一九五〇年に調印された国連軍司令官の作戦統制権は連合司令部設置後にも廃棄されない」と確認するなど、作戦統制権が「国連軍」司令官を兼ねている駐韓米軍指令官にあるとした。そうなると、一九八〇年の光州民主化運動時の軍隊による民衆鎮圧は、米軍の許可あるいは黙認の下で行われたことになる。結局、一九八〇年の反平和的な政権奪取過程に、なんらかの形で米軍が介入したことになる。

作戦統制権の歴史は、韓米同盟の垂直的な構造を端的に示している。一九五〇年李勝晩《り・すんまん》は「現在の敵対的状態が継続される間」という但し書きをつけ、軍令権と軍政権を包括する概念である作戦指揮権（Operational Command）を国連軍指令官に移譲した。作戦指揮権は一九五三年に韓米相互防衛条約の締結と同時に作戦計画樹立および命令権など戦争任務に必要な権限に該当する作戦統制権（Operational Control）に調整された。一九七八年韓米連合司令府（ROK-US Combined Forces Command, 通称ＣＦＣ）が設置されると、作戦統制権が連合司令官に移された。ところが連合司令官が駐韓米軍司令官であるため、実質的には相変わらず駐韓米軍が韓国軍に対する平時と緊急時の作戦統制権を行使していた。一九八〇年五月、光州民主化運動を鎮圧するために出動した軍隊は、このような構造下の軍隊であったため、反平和的で非水平的な韓米関係の現状を示すものであった[16]。

(3)　平和主義原理と現実の乖離

一九八〇年憲法において平和主義が外見的に復元されたのは反平和勢力の強権的執権過程の逆説である。同時に、平和主義原理を実践する担い手の不在および抹殺過程と密接な関連がある。

一九八〇年一二月二六日、「国家保衛立法会議」では「反共法」と「国家保安法」を統合し、新しい国家保安法を可決した。旧国家保安法の不備を補うためであるという提案説明とは異なり、「反共法」の一番の問題であった「讃揚《さんよう》・鼓舞《こぶ》罪」(17)を新しい国家保安法に統合させ、政府批判的な主張を禁圧することになった。これは同時に平和に関する諸主張をも処罰することになる（第Ⅱ部第三章2、一参照）。

一九七二年憲法の下では、平和に関する素朴な主張さえ禁圧されたが、野党側の平和主義に関する認識も無知に近かった。一九八〇年憲法改正に関する野党、新民党の改正案というのは、少なくとも平和主義の観点からすると、国軍の使命を国土防衛に限定する規定さえ置かない、期待をうらぎるものであった。

平和に関する一部条項の復元にもかかわらず、窒息状態は一九八〇年憲法の下でも続いていた。「韓半島の核基地化、代理戦争反対」を要求する大学生は、国家保安法の讃揚・鼓舞罪で処罰された。反戦平和運動、軍事訓練反対などの主張も「国家保安法」の適用の対象になった。

五　一九八七年憲法と平和主義の遅滞

(1) 平和主義の遅滞

今までの改憲は上からの一方的な指示による改憲に過ぎず、憲法実践の担い手が不在であったが、それに比べると一九八七年の改憲は、韓国憲法政治史においては別格の意味合いをもつ。この改憲を境に憲法の実践的な主体が復元あるいは新しく形成されたといわれているからである。

一九八七年の憲法は、大統領直接選挙という国民の要求がきっかけになった改憲であった。なお、人権弾圧の象徴の一つでもあった国家緊急措置権が縮小された。

ところが、平和主義の観点からすると、一九八七年憲法は平和主義に無関心な憲法であった。軍人の政治関与を防ぐため国軍の政治的中立性に関する規定を追加したとは言え、一九八〇年憲法の平和主義関連条項をそのまま踏襲している。「第五条第一項：大韓民国は国際の平和維持に努力し、侵略的戦争を否認する。第二項：国軍は国家の安全保障と国土防衛の聖なる義務を遂行することを使命とし、その政治的中立性は遵守される」。

実は、毎年五〇〇〜七〇〇人に及ぶ良心的兵役拒否者の人権侵害は、一九八七年の民主化の過程では改憲論の対象にもならなかった。一九七〇年代の韓国政府は入隊率を一〇〇％に見せかけるため、宗教的な良心を理由に兵役拒否をする人々を強制的に連行し、入隊したことにしたあと、拘束令状を出すなどの人権侵害を繰り返していた。

(2)　急変する韓米関係と躍進する平和運動

平和主義に無関心な憲法にもかかわらず、一九八七年憲法をめぐる国際的国内的環境は著しく変化していた。変化の動力は皮肉にもアメリカ政府の新しい攻撃的安保政策と国防政策である。アメリカは自らの覇権を強固にするため、従来のような封鎖戦略から介入戦略に軌道を修正する一方、全世界的なレベルで海外駐屯軍の再配置を試みていた。「海外米軍再配置計画」(Global Posture Review：GPR）という国防戦略は前方配置軍中心の固定的な地域防衛概念から離れ、超国家的で非対称的な新しい脅威、例えばテロなどに備えるという名分で、迅速起動軍中心の駐屯軍再配置を図った。

この変化は「Joint Vision 2020」という軍事変換（Military Transformation）として[18]具体化されている。軍事変換とは、効果中心、迅速決定作戦、非線型戦闘、焦点化された軍需支援、C4ISRを通じた先端状況認識体制を特徴とする、新しいパラダイムに合わせた軍事革新を意味する[19]。世界全領域でアメリカの圧倒的な優位を実現しようとするものである。

米軍の政策変化によって、駐韓米軍の戦力規模と構造にも変化が生じている。韓国内に散在している基地の効率的な統合と駐韓米軍の再配置がそうである。ソウルの真ん中にある米軍基地をソウルから一〇〇キロメートルほど離れた平澤《ぴょんてく》に拡大再編成することはその端的な事例である。韓米当局は二〇〇三年一一月一七日の第三五次韓米定例安保会議とその共同声明第四条で、以上のような駐韓米軍再配置を「戦略的な柔軟性」という概念で表した。ところが、このような概念は言葉の辞書的内容とは違って、予防的先制攻撃、同盟の名目による海外派兵などを含み、かなり攻撃的な側面をもっていて、専守防衛を中身とする韓国憲法の平和主義との整合性が問われている。

一方でこのような好戦的な軍事戦略の変化が、国民の反発と平和運動を活性化した。イラク派兵は国軍の国土防衛義務に反する[20]、基地移転が平和的生存権侵害になる、ミサイル防衛システムが平和を損なう、在来武器は縮減すべきであるといった主張をする平和運動が広がっている。平澤《ぴょんてく》への米軍基地の拡張移転については平和的生存権論に基づいて憲法訴訟が行われ、敗訴はしたが、裁判所は平和的生存権が裁判規範にもなると認めた[21]。それに勇気づけられて行われた戦時増員訓練（ＲＳＯＩ）に関する憲法訴訟[22]では、平和的生存権は理念に過ぎないと切り捨てられたが、二つの訴訟を通じて平和的生存権は平和運動と政治の場面で人権として語られることになった。

(3)　岐路に立つ平和主義

平和主義の観点からすれば、一九八七年憲法は遅滞された憲法である。しかし、遅滞された憲法が形骸化あるいは空洞化の道を辿るか、それとも平和主義という可能性を広げるかの重大な岐路にたっている。

そのためにはいくつかの課題がある。第一に、侵略戦争否認の法理を実効化する方策を工夫すべきである。政府の軍事外交政策決定に、国民と国会が実質的に参加することが望まれる。第二に、国軍の使命が国土防衛に限ることを明確にしていくべきである。宣言的な文言ではなく、専守防衛の意味であることへの認識を広げるべきである。第三に、平和国家は中期的にみれば軍縮国家である。しばらく防衛的な個別的自衛権を認めても軍隊を適正な規模に減らしていくべきである。第四に、兵役義務を廃止することが当分難しければ、良心的兵役拒否者への代替服務の道を開くべきである。第五に、韓米相互防衛条約のような集団的自衛権が、韓国憲法の平和主義と整合するのかを議論すべきである。第六に、平和主義に基づく平和国家は非核国家であるべきであり、地方政府レベルでも非核自治体であるべきである。

3　平和主義の構造と内容

一　平和主義の構造

(1) 韓国憲法の平和主義の類型

世界各国の憲法、特に第二次世界大戦後に制定された数々の憲法は、平和主義を明文化している。これは二度にわたる世界的規模の戦争を通じて、平和的生存が確保されずに近代的憲法が追求する人権の保障ができないと判明したからである。

明文化された平和関連条項を中心に、その国の歴史的、政治的、国際関係的側面を考慮すれば、いくつかの類型化が可能である。侵略戦争の放棄と主権制限型（ドイツ）、侵略戦争放棄と非武装型（日本）、侵略戦争放棄と専守防衛型（韓国）、永世中立化型（オーストラリア）、非同盟軍縮型（一九七四年ユーゴスラビア社会主義憲法）、社会主義憲法の侵略戦争否認型（旧ソ連憲法など）である。[23]

(2) 構造

韓国憲法は前文で国際平和主義を標榜し、第五条では侵略戦争の放棄を定めている。国軍を規定しているが、その使命は国土防衛であることを宣言したため、日本の分類の仕方によれば、専守防衛型である。これは一九四八年憲法制定時から基本的にはずっと続くものである。なお、韓国の憲法政治史からもわかるように、軍人がクーデタを起こすなど政治への関与が多かったので、一九八七年憲法からは政治的中立性を追加してある。

次に、軍隊を置く上で、国民の個々人に国防の義務を課している（第三九条）。ドイツのように軍隊を置く一方、個々人の良心の自由などとの両立のための良心的兵役拒否については定めていない。軍隊を置いたら必ずそうであるべきとはいえないが、軍事法廷を置き（第一一〇条）、国家緊急権条項をもっている。警察力などの行政力で収まりそうな緊急事態に対しては緊急命令（第七六条）、軍事力で対応すべき場合に対しては戒厳令（第七七条）を発することができるようになっている。

大統領は軍隊の統帥権を持ち（第七四条）、宣戦布告と講和権を持つ（第七三条）。後者に関しては、大統領の任命した閣僚による会議であるという限界はあるが、国務会議の審議を経ないといけない（第八九条）。緊急権、軍事に関する重要事項も国務会議の審議事項である。大統領の恣意的行為を防ぐため、軍事に関する国法上の行為に関しては、文書によること（文書主義）になっている（第八二条）。

大統領の軍事に関する権限に対しては、国会が牽制をする仕組みをとっている。まず、軍隊の組織と編成そのものを国会の法律によることにしている。そして国家緊急権を発するときには議会の事後承認を得ること（第七六条、第七七条）になっているし、安全保障に関する条約、外国軍隊の駐留に関する政策決定に関しては国会の事前同意を得るようにしている。

日本の平和主義において非武装かどうかが重要であるように、韓国の平和主義において重大な問題は統一に関する条項である。まず、領土条項をもち、韓半島と付属島嶼を領土にしている（第三条）。こうなると北朝鮮は韓国領土を不法に占拠している反国家団体にならざるを得ない。ところが、一九九二年から韓国と北朝鮮つまり朝鮮民主主義共和国は国連に加盟しているので現実とはかみ合わない構造になっている。なお、第四条では平和的統一政策をとるようになっているが、自由民主主義的な基本秩序によることになっている。周知のように北朝鮮は人民民主主義の国である。したがって、自由民主的基本秩序による統一としていることは北朝鮮の体制を否定することになる。このような状況の下では平和主義に基づく統一政策もとれず、相矛盾していることになる。しかも、自由民主的な基本秩序の本場であるドイツでは、ナチズムのような全体主義に反対する自由民主主義のみならず、反共産主義的であることを勘案するとなおさらである。

二　内容

このような構造の下での平和主義の内容は以下のようになる。

(1)　侵略戦争の放棄

現行の韓国憲法は第五条で侵略戦争の放棄を規定している。第一次世界大戦後の国際社会は戦争の違法化を宣言し、これを国際法化した。これは平和主義の歴史の上では大きな進展であったが、国際法レベルの規範化に過ぎず、各々の国の戦争行為を各国民が制限する規範までにはならなかった。しかし、第二次世界大戦後の憲法には国を牽制する規範として憲法に戦争違法化の法理が明文化され、韓国憲法もその流れに沿っている。

しかし、韓国の場合、アメリカによるイラク戦争などに手を貸した例がある。イラク戦争では、アメリカとイギリスが大量破壊武器の除去を大義名分にイラク侵攻を行ったが、国連視察団によっても大量破壊武器は発見されず、侵略戦争であることが明らかになった。そこで多くの国がイラクから撤退したにもかかわらず、韓国軍は駐屯を続けていた。当初アメリカは韓国に戦闘部隊の派遣を要求したが、侵略戦争に加担することは憲法第五条違反であるという国内の反対を意識し、非戦闘部隊（工兵支援団、医療支援団）六七三名の規模で二〇〇三年五月に派遣が行われた。二〇〇四年六月二二日には、韓国軍の追加派兵の阻止を要求するイラクの団体に韓国人が拉致され殺害された事件も起こっていた。にもかかわらず、韓国政府は非戦闘部隊を中心にした派兵であるという名目で二〇〇四年八月三日から八月二八日、三〇〇〇名の追加派兵をした。韓国軍がイラクから最終的に撤収したのは二〇〇八年の一二月末であった。

(2) 国土防衛と海外派兵の如何

韓国憲法は侵略戦争を否認し、その任務を国土防衛に限定している。自衛権という日本の議論からすれば、個別的な自衛権に限った軍隊であることになる。

憲法の解釈は多様に行われるが、解釈の基本は文理解釈である。この基本的な手法でも憲法の意味内容がわからない場合は、条文制定者の意図などを考慮する目的論的解釈に移る。ところが、韓国憲法第五条の場合は目的論的解釈までいかなくても済む。軍隊の使命を国土防衛にしたため、これは海外派兵ができない条文であることは誰がみても明らかである。

ところが、朴正熙《ぱく・じょんひ》政権は強固な反共の立場から南ベトナム政権を支持し、アメリカのベトナム政策に協力した。韓国はアメリカの要請に応じて、一九六四年七月二四日、国会で派兵同意案を可決し、それを根拠に派遣を始めた。派兵同意案が根拠にした憲法条項はまさにイデオロギー化した「国家安保」であった。つまり、ベトナムの情勢が韓国の安保に間接的に影響するのだということであった。もう一つは、皮肉にも当時の憲法第四条に書かれていた「国際平和」と「侵略戦争の否認」であった。南ベトナムが侵略されたことに対し、「侵略戦争の否認」のため派兵するのが国際平和に貢献するのだという理解であった。便利なところだけを引いて都合のいいように解釈し、理屈にしていた。

一九六五年には、二〇〇〇名の工兵団を「鳩部隊」という名称で派遣し、青龍部隊（海兵旅団）五〇〇〇名、猛虎部隊（特戦団を含む）一万五〇〇〇人を増派するなど、本格的に大量の陸軍、海兵隊を投入した。[24] さらに一九六六年二月には、ハンフリー米副大統領の訪韓にともなう増派要請に応えて、白馬部隊と猛虎部隊の追加部隊など一個戦闘部隊と一個連隊数万名を次々と送り出した。こうして、その兵力は二個師団、一個旅団、工兵団、医療部隊など四万八〇〇〇名、さらに一九六八年には六万五〇〇〇名に達し、基地建設や輸送労力などを加えると八年六カ月にわたって、延べ約三〇万名が参戦した。

こうしてベトナムに派遣された韓国軍は、一九七五年に米軍が敗退するまでの期間、ベトナム派遣米軍司令部の指揮のもとに戦い、「一万七〇〇〇回の大規模作戦と五五万六〇〇〇回の小規模軍事活動を遂行し、敵四万一〇〇〇余名を殺傷し、七四三八平方キロを平定した。韓国軍も約五〇〇〇余名の死傷者を出した[25]」と韓国当局は発表した。

朴正熙《ぼく・じょんひ》政権は、ベトナム派兵という対米協力によって軍事援助を得て韓国軍を増強し、経済の立て直しに利用したが、[26] 反面、ベトナム戦争の被害も大きく、内外からの非難にもさらされた。

国内では、「アメリカの代理戦争」「韓国軍はアメリカの傭兵か」という反対世論が高まり、派兵拒否の動きまであった。ベトナム参戦についての国会の議論で、「ベトナム派兵は請負戦争」だと反対した野党・民政党の尹普善《ゆん・ぼそん》議員や民主党の朴順天《ぼく・すんちょん》総裁らが、「反共法」違反で起訴される騒ぎとなった。また、ベトナムに送られた兵士たちが、出動を拒否して日本やヨーロッパへ脱出したり、労務者たちが反対運動を展開したりしたため、政局は混乱した。[27]

韓国国外からは韓国軍のベトナム派兵が「他国への侵略行為」ではないかという非難もあった。だが結局、憲法の規定にもかかわらず、ベトナム戦争への派兵を阻止することはできなかった(28)。

(3) 国軍法定主義と議会中心主義

韓国憲法が、国軍を置き、自衛を認める場合であっても、軍の統帥権が大統領によって恣意的に運用されないようにいくつかの牽制策が存在する。

第一に、国軍の組織と編成を法律によることにした。軍隊を置いても国軍の組織と編成の如何によっては自衛軍でなく、旧日本軍のように文民統制が利かなくなり、軍事クーデタなどが起こる。例えば、韓国憲法政治史からもよくわかるように、有事を理由として悪用し、「国民のための軍隊」でなく、「国民に対する軍隊」になることもある。したがって、国民の代表機関である国会が制定する規範である法律の形式をとることを規定している。第二に、国軍が自衛権を行使する場合も国会の同意を得て、宣戦布告の手続きを踏むようにしている。

しかし、国軍法定主義と議会中心主義をとっていても、徹頭徹尾平和主義なわけではない。国会の構成員の多数が憲法の平和主義原理を理解せず、そこにこだわらないで強硬に進められた場合は議会中心主義も非常に脆くなる。イラク派兵とベトナム戦争が国会の同意を得て派兵されたことがその証拠である。今日、日本でもこれに似通った状況が生じている。

議会が憲法の基本原理である平和主義を無視し、反立憲主義的である時の牽制措置の一つとして考えられるのが憲法訴訟である。ところが、その場合も憲法裁判官のような憲法の専門家が平和主義原理を宣言的に理解し、国家権力を縛る原理として理解しない場合は歯止めがかからなくなる。イラク派兵法違憲訴訟において、韓国の憲法裁判所が却下決定を下したのもその一つである。国民の中で平和主義がより深く定着し、国家権力を多層的に牽制し、公論領域で平和が十分なイニシアティブをとることが望まれる。

（4）集団的自衛権の認定の如何

二〇〇三年から二〇〇四年にかけて韓国軍がイラクに派兵されたときに、平和主義と関連して二つの論点が提起された。一つは国土防衛を任務とする軍隊が国土以外のところ、つまり海外に出られるか、もう一つは海外に出られるとしても根拠はあるのか、ということであった。当時政府が出した名分とは「韓米同盟の強化」と「戦後再建への参加」であったが、果たして名分になり得たか疑問である。しかも、もしなったとしても韓国憲法上、集団的自衛権が認められるかは問題であった。

二〇〇三年一〇月八日、韓国政府がイラク派兵をすることに反対して出したイラク派兵違憲訴訟で、憲法裁判所はイラク派兵が「同盟国との関係、国際安保問題などの究極的な国益に影響を及ぼす重大な問題であり、国内及び国際政治関係などの諸状況を考量すべき高度の政治的な判断が必要なところ」であるので、司法的判断をすべきでないとした。[29]

右でも述べたように、韓国憲法は国軍の使命を国土防衛に限定していたことから、個別的自衛権を規定しているといえる。ところが、集団的自衛権については確かでない。まずは、軍隊を規定し、個別的自衛権を認めたとしても集団的自衛権が論理必然的に求められるわけではない。もう一つ、一九六二年憲法では国会の同意を前提に軍事条約について触れているので、軍事同盟による集団的自衛権を根拠として主張することができるかもしれない。しかし、少なくとも一九四八年憲法の段階では集団的自衛権は念頭になく、一九五三年の「韓米相互防衛条約」はある意味では明確な憲法的根拠なくして締結された軍事条約であるといえる。一九六二年憲法で追認されたとしても、はたして平和主義原理に整合するかは疑問である。国会の同意を得た条約であるから正当であると主張するかもしれないが、不戦条約後の平和主義原理に照らし合わせてみると肯定することがなかなか難しい。仮に、「韓米相互防衛条約」を認めても、イラク派兵、ベトナム派兵のようなものが「アジア太平洋地域における共同防衛」を目的とする条約そのものの目的と合致するか疑問である。特に、今後駐韓米軍が戦略的柔軟性という名目で韓半島を離れ、攻撃的に運用されるであろうことを考えるとなおさら問題である。

4　平和的生存権

一　根拠

韓国で平和的生存権が語られることになったのはそんなに昔のことではない。二〇〇三年のイラク派兵による反対運動の中で主張されたのが、平和主義運動との脈絡で一番近時のことであろう。(30)右（第Ⅱ部第一章）でも触れたように、平澤《ぴょんてく》米軍基地移転訴訟、戦時増員演習違憲訴訟において、原告側が韓国憲法第一〇条の幸福追求権を根拠に平和的生存権侵害を主張し、憲法裁判所もそれを肯定し、さらに韓国憲法第三七条第一項の包括的基本権も平和的生存権の根拠であるとしている。

日本には明確な包括的基本権条項がなく、第一三条を包括的人権条項にするが、それとは違って、韓国憲法では第三七条第一項に包括的な基本権条項が明確に置いてあるので、韓国における平和的生存権の憲法的な根拠は基本的には第三七条第一項である。日本では平和的生存権の本質として生命権も取り上げ、その根拠にする場合もあるが、韓国では生命権に関する明文規定がないので、第三七条第一項をひとまずの根拠にすることができる。平和的生存権が平和主義原理の人権論的表現であるとするならば、平和主義を規定した憲法の前文、侵略戦争などを否認している憲法第五条なども平和的生存権の根拠と言える。

二　内容

日本では平和的生存権とは、憲法第九条（非武装）のもとでの平和的生存を意味する場合が多い。そのような内容規定に比べると、韓国では軍隊を一応容認しているから、韓国における平和的生存権はある意味では軍隊を認めたうえでの平和的生存を意味することになる。このような意味からすれば、国連人権理事会などで二〇〇六年から活発に議論されつつある和平への権利（Right to Peace）に近いかもしれない。当面の課題が軍縮であり、良心的兵役拒否であったりするが、ただ、将来的には非武装を志向している点では接点がある。なお、現在も日本でいう平和的生存権と韓国流の平和的生存権あるいは平和への権利は、武力行為を制限する権利である点では共通点がある。(31)

平和的生存権の内容はまずは重層的である。生命権、良心的兵役の拒否、軍事目的の財産権干渉の排除、軍事的目的による表現の自由への国家的干渉の排除などが挙げられる。(32)ところが、このような内容は良心の自由、財産権の自由、表現の自由などの人権でも保護可能な内容である。それを特に重層的に保護しながらも、固有の内容としては戦争に巻き込まれず平和に生きる権利が言われている。

平澤《ぴょんてく》米軍基地移転条約違憲訴訟の場合も、請求者側は「平和的生存権とは各個人が武力衝突と殺傷に巻き込まれず平和に生きる権利」を意味するとした。憲法裁判所は「侵略戦争に強制されず平和的に生存する権利」であるが、憲法訴願の要件である直接、現在の侵害とはいえないと判示したことがある。

もちろん、平和的生存権は包括性をもっているので、生命権、表現の自由などからも主張できるが、固有の内容は「戦争に巻き込まれないで生存」する権利であると考えられる。[33] なお、さらなる具体的な内容としては「被害を被らない権利」、「戦争の加担・加害（協力）者にならない権利」であるといえよう。

ただ、「第九条（非武装）のもとでの生存」を中身とする日本と違って、韓国憲法第五条では一応武装を認めているので、意味内容は多少違うともいえる。あえて言えば、「軍隊を持っていても専守防衛に専念すべきであり他国民の平和的生存を侵害することのない国家のもとで生存する権利」になる。しかし、両国ともにアメリカの軍事戦略の積極的変化により、イラクに派兵あるいは後方支援することになり、戦争に巻き込まれる可能性が増大していることからすれば、武装か非武装かにかかわらず共通点を見出すことができる。

この辺は、国連で議論されている平和への権利との接点と同じである。例えば、国連人権理事会の平和への権利作業部会の草案によれば、そこには軍縮の権利など多くの武力行使制限の理論が含まれている。その他にも「良心的兵役拒否権」、「軍備縮小を要求する権利」、「戦争に反対する思想・良心、表現の自由」、「外国軍事基地の廃止要求権」などがいえよう。[34]

三　法的性格

平和的生存権は複合的な性格の権利である。まずは国家権力に対して平和的生存に干渉する諸行為の排除を要求する権利である。平和的生存権は国家に平和的政策の樹立と実践を要求する権利であることから、請求権的な側面ももっている。

日本においても積極的平和主義の名の下に平和的生存権を集団的自衛権の正当化の論理として使う場合がある。集団的自衛権の限定的使用を容認した二〇一四年七月一日の閣議決定でも「憲法前文で確認している国民の平和的生存権……は国政の上で最大の尊重を必要とする旨定めている趣旨を踏まえて考えると、憲法九条が、我が国が自国の平和と安全を維持し、その存立を全うするために必要な自衛の措置を採ることを禁じているとは到底解されない」としている(35)。

韓国でも憲法裁判所が、平和的生存権が人権であると認めたことがあると触れたが、その場合も軍事演習が国民の平和的生存の保護策であるという。このような状況からすれば、「戦争に巻き込まれない権利」としての「平和的生存権とは国の戦争加担行為を牽制する権力制限規範（自由権的側面）である」(36)ということを強調する必要があると考えられる。

四　主体

平和的生存権を人権として認めてもその主体を誰にするかは非常に論争的である。連帯的性格を強調して、諸人民（Peoples）としても実践的にはその主体を類型化してみる必要がでてくる。個人、人民の集団としての民族が考えられる(37)。

人民の集団としての民族を主体として考える場合には、国家と同じ意味での民族を念頭におくべきではない。それを前提にすると、平和的生存権と民族自決権は非常に近い概念になるが、民族自決権が武力による民族自決も辞さない反面、平和的生存権とは平和的手段による民族自決を要求する点で異なる。

5　限界

以上のように韓国憲法の平和主義は単なる宣言にとどまるのではなく、憲法の基本原理としての意味があることがわかる。イラク派兵、平澤《ぴょんてく》米軍基地移転問題などの諸問題が平和主義と関係していて、平和主義の原理からの批判と反対運動も広がってきたことがわかる。

なお、現行の一九八七年韓国憲法のこのような可能性の発見にもかかわらず、いくつかの限界があることにも注意を向ける必要がある。

一　憲法内在的問題

（1）領土条項

一九八七年憲法の第四条では、統一を志向し、平和的統一政策の樹立と推進を定めている。ところが、第三条で「大韓民国の領土は韓半島とその付属島嶼にする」と規定しているため、韓半島の休戦線以北の朝鮮民主主義共和国は反国家団体になる。南北の間の熱戦と冷戦が交差していることは事実であるが、憲法の基本原理である平和主義と背馳していることも確かである。しかも、北朝鮮も韓国も国連加盟国である。

北朝鮮の急変事態に備え、このような文言が必要であるとの主張もある。しかし、そのような事態が発生しても、北朝鮮と中国の間に「朝中友好協力および相互援助に関する条約」（一九六一年）があり、それを拡大解釈する形で中国が介入する可能性も高い。そうなると中国と韓国の衝突になる可能性もある。しかも中国も北朝鮮の急変事態にはアメリカ・ロシア・国連など四カ国分割統治の計画をアメリカに打診するなど(38)、領土条項があっても北朝鮮急変時に果たしてどれくらいの影響力を持つかはわからない。

このような諸矛盾を解決するためには、第三条の領土条項を現実に合わせて改正するか、改正が難しい場合はいわゆる憲法変遷（Verfassungswandlung）の理論にしたがって、死文化した条項として解釈するのが平和主義原理に合致する。

(2) 自由民主的基本秩序に基づく統一政策

一九八七年憲法の第四条は、「韓民国は統一を志向し、平和的統一政策を樹立し、これを推進する」と規定し、平和主義に基づく統一政策が自由民主的基本秩序によるべきであるとの理念を掲げている。

自由民主主義（Liberal Democracy）とは自由主義と民主主義が結合したものであり、自分と異なる思想を持つ人の表現の自由なども認める価値相対主義に基づく憲法原理の一つである。しかし、自由民主主義の下でナチ政権のような反自由民主的な全体主義が登場し、人権と平和を破壊したことへの反省から、戦後のドイツでは反全体主義的な自由民主主義として自由民主的基本秩序（Freiheitliche demokratische Grundordnung）という概念を憲法に登場させた。そこでは全体主義に対しては表現の自由などの諸人権を制限しうるということを内容としていた。ところが、冷戦が始まると反共産主義のために運用されるなど自由民主主義から大きく後退したものになる。ドイツの憲法裁判所は、自由民主的基本秩序の内容として人権の保障、国民主権、権力の分立、責任政治、行政の合法律性、司法権の独立、複数政党制度と政党活動の保障をあげている。

韓国では一九七二年憲法から、つまり平和主義原理を形骸化した憲法から、このように大きく変質した自由民主主義を採用している。韓国の憲法裁判所はドイツの憲法裁判所とほぼ同じ内容を自由民主的基本秩序というが、さらに私有財産と市場経済を根幹とする経済秩序を内容として追加している。ところが韓半島において、私的私有を否定し、社会的所有権による社会主義経済体制を維持あるいは標榜している北朝鮮は、まさに韓国からみて自由民主的基本秩序違反の反国家団体にならざるを得ない。韓国憲法第四条でいう統一政策とは北朝鮮を否認することであり、結局平和的な統一でなく吸収統一になることを意味してしまうことになる。

（3）国防の義務と良心的兵役拒否

韓国憲法第三九条は「すべての国民は法律が定めるところにより国防の義務を負う」と規定している。同時に第一九条では「すべての国民は良心の自由を持つ」と規定しているので、平和的良心を理由として兵役を拒否しようとする人に対しては、この国防の義務と良心の自由が衝突する。ドイツでは憲法上、良心的兵役拒否を規定（第四条第三項、第一二条a第二項）しているため問題解決が難しくないが、韓国では軍隊を憲法上認め、兵役を義務としながらも、人権との調和を図る道については、明文化されていない。

ところが、韓国の「兵役法」は国防の義務を現役服務のみとして理解せず、すでに多くの代替服務制度を導入している。防衛隊制度、公益要員勤務制度、産業機能要員制度などがそうである。ドイツ、台湾のように分断国家であっても、兵役義務と平和的良心を両立させる道は可能である。

二　韓米相互防衛条約の問題

侵略戦争を否認し国軍の使命を国土防衛に限定しているが、この規定において大きな壁になっているのは韓米相互防衛条約である。その前文には「当事国のどちらかの一国が太平洋地域において……武力攻撃に対し自分を防衛するために……集団的防衛のための努力を強固にすること」と述べられている。第三条では「各当事国は他当事国の行政支配下にある領土と各当事国が他当事国の行政支配に合法的に入ったと認める今後の領土における、他当事国に対する太平洋地域における武力攻撃を自国の平和と安全を危うくするものと認定し、共通の危険に対処するため各自の憲法的な手続きにより行動する」と定めている。いわゆる太平洋条項である。国土防衛のための国軍に軍事同盟つまり集団的自衛権行使を明示しており、憲法の平和主義と韓米相互防衛条約の整合性が問題となる。

軍縮の際にも、この条約は障壁になる可能性がある。第二条では「当事国は単独あるいは共同で自助と相互援助により武力攻撃を阻止するための適切な手段を持続させ強化すべきであり、本条約を移行し、その目的を推進する適切な措置を協議し、協議の下でとることである」と規定している。平和主義原理に基づいて、国軍の使命である国土防衛のため、日本でいういわゆる必要最小限度の防衛力を持とうとしても、この韓米相互防衛条約上の義務を果たすためには軍拡をせざるを得ない。

三　法制度の問題

平和主義が憲法の原理であることは、法律も平和主義原理に違反してはいけないことを意味する。ところが、韓国では平和主義と整合しない多くの諸法律が存在する。

まずは、「国家保安法」そのものが問題であるが、特にその存立基盤である第二条は平和的な統一と矛盾する。「この法律でいう反国家団体とは政府を僭称するか、国家の転覆を目的とする国内外の結社または集団としての指揮統率体制を整えた団体である」としている。いままでの法律の適用の現実からすればこの団体とは北朝鮮である。北朝鮮を平和的対話と交流を通じた平和的手段による統一の対象にするのでなく、打ち破るべき団体としている。

「兵役法」もいろいろな問題を抱えている。軍隊を憲法で規定しているので「兵役法」が必要であるが、平和主義原理と整合させるためには、諸条文の解釈および運用においても平和主義親和的でなければならない。例えば、兵役法第八八条一項では「現役入営または召集の通知を受けた人は正当な理由なしには入営または召集期日から次の各号の期間が経過しても入営しないか召集に応じない場合は三年以下の懲役に処する」となっている。もし、平和主義を意識する場合、「正当な理由」を広く解釈し、身体上の理由のみならず、良心上の理由まで認めれば、より平和主義親和的な解釈および運用になるはずである。「兵役法」が人的徴発に関する法律であるとすれば、物的徴発に関する法律である「徴発法」の親平和主義的解釈運用も必要である。

緊急事態に関する諸法律も大きな壁になっている。緊急事態を憲法に規定することそのものが反立憲主義であるという理論もあるが、実際の韓国の憲法政治史を見てみると緊急事態に関する規定をなくすことは、難しい。一九五〇年以来、二回の警備戒厳令と一〇回の非常戒厳令があったが、一九五〇年の韓国戦争時を除いてはすべて反政府的な言論と運動を禁圧するものであった。

四　法意識の問題

このように平和主義原理に整合しない憲法条項、条約、法律などがある。平和主義が言葉通りの憲法原理、つまり立法と行政および司法を支配する原理とならないのは、国家の安保という意識がイデオロギー化され、相当の国民の支持を現実として得ていることと無関係でない。

憲法とは人権保障のため、国家権力を縛る文書であるが、国家の安保を前面に出すと憲法は国家安保のための文書であり、有事の際には人権の侵害もありうるとの認識が広がりやすい。

そのような安保イデオロギー化の象徴は人権制限を目的として明文化されている「国家安保」である。韓国憲法では従来、人権制限を目的として、秩序維持と公共の福祉のみが規定（例えば一九六二年憲法第三二条）されていたが、一九七二年の憲法から「国家安保」という抽象概念が憲法概念化され、対決意識を助長している。諸軍事政策に関する世論調査で武力による各種の政策が支持されたりするのも根強いイデオロギーのせいであると思われる。

対決意識は憲法と法律上にのみ存在するのでなく、国民の意識の中にも強く存在する。韓国戦争という内戦の惨禍を経験していても、平和より対決意識が強まるという現実から、平和主義においての平和教育の重要さも切実に感じる。

6　小括

以上のように韓国の平和主義の構造と内容を、憲法政治史、解釈論および運用の面から考察することを通じて、その可能性と限界をみてきた。

渡辺洋三は「憲法のもつ三つの意味」として、「法源としての憲法」、「イデオロギーとしての憲法」、「制度としての憲法」を挙げている。(39)「イデオロギーとしての憲法」とは「憲法のことばにどのような意味を与えるかという問題は、一定の価値判断にもとづいて法文のことばに一定の意味を付与する実践行動、価値判断作用であって、こうして意味を付与された憲法、とりわけ憲法解釈」を意味する。(40)そうみてみると韓国憲法の平和主義は、第九条をはじめとする一貫した平和主義法体系があり、それに矛盾した安保法体系が拮抗する日本とは多少違って、憲法の条文自体そして体系自体からすれば多くの限界があるにもかかわらず、平和軍縮という実践行動あるいは価値判断として機能している側面が強いかもしれない。そういう意味では渡辺洋三の語った「イデオロギーとして憲法」に当てはまる。

このように、日本では少なくとも議論のレベルでは空気のように当たり前な平和主義が、韓国では憲法上の原理でありながらも長く注目を浴びることがなかった。皮肉にも、二〇〇〇年代のイラク派兵など駐韓米軍の軍事再編などをきっかけに、多くの限界を認識しながらも、その可能性に気づいた段階にある。軍隊をもっているので、平和主義が伸びる余地は広くない。市民から反平和主義的軍事政策の批判があっても、その挙証責任を政府は負わない。

それに比べると、日本の場合は状況が異なる。憲法第九条があるために、諸軍事政策に対して政府が挙証責任をとらなくてはいけない(41)。そのお陰で政府への制約が生まれる。そのような財産が現在の日本の平和主義を辛うじてではあるが支えている。第九条第二項の非武装条項を放棄してしまうと、歯止めがかからなくなり、韓国のような状態になってしまうであろう。ところが、日本では逆にこうした後ろ向きの平和主義が広がっている。相互の平和主義状況を見つめながら、そして相関関係を見ながら、前向きの平和主義の拡散を進めていくべきである。

注

(1)　一九四七年三月一日をはじめとし、一九四八年四月三日の抗争および一九五四年九月二一日まで済州で起こった武力衝突とその鎮圧過程において住民が犠牲になった事件を指す（「済州四・三事件真相究明および犠牲者の名誉回復に関する特別法」第一条)。

(2) 詳しくは、李京柱「建国憲法の制定過程」『憲法学研究』四巻三号(韓国、憲法学会、一九九八年)を参考されたい。

(3)『憲法制定会議録』(韓国、国会図書館、一九六八年)二二六頁。

(4) 李京柱「朝鮮半島の平和体制と日米安保」法律時報臨時増刊『安保改正五〇周年』(日本評論社、二〇一〇年六)一四七頁以下。

(5) 一九六〇年憲法は同年四月一九日民主化運動をきっかけに作られた憲法であるが、大統領制を議院内閣制に変えること、人権保護条項の強化を中心にしたため、平和主義と直接関係のある改正は行われていなかった。ここでは詳しい説明は省略する。一九六〇年憲法の内容については、金栄秀『韓国憲法史』(韓国、学文社、二〇〇〇年)四五五頁以下を参照されたい。

(6) 韓国憲法は一九四八年の制定以来五回(一九六〇年、一九六二年、一九七二年、一九八〇年、一九八七年)の全面的な改憲と四回(一九五二年、一九五四年、一九六〇年、一九六九年)の一部改憲が行われた。

(7) 一九四八年憲法に関する一九五四年の一部改正後、相互援助に関する国会の同意に関する規定が憲法に初登場する。

(8) 金一榮「五・一六軍事クーデタ、軍政そして米国」『国際政治論叢』第四一集第二号(韓国、二〇〇一年)。

(9) 趙成烈ほか『駐韓米軍』(韓国、ハンウル、二〇〇三年)八一頁。

(10) 吉田裕『アジア・太平洋戦争』(岩波新書、二〇〇七年)一五七頁以下を参照。

(11) 朴元淳『国家保安法Ⅰ(変遷史)』(韓国、歴史批評社、一九八九年)一九七頁以下。

(12) 鞠淳玉「憲法学の立場からみた自由民主主義の二つの顔」『民主法学』第一二号(韓国、冠岳社、一九九七年)。

(13) 一九七四年から推進された韓国軍戦闘力増強事業により同年、「防衛税法」などを制定し、財源を確保して拍車がかかる。韓国軍は一九七四年「韓国軍現代化計画」にそって、「第一次戦力増強計画」(いわゆる栗谷事業)を立案し、一九八〇年まで七ヵ年計画で推進したが、一年延長して一九八一年に完了した。「第二次戦力増強計画」(一九八二〜八六年)、「第三次戦力増強計画」(一九八七年〜九二年)を推進したが、「第三次戦力増強計画」は三年延長され「戦力整備事業」(一九九六〜九九年)に発展した。二〇〇〇年からは国防分野「戦力投資事業」として、二〇〇六年からは「防衛力改善事業」として推進された。

(14) 李京柱『平和権の理解』(韓国、社会評論社、二〇一四年)一三六頁。

(15) 一九八〇年五月一八日から二七日にかけて光州地域で起こった民主化運動。市民の民主化運動に対して当時の政府は戦時・事変でもないのに戒厳令を発して軍隊による鎮圧を行った。多くの死傷者が出たが、その真相がしばらく明らかにならなかったため、一九八〇年代の民主化運動の大きな争点になった。一九八七年の民主化運動後、一九八八年の第一三代国会で聴聞会が開かれるなど、真相究明への進展が見られ、また一九八八年からは政府によっても民主化運動として位置づけられることになった。

(16) 李京柱・前掲注（14）一三八頁以下。

(17) 讃揚罪とは反国家団体を讃えること、鼓舞罪とは反国家団体を鼓舞することを罪にすることである。例えば、北朝鮮の理念あるいは政策に賛同する場合である。だが、平和主義運動陣営で軍事政策と関連して軍縮を主張したり、米軍の撤退を主張する場合も当てはまることがある。一時期、国家保安法適用の七九％が表現の自由と衝突するこの讃揚・鼓舞罪であった。無理な適用で無罪と判決される場合も多いが、自己検閲の効果や萎縮効果などを狙い、適用を続けているとの分析もある。http://news.jtbc.joins.com/article/article.aspx?news_id=NB10693637、二〇一七年一月一八日閲覧。

(18) C4ISRとは命令（Command）、統制（Control）、意思疎通（Communications）、コンピュータ（Computers）、情報（Intelligence）、監視（Surveillance）と偵察（Reconnaissance）を意味する。軍事作戦を効率的に遂行するための戦術指揮統制体系を指す。

(19) 徐載晶「米国の軍事戦略の変化」『創作と批評』三二巻三号（韓国、二〇〇四年）三三〇頁以下。

(20) 李京柱「イラク派兵と憲法」『記憶と展望』（韓国、民主化運動記念事業会、二〇〇四年）。

(21) 「平澤への米軍基地移転の違憲確認訴訟」（韓国憲法裁判所二〇〇六年二月二三日／二〇〇五憲マ二六八）。

(22) 「二〇〇七年戦時増員演習など違憲確認」（韓国憲法裁判所二〇〇九年五月二八日／二〇〇七憲マ三六九）。

(23) 深瀬忠一『戦争放棄と平和的生存権』（岩波書店、一九八八年）一五〇頁以下を参照されたい。

(24) 崔栄「ベトナム参戦」『現代韓国を揺るがした六〇大事件』（韓国、東亜日報社、一九八八年）一五〇頁。

(25) 同前。

(26) 「朴正熙大統領訪米に際する韓米共同声明」『韓国軍ベトナム派兵資料集』（韓国、韓国外務部、一九七三年）三八～四三頁。

(27) 李京柱「日韓の憲法と平和」杉原泰雄先生古稀記念論文集刊行会編『二一世紀の立憲主義——現代憲法の歴史と課題』

（勁草書房、二〇〇〇年）二七一頁。

(28)　韓国の市民運動によるベトナム戦争参戦への反省と真実究明の動きについては、一九九九年の「ベトナム真実委員会」がある。その後、日本軍従軍慰安婦の経験者からの寄付などを元にして、二〇〇三年にはベトナム戦争の真実究明を含む平和問題を取り扱うための「平和博物館推進委員会」へ拡大再編されていく。二〇一五年にはベトナム戦争参戦四〇周年などの諸企画（韓国軍による民間人虐殺被害者招待など）が行われている。http://www.peacemuseum.or.kr/history、二〇一七年一月一八日閲覧。

(29)　「一般兵士のイラク派兵違憲確認訴訟」（韓国憲法裁判所二〇〇四年四月二九日／二〇〇三憲マ八一四）。

(30)　一九八〇年代に比較憲法的な知識として日本に平和的生存権というのがあり、その内容が「良心的な反戦主義」あるいは「執銃拒否権」とされたこともあり、一九九七年の教科書の一つが「平和状態享受権」、「戦争加担拒否権」を中身とする平和的生存権について触れているが、実践的な形として本格的に議論されることはほとんどなかったといえよう。

(31)　浦田一郎「日本国憲法と国連憲章の平和構想——軍事によらない「平和的生存権」と軍事を制約する「平和への権利」の関係から」『季論二一』二三号（二〇一四年）五三頁。

(32)　山内敏弘『平和憲法の理論』（日本評論社、一九九二年）二九〇頁以下。

(33)　李京柱・前掲注（14）五四頁。

(34)　李京柱・前掲注（14）五五頁。

(35)　「国の存立を全うとし、国民を守るための切れ目のない安全保障法制の整備について」国家安全保障会議決定、閣議決定、（二〇一四年年七月一日）六頁。

(36)　村田尚紀「平和的生存権の価値と構造」『関西大学法学論集』五九巻三・四合本（二〇〇九年一二月）七二頁。

(37)　武者小路公秀「平和への権利と『平和的生存権』」反差別国際運動日本委員会編『平和は人権——普遍的実現をめざして』（解放出版社、二〇一一年）二六頁。

(38)　「中国、米国と韓半島分割統治シナリオ協議？」韓国『Ohmynews』二〇一五年一〇月一〇日、http://www.ohmynews.com/NWS_Web/View/ss_pg.aspx?CNTN_CD=A0002150165、二〇一六年一二月一七日閲覧。

(39)　渡辺洋三『憲法と現代法学』（岩波書店、一九六三年）一七頁以下参照。

(40)　小沢隆一「平和的生存権をめぐって」戒能通厚ほか編『日本社会と法律学——歴史、現状、展望（渡辺洋三先生追悼論

集)』(日本評論社、二〇〇九年)六九〜七〇頁。

(41)　君島東彦「ダイナミックなプロセスとしての憲法平和主義——リベラルからの九条改正論に抗する」『日本の科学者』五一号(二〇一六年一月)三頁。

第二章　韓半島緊張の原因と平和への道

1　停戦六〇周年の韓半島

二〇一三年は分断されている韓半島において歴史的な年であった。一九五三年七月二七日にお互いの銃口が止まり、そこから六〇年が経った。休戦でなく停戦状態であるが、実質的には終戦に近い状況である。時おり局地的な衝突はあるにせよ、南北交流が続いているし、国連にも同時加盟している。南北の国防外交政策と、それと深く関係する韓米同盟の状況などに触れながら、韓半島の平和を展望してみたい。

一　停戦協定、しかし戦争被害は続く

(1)　停戦協定の締結

一九五〇年六月二五日に勃発した韓国戦争は、一九五三年七月二七日に停戦協定が結ばれた。前文、五か条、六三項、付録で構成される停戦協定の正式の名称は、「国連軍総司令官を一方とし、朝鮮人民軍最高司令官及び

中国人民支援軍司令官を他の一方とする韓国軍事停戦に関する協定」(1)である。面白いのは韓国の名前が表に出てきていないことである。この停戦協定の署名にも朝鮮人民軍最高司令官金日成《きむ・いるそん》と中国人民支援軍司令官彭徳懐《ぽん・どわい》、「国連軍」総司令官クラク(Mark Clark)(2)しか出てこない。

これを根拠にして、一時期、北側は平和協定の主体から南側を排除しようとしたが、南側が「国連軍」の一員であり、停戦協定の実質的な当事者であることに変わりはない。

(2) 軍事停戦委員会、中立国監督委員会

停戦協定に基づいて軍事停戦委員会と中立国監督委員会が構成されている。軍事停戦委員会は韓国戦争の停戦協定の移行を監視し、違反事件を協議および処理するための共同機構である。「国連軍」側五名(米軍一名、韓国軍二名、イギリス軍一名、その他の「国連軍」一名)、共産軍側五名(北朝鮮軍四名、中国軍一名)で構成される。「国連軍」側の事務所はソウル、共産軍側は開成《けそん》に置くが、常時連絡をとるために将校などを板門店《ぱんむんじょむ》の共同警備区域に詰めさせる一方、兵士によって共同警備をしている。協定違反であると主張している件数は、双方合わせて一五万件に及ぶ。また五〇〇回に及ぶ本会談と五〇〇回に及ぶ秘書級会談が行われた。

中立国監督委員会は国連軍側が推薦したスウェーデンとスイス、共産軍側が推薦したチェコとポーランドの四カ国で構成された。北側がチェコ(一九九三年)とポーランド(一九九五年)を追放した後は、スウェーデンとスイスによって運用されている。当初は各国一〇〇名ほどで合わせて四〇〇名ぐらいであったが、現在は一〇名(スウェーデン五名、スイス五名)しか残っていない。軍事訓練の参観、越境者処理過程の監視など九つの任務を行っている。

(3)　数え切れない犠牲

まる三年間の戦争であったが、犠牲者が多かった。当時の韓半島の人口は三〇〇〇万人と言われていているが、このうち六三五万人余りが何らかの形で戦争の被害を受けた（国連軍一五万人、中国軍九〇万人を含む）[3]。南側は二三八万名の犠牲者のうち、半分近い一四〇万余名が民間人であった。北側の場合は二九二万余名の犠牲者のうち三分の二ほどである二〇〇万余名が民間人であった。詳細が比較的に明らかになった南側の統計によると、民間人の死亡者が二四万余名、集団虐殺された者が一二万名であったと言われる。この数字から戦争の悲惨さがよくわかる。いくら自衛のための戦争あるいは統一のための戦争であると主張しても、犠牲になった国民の五分の一の命を取り戻すことはできない。

三年に及ぶ攻防の渦中、辛うじて生き残った人の生活は精神的にも物質的にも貧しかった。戦争未亡人二〇万、戦争孤児一〇万、産業施設の四四％、発展設備の八〇％、家屋の五〇％以上が破壊された。日本でも有名なマッカーサー（韓国戦争時の「国連軍」司令官）は、復興に一〇〇年以上かかるだろうと言ったそうである。なお、多くの家族は避難生活などでばらばらになった。一〇〇〇万人が離散家族になったそうだから、戦争による被害ははかりしれない。政権が変わるたびに南北間で離散家族再会のための交渉が行われ、間歇的に再会が実現した。六〇年経った今も戦争の影響が続いている。

二　停戦協定を平和協定に

停戦状態を恒久的な平和状態にするためには、平和協定が必要である。南北の間で平和協定の締結を先に主張しはじめたのは北側である。一九六二年から本格的に主張されたが、一九七四年にはより積極的に主張された。当時の北側は経済的にもそれほど悪くなかったし、外交舞台でも非同盟運動に加わりそれを存分に活用したかった時期であった。平和協定の締結を主張し、米軍を実質とする「国連軍」を撤退させる名分を蓄積する狙いもあったと考えられる。

ところが、その後、北側は停戦委員会の無力化を試みた。(4) 一九九一年に軍事停戦委員会の主席代表を米軍の将軍から韓国軍の将軍に交代すると、北側は停戦協定締結の当事者でもない韓国軍が代表になったという理由で停戦委員会への参加を拒否し、一九九四年四月には軍事停戦委員会から北側の代表を撤収させた。それに従い、中国側の代表が一九九四年一二月、軍事停戦委員会から撤収し、一九九五年二月には、中立監督委員会のポーランド代表団も撤収した。一九九六年四月には、停戦協定義務である軍事境界線と非武装地帯の維持・管理を放棄すると一方的に宣言した。国際社会における外交力の脆弱化、核危機によるアメリカからの攻勢への対応であったといえよう。

二〇〇〇年代に入ってからは南側とアメリカが積極的に平和協定の締結を主張しはじめる。特に、二〇〇六年一一月一八日、韓米頂上会談でブッシュ（George W. Bush）大統領が終戦宣言と平和条約（核放棄を前提）に触れ、平和条約の締結が急進展するかのように見えた時期があった。二〇〇七年一月三〇日、国務省のスティブンス

(Kathleen Stephens) が訪韓し、韓半島の平和体制と「国連軍」司令部の構造と役割について、韓国政府当局者と緊密な協議をおこなった。それらを基にして、二〇〇七年一〇月四日の第二次南北頂上会談では、三者または四者による終戦宣言が議論されるまでに至った。その影響で二〇〇七年秋、いくつかの民間の平和協定案を提案する動きが盛り上がる（資料を参照）。

ところが、二〇〇九年五月に北側が第二次核実験をし、それに対応する形で、二〇〇九年五月、南側が、大量殺傷武器拡散防止構想（Proliferation Security Initiative：ＰＳＩ）(5) への参加などを発表すると、北側は停戦協定の白紙化を宣言し、停戦協定の無効化を図る。二〇一三年二月一二日には北側が第三次核実験をし、それに南側はもちろんアメリカがともに制裁にふみきると、北側は三月五日、停戦協定の全面白紙化を宣言し、板門店《ぱんむんじょむ》の代表部活動も中止することを宣言する。

もちろん、だからといって実際に停戦協定による停戦管理そのものがまったく行われなくなることはなく、必要最小限度の停戦管理は依然として行われている。問題は安定的な停戦管理またはそれを超える平和管理が行われていないがために、不安定な状況が続き、それがまた東アジアの情勢および韓半島の情勢に悪影響を及ぼすような悪循環が続くということであろう。

したがって、韓半島はもちろん東アジアの平和のためにも平和体制が必要である。そうであるなら、平和体制を作るための接点をどこに見出すかという課題がある。そのためには南北の外交国防政策に関する内在的および批判的検討が必要である。

2　北の外交国防政策

一　金正恩《きむ・じょんうん》体制の出発

二〇一二年四月、金正恩（一九八三年一月八日〜）体制が登場した。祖父金日成《きむ・いるそん》（一九一二年四月一五日〜一九九四年七月八日）の誕生一〇〇周年である太陽節（二〇一二年四月一五日）に大衆の前に姿を現し、公開演説をした。公開演説の直前である二〇一二年四月一一日には、労働党規約の改正を行い、亡き父金正日《きむ・じょんいる》（一九四一年二月〜二〇一一年一二月一七日）を総書記に残し、金正恩《きむ・じょんうん》自身は第一書記になった。最高実力者であった亡き父の遺訓《いくん》を承継する形で権力を掌握してきた父金正日《きむ・じょんいる》にならって、「遺訓統治」を行うためであった。それから二日後には、最高人民会議一二期五次会議で憲法改正（二〇一二年四月一三日）を行い、核兵器の保有国である(6)ことを憲法化した。二〇一二年一二月一二日には、人工衛星「光明星《くあんみょんそん》」三号第二号機を発射し、軌道に乗せた。これについてアメリカをはじめとする南側、日本などが大陸間弾道ミサイルであると規定し、いまでも反発している。ではなぜ、北側は非難を浴びながらもミサイルと核実験を行うのであろうか。

二　「強盛大国」主義

北側は一九九〇年代はじめから大きな体制危機に陥る。対外的にはソ連東欧の社会主義国家が崩壊し、対内的にも飢饉などによる経済的な困難が生じた。これを乗り越える方策として、北側が選択したのは東欧とソ連のような改革開放でなく、軍隊を中心に政治を行いながら経済の活性化を図る「先軍政治」であった。核危機が訪れる一九九四年には総動員体制を展開し、次の飢饉と経済危機が訪れる一九九五年からは経済復興に軍を投入し、これを乗り越えようとする。金日成《きむ・いるそん》が亡くなった（一九九四年七月）後の一九九八年には憲法を改正（最高人民委員会一〇期一次）し、国防委員会（金正日《きむ・じょんいる》）中心の権力体制が固まった。

このようにしてできた「先軍政治」の国家の目標は「強盛大国」である。一九九七年七月二二日、労働新聞で公になったこの「強盛大国」路線によると、二〇一二年が目標の達成時期である。そのためにミサイル発射と核実験を行っているのである。生き残るための、あるいは体制を保障するための交渉事案の一つであるとも分析できる。もちろん、体制保障のための他の選択肢がなかったわけではなかった。通常兵器の拡大、外交による安全保障などが考えられるが、通常兵器の拡大は経済的に無理であり、外交による体制保障も試みてみたが、アメリカは「戦略的忍耐」という実際は北朝鮮を無視する戦略をとっていて、状況は甘くなかった。外交的な交渉を講じながらも秘密裏に核武器を開発したが、一九九三年にはアメリカによってその動きが露出され、アメリカによる爆撃が検討されるまでに至り、いわゆる第一次核危機（一九九三～一九九四年）が訪れた。二〇〇三年にもまた発覚し、第二次核危機（二〇〇三年）が訪れた。結局、北側は核武装への道を走ることになる。

三　核武装と外交の間でのさまよい

「強盛」路線を標榜しながら、北側は核武装による体制保障と外交による体制保障の間でさまよった。二〇〇三年一月一〇日に北側は核拡散禁止条約（ＮＰＴ）の脱退宣言を、二〇〇五年二月一〇日には核武器保有宣言をするが、一方で二〇〇五年九月一三日からの第四次六者会談では核兵器と現存の核計画の放棄など六項目に合意する。そして、九月一九日には「九・一九共同声明」を出す。

　ミサイル発射にも迷いがみられる。一九九八年八月三一日に大浦洞《でぽどん》[7]を発射する。これは中距離弾道ミサイルで、射程距離が一八〇〇～二五〇〇キロメートルと言われ、アメリカのグアムまで及ぶ。ところが、二〇〇〇年六月一五日には金大中《きむ・でじゅん》大統領と第一次南北頂上会談を行う。二〇〇六年五月五日、ハワイまで及ぶ射程距離六五〇〇キロメートル以上の大浦洞《でぽどん》二号を発射するが、二〇〇七年一〇月四日、盧武鉉《ろ・むひょん》大統領と第二次南北頂上会談を行う。

　ただ、対北強行路線に走った李明博《り・みょんばく》政権のときには公の外交的な交渉がなかった。二〇一二年一二月一二日、射程距離がアメリカの本土にまで及び、大陸間弾道ミサイルとして利用される可能性の高い光明星《くあんみょんそん》三号第二号機が軌道に乗ることになったが、これを緩和するための外交的な努力はみえないまま、二〇一七年にまで至っている。しかし、二〇一六年一二月の朴《ぱく》大統領の疑惑事件の真相を究明する中でわかったのは、三回の秘密の接触があったことだ。いずれにせよ、交渉と対話は続いていたことになる。

　日朝関係もまよいの連続であった。日朝関係の正常化交渉は一九九〇年代から始まる。一九九〇年九月に自民社会党が訪朝し、三党共同宣言をした。一九九一年一月に第一次国交正常化の交渉をするが、一九九二年一一月の李恩恵《り・うんへ》拉致疑惑問題で中断される。南北国連同時加入後である一九九五年三月、自民社民さきがけ与党三党の代表が訪朝し、交渉再開に合意をする。その後、二〇〇〇年一〇月、第一一次国交正常化交渉まで交渉が続いたが、過去清算問題などで成果を出せず、一度中断された。

このような状況への突破口を開こうと、二〇〇二年九月一七日に小泉首相が訪北し、ミサイル・拉致問題、過去清算問題で交渉し、二〇〇四年五月二二日、小泉首相の二次訪北までつながった。二〇〇五年九月一九日に「九・一九共同声明」が発表され、日朝関係正常化の措置、東北アジア平和フォーラムの話まで出たが、その後はこれといった進展がないままである。二〇一二年八月二九日に日朝会談が北京で開かれ、二〇一三年五月一四日には安倍政権の飯島内閣官房参与が訪朝したが、進展がないことは同じである。

四　武力によらない自主へ

核開発のような武力による民族自主権の確保の試みは、ある意味で民族自滅の道でもある。ただ、北朝鮮は体制保障のために核武装と外交の間でさまよいながら、核武装まで至ったこともわかる。したがって武力による自主路線である「強盛大国」路線も平和との接点がつくれないわけではない。核開発が体制保障あるいは交渉の手段であるとすれば、平和的体制をつくり、そして、そのような国際体制のなかで体制保障ができれば、平和との接点が見つかる。実際、北朝鮮はいままでに五回にわたり核実験をしてきたが、一回目の実験は「九・一九共同声明」直後、アメリカの財務省による北朝鮮の海外銀行（ＢＤＡ）口座への凍結措置に反発する形で行われた特殊な事例だが、他の四回はすべて南北交渉などの対話がなかった時期に行われた。二〇〇〇年代には二次にわたって南北頂上会談が行われたが、その間は核実験もなかったし、延坪島《よんぴよん》衝突事件（一九九九年、二〇〇二年）などの局地的な衝突も交渉によって収まったことを覚えておく必要がある。

とはいえ、平和体制は統一を指向しなければならない。二〇〇〇年一〇月、北側（趙明禄《ちょう・みょんろく》特使）と米国の間で直接対話が試みられ、終戦宣言と北米関係正常化について議論されたことがある。このような場合（通米封南）、北側の体制保障はできるが、南北統一は遠くなる可能性が高まるし、そうした場合、東北アジアの平和の安定にはつながらない。

3　南の外交と国防政策

一　朴槿惠《ぱく・ぐね》政府の国防安保政策

南側の朴槿惠《ぱく・ぐね》期（二〇一三年二月〜二〇一七年五月）は、南北交渉が一番停滞した時期であった。朴槿惠大統領は二〇一三年五月七日、韓米頂上会談を開き、韓米同盟六〇周年を迎えた同盟関係を再確認し、この関係の一環としての「韓半島の安保とグローバルパートナーシップ（Global Partnership）」に合意した。

朴政権は国防政策として「堅固な国防と有能な安保」をスローガンにしていた。このような抽象的な言葉の中身は、軍事力の増強、韓米同盟の強化、周辺諸国との軍事交流、多者間軍事協力である。日本との軍事交流も活発化していた。南北関係に関する政策としては「韓半島信頼プロセス」を掲げていた。南北間合意をお互いに推進しはじめると信頼が蓄積され、さらに非核化に進展があれば、経済支援など経済協力をするという筋であった。

二　歴代政府の国防安保政策

ここ一〇年の間、南側の政権の国防政策は、平和軍縮の観点とは距離のあるものであった。李明博《り・みょんばく》政権は対内的には「国防計画三〇七」の下で軍事力を増強し、北側に対しては「非核開放三〇〇〇政策」を掲げながら北側を圧迫した。拡張抑制政策ともいえるこの政策では、アメリカの核の傘の下で、在来式打撃能力およびミサイル防衛能力を強化する道を歩んだ。対外的にはアメリカと包括的戦略同盟を結んだ。二〇一二年六月一四日に開かれた二+二（外交・国防長官）会議で合意されたこの政策は、韓米軍事同盟の世界化のみならず、韓日米間安保協力（人道的分野+大量殺傷武器移動の遮断など）を中身とする。日韓の軍事協力を強化するため、二〇一二年五月には韓日相互軍需支援協定（ACSA）および韓日軍事情報保護協定（GSOMIA）を試みたが、国民の反発で先送りされた。しかし、二〇一六年一一月二三日、朴政権疑惑で政局が揺れている間を縫ってこの協定は締結された。

日本にもリベラル派政権として知られていた盧武鉉《ろ・むひょん》政権（二〇〇三年二月〜二〇〇八年二月）も、基本的に軍拡路線であった。「国防改革二〇二〇」がその証である。ただ、アメリカと距離を置き、東北アジア均衡者になるためという理屈をつけた。しかし、二〇〇六年一月一九日には、アメリカの戦略的柔軟性に合意し、結局アメリカと距離を置くことはできなかった。

三　南北間の局地衝突

韓米間のこのような同盟関係の下で、南北関係もうまく進んでいない。韓国と米国は二〇一六年にも合同軍事訓練を行った。戦時増員演習（RSOI[8]、二〇一三年三月一一日〜二一日）とイーグル訓練（Foal Eagle[9]、二〇一三年三月一日〜四月三〇日）はチームスピリット（Team Spirit）[10]訓練の新しい型番である。韓国軍二〇万、米軍一万が動員される巨大なこの訓練に、特に二〇一三年にはB52、B2戦爆機、核潜水艦という「核三種セット」による戦力の展開が行われた。北側はこれを口実にし、南北経済協力の象徴でもある開《け》成《そん》公団を一時閉鎖していた。

時には局地的な衝突が起こることもある。一九九九年、南側のチャムスリ号という警備艦が北側の船を北側の水域まで押し出したことがあるが、この延坪《よんぴょん》島衝突事件を韓国側では戦争に例えて、「第一次延坪《よんぴょん》海戦」と呼んでいる。二〇〇二年六月二九日には、より大きな衝突が起こり、交戦に近い状態になった。これを第二次延坪《よんぴょん》海戦と呼んでいる。この事件で、南側の警備艦チャムスリ号が沈没、六名が戦死し、一九名が負傷した。しかし、これらの事件は第一次延坪《よんぴょん》事件後の南北頂上会談の交渉でうまく収まった。

ただ、二〇一〇年三月二六日に天安艦《ちょんあんはむ》事件（白翎島《ぺんりょん》）が起こった後は、二〇一七年六月現在まで、南北関係が閉鎖状態に陥っている。一方、この事件で一番得をしたのはアメリカ政府と日本政府であった。鳩山政権とアメリカとの間の懸案であった普天間基地問題のけじめがついたからだ。五月二三日、日本の鳩山政権は普天間基地の県外移転の立場を変え、普天間基地を沖縄内部に移すことでアメリカと合意した。鳩山政権が口実にしたのは韓半島情勢の不安定であった。東アジア諸国の衝突を利用するような今の状況は、国際関係が非常に停滞していることを示す。

四　武力によらない平和体制へ

南側の外交政策も基本的には北側と同じく、武力によっている。韓米同盟下における平和であり、北を吸収合併することを究極的には狙いとしながら、部分的、機能主義的な交流を時々行っている状態である。そういう中で局地的な衝突が起きている。このような状態を改善するためには、停戦状態を恒久的な平和体制にすべきである。そうなるような経験を南北はすでにもっている。一九九八～二〇〇七年は、南北の間にいくつかの衝突はあったが、対話によって解決していた。この辺りの経験を体系化して、平和体制にすべきである。

4　韓半島の平和体制のための実践策

停戦体制を平和体制に変えられる可能性はある。停戦協定の締結後、六〇年に及ぶ歴史の紆余曲折の中であらゆる試みがすでにあったためである。国際的な次元でも平和体制に関するいくつもの合意があったし、南北間でもそうである。

一　国際的な合意

韓半島の平和体制のための国際的な合意で一番実践的なものは、「九・一九共同声明」である。二〇〇五年九月一九日、第四次六者会談の結果であるこの共同声明では、非核化と平和協定の併行推進を原則にしている。先に非核化することを主張する南側およびアメリカ側と先に平和協定の締結を主張してきた北側の対立が続き、対話の進展がなかったが、この会談でやっと包括的交渉という基本原則に合意したのである。非核化は北側のみならず、周辺各国も参加することが合意された。まず関係諸国はすべて一九九二年の「韓半島非核化共同宣言」[(11)]を遵守すること、北側は核拡散禁止条約（ＮＰＴ）と国際原子力機構（ＩＡＥＡ）へ復帰すること、米は韓半島に核兵器を持ち込めない、核兵器、在来式兵器による不可侵を約束すること、南側には非核三原則（不保有、不受け入れ、不配置）を守ることが合意された。

そして、北側が核開発などを放棄する代わりに、エネルギーを提供する義務が中国、ロシア、韓国、米国、日本に課された。平和体制をつくるための周辺各国の関係正常化も合意され、米朝、日朝間の関係正常化が約束された。相互の関係の正常化のみならず、平和的な体制つくりのために東北アジア平和フォーラムにも合意された。

停戦後、六〇年の歴史をみてみると、いくら美しい基本原則への合意があっても、それらを実践するための行動原則がない場合には具体的な進展が見られないことが多かったが、この「九・一九共同声明」では「行動対行動」という行動原則にも合意している点で注目に値する。二〇〇七年二月一三日の『九・一九共同声明』の移行のための初期措置（「二・一三合意」）」では、段階的な実践策が定められている。非核化に関しては、まず、北側が寧邊《よんびょん》の核施設の不能化（disabling）、すなわち核施設の閉鎖（shut down）と封印（Sealing）をすれば、北側に重油五万トンを提供する。寧邊《よんびょん》の核施設を破棄（Dismantling）する段階、すなわち完全で検証可能な不可逆的な解体状態にまで至ると、重油九五万トン分のエネルギーの支援を段階的に北側に提供することに合意した。

平和体制の構築と周辺諸国の関係づくりのためにも、まず、米朝関係正常化の、日朝関係正常化の、そして、東北アジアにおける永久的な平和体制のための交渉を始めることとした。

二　南北間

南北間には平和体制に関するいくつかの合意が行われている。そのうち一番体系的で総合的なものは、「南北基本合意書」（一九九一年一二月一三日）である。この合意書は三つの部分から成っている。

第一に、南北和解である。ここではお互いの体制を認定すること、内政に干渉しないこと、誹謗・中傷の禁止および破壊・国家転覆活動の禁止、停戦協定の遵守を定めている。第二に、南北不可侵である。ここでは侵略の禁止、軍事境界線と管轄区域を守ること、衝突が起こっても平和的に解決すること、南北軍事共同委員会を置くこと、偶発的な衝突と拡大防止のための直通電話を開通することなどを定めている。第三に、南北交流・協力である。南北資源の共同開発、陸路・海路・空路の開設、各種交流、離散家族の構成員などの自由往来を内容とする。

このように網羅的に南北関係の平和のための基本的な事項に関する合意ができたため、人によっては、新しい平和協定がなくても南北基本合意書さえ尊守されれば平和的な体制ができると考えている。

さらに、二回にわたる南北頂上会談が行われたという実績もある。二〇〇〇年六月一五日の第一次会談では統一方案として南側が主張している南北連合制と北側が主張してきた連邦制の間で、一次段階あるいは緩やかな段階を意味する「低い段階の連邦制」では共通性があり、これを基に統一に関する話を進展していくことにした。二〇〇七年一〇月四日の第二次会談では韓半島の平和体制を構築するための三者（南・北、米）または四者会談（南・北、米、中）をすること、西海岸に平和特別協力地帯を設置することなどに合意した。

二〇一七年五月一〇日、南北交渉を重視する文在寅《むん・ぜいん》政権が発足した。文在寅政権は韓米同盟を根幹にするが、韓半島非核化・平和体制・周辺諸国との協力を志向している。今までとは異なる平和外交が展望されている。

三　韓米日間

韓半島の平和のためには関係諸国および南北間の合意と実践が重要であるが、韓日米の関係における平和的な外交政策も大事である。

まず、アメリカを軸とする軍事同盟の再調整を見直すことである。アメリカは冷戦（the Cold War）終結後、長期戦（the Long War）に戦略を変え、小規模戦区を広域化し、再配置することが行われている。例えば、韓半島の休戦線近くの前方に配置されていた米軍（前方配置軍）を休戦線から遠く離れたところに配置（後方配置軍）し、韓半島以外のところまで米軍が出動できるいわゆる柔軟化された軍隊にしようとしている。米軍の戦略的柔軟性確保のための軍事変換と海外米軍の再配置（ＧＰＲ）が行われている。韓国における平澤《ぴょんてく》米軍基地移転、日本における沖縄、岩国などの駐日米軍の再編がその一環である。

ところが、戦略的柔軟性による米軍の再配置などは、東北アジアの対決構図を招いている。短期的には北側(北朝鮮)、長期的には中国包囲戦略になる心配が関係諸国に広がっている。このような軍事外交政策は、東北アジア平和フォーラムに合意した「九・一九共同声明」にも反する。

平和体制のためには南北間の平和協定の締結も必要であるが、そのためには韓国の戦時作戦統制権がアメリカから韓国へ早急に返還されるべきである。一九五〇年七月一五日、マッカーサーへの書簡でアメリカに引き渡された作戦指揮権(operational Command)は、一九五四年一一月一七日、韓米相好防衛条約の付属合意書で、作戦統制権(operational Control)と言葉を変え「国連軍」[12]司令部[13]に渡された。一九七八年一一月七日には、韓米連合司令部に渡された。一九九四年一二月一日、平時作戦統制権が取り戻されたが、戦時作戦統制権はまだ戻っていない。二〇一二年四月に戦時作戦統制権を返還することと、韓米連合司令部を解体することで合意(二〇〇七年二月二四日)したが、二〇一〇年六月二六日に上の合意は先送りされた。二〇一三年七月一七日、韓国政府が戦時作戦統制権の返還の再検討を申し入れ、二〇一五年一二月一日予定の戦時作戦統制権の返還も二〇二〇年代まで先送りされた。

「国連軍」司令部の存続も問題[14]である。一九五一年、サンフランシスコ講和条約の第五条（a）項と一九五一年の旧安保条約の極東条項などを根拠に米軍が引き続き日本に駐留し、日本の基地から米軍が韓半島に飛び立つことができた。旧安保条約の第一条では、「この軍隊は、極東における国際の平和と安全の維持に寄与」すると規定したため、米軍が日本を韓国戦争の後方基地として使用することができたのである。

吉田アチソン交換公文では、韓国戦争における「国連軍」に援助と協力を与えることを確認、約束した。[15]それに基づき、一九五四年に日本と「国連軍」の間で「国連軍地位協定」が締結された。その核心的な部分は第五条第二項である。すなわち、「国際連合の軍隊は……日本国とアメリカ合衆国との間の安全保障条約に基づいてアメリカ合衆国の使用に供せられている施設および区域を使用することができる」。これによって、韓半島の有事の際には、国連軍の後方基地として日本の基地が使われるようになっている。

その結果、韓米日を具体的に結ぶのは「国連軍」司令部である。「国連軍」司令部の後方事務所が日本にあり、韓半島有事の際に米軍は「国連軍」司令部を通じて日本の基地を利用することができる。のみならず、在韓米軍司令官が兼職の「国連軍」司令官は、自衛隊と韓国軍そして米軍を結ぶ役割をしている。韓半島有事の際の韓国軍に対する作戦統制権が米軍にあるので、韓半島有事には米軍が自衛隊と韓国軍の指揮権をも担うことになっている。

5　韓半島の平和のための憲法論

一　平和主義を飾り物から基本原理に

韓半島の平和のために南北間そして国際間で実績を積んでいくことも必要だが、それが力を発揮するためには憲法の平和主義の再発見も重要である。日本では戦後長く平和主義が憲法の一番重要な基本原理として位置づけられ、政府の軍事、外交政策を牽制してきたが、韓国ではそうでなかった。

韓国憲法ももちろん平和主義を憲法の基本原理の一つにしている。韓国憲法の第五条では、侵略戦争の放棄と国軍の国土防衛を規定している。国軍については法定主義を定めている。日本的に言えば、個別的自衛権を認めている。これを積極的に解釈すれば、良心的兵役拒否権、国家による平和阻害行為（武器の輸出）の排除、軍縮、戦争の危険に巻き込まれない権利などを導くことができる。

ところが、これらの憲法規定は法令解釈の基準にもなっていなかったし、海外派兵関係法律からわかるように立法権の範囲と限界にもなっていなかった。前（第Ⅲ部第一章）に触れたように軍事外交政策をみても平和主義に沿った国家政策決定の方向を具体的に提示していない。

二　平和的生存権訴訟

平和的生存権も注目を浴びている。一九八七年の民主化運動以後、平和と人権を結合すべきだという議論が起こった。その後、政府と議会の協調による二〇〇三年のイラク派兵、二〇〇〇年代アメリカの軍事戦略の攻撃的要素の増加を経て、軍事同盟関係にある韓国にとっては戦争に巻き込まれる可能性が高まり、平和的生存権へ関心が集まった。

政府と議会の平和主義無視の態度とは異なり、憲法裁判所では平和的生存権を一時期認めたことがある。(16) 二〇〇五年、韓国の平澤《ぴょんてく》の住民一〇三二名が「平澤米軍基地移転協定」において平和的生存権の侵害を主張したことがある（二〇〇六年二月二三日、二〇〇五憲マ二八六）。住民らは平和的生存権とは、武力衝突と殺傷に巻き込まれず平和に生きる権利であり、全国の米軍基地を統合して平澤に配置することは、戦争に巻き込まれる可能性を高め、平和的生存権を侵害していると主張した。二〇〇六年、憲法裁判所はこの訴訟において、同条約は米軍基地の移転のための条約に過ぎず、戦争に巻き込まれたとは言えないとした（詳しくは第Ⅱ部第一2を参照）。ところが、平和的生存権そのものは憲法第一〇条（幸福追求権）、第三七条（憲法に列挙されていない権利）に由来する権利であることを初めて認めた。しかし、三年後の戦時増員演習（ＲＳＯＩ）の違憲確認訴訟では、平和的生存権は人権ではなく理念すぎないと切り捨ててしまった。

こうして、裁判規範としての平和的生存権は裁判所からは認められていないが、政治規範としての平和的生存権は依然として注目を浴びている。裁判で負けた平澤《ぴょんてく》の住民らは「平和権宣言」をし、米軍基地移転が自分たちの平和的生存権を侵害していると言い続けている。韓国の最南端済州《ぜじゅ》島の江汀《かんじょん》村では海軍基地建設が行われたが、(17) そこの住民らも政府の政策が平和的生存権を侵害していると主張しつづけている。これらの動きは日本における平和的生存権訴訟が影響している。国連における平和権宣言準備の影響も強く受けている。広くは知られていないが、国連の人権委員会では二〇〇八年から六年連続で平和権促進決議を行い、国連総会でも平和権宣言のための準備を続けている。二〇一二年六月の国連人権理事会では、平和権宣言プロジェクトをさらに前進させるために作業部会（Working Group）をおくことにし、二〇一三年二月、第一期平和権作業部会会議が行われ、平和権宣言草案に関する検討が行われていた。二〇一六年の一二月には国連総会で平和への権利宣言が採択された。

三　武力によらない自主・自決権

平和主義、そして平和的生存権は、民族自主自決権の側面からも注目を浴びている。核実験、ミサイル発射などを推進している北側の強硬路線も、(18) 南側の軍事力増強の根拠となる自主国防も、結局は武力による平和を目指している。武力による平和が真の平和でないことは、世界大戦の経験からも、六〇〇万以上の犠牲者を出した韓国戦争からも明らかである。

北側では、民族の運命を自ら決定する権利として自主権を主張し、ベトナムが民族自決権を掲げてアメリカから独立したことを例に挙げている。しかし、独立を果たしたベトナムが、民族解放戦争で数多くの犠牲者を出していることもわれわれは覚えている。

ウィルソン（T. Wilson）が打ち出した、世界のすべての民族が自分の未来、運命を自ら決定すべき権利を平和的に勝ち取る方法、それはほかならぬ平和的生存権である。平和的生存権は民族の未来と運命を「平和的に」自ら決定する権利でもある。

平和的生存を確保するためには、中立外交など平和的外交を展開し、戦争の危険に巻き込まれないことが大事である。韓国の市民社会の中から、韓米同盟の見直しの声が強くなる理由である。

6　むすびに代えて

停戦六〇周年を過ぎた今日、停戦協定の平和協定への転換が切実に求められている。アメリカの同盟再調整を牽制するための東アジア平和体制の構築も課題である。平和体制の核心は、平和的生存の保障である。平和構築のためのビジョンの一つとして韓国でも平和的生存権などの可能性が探求されている。なお、平和的生存権は第三世代の人権であり、博愛と連帯の権利である。韓国、日本ともに関心を高めていくべきである。

注

（1） 英文では休戦（armistice）という言葉を使っている。「Agreement between the Commander-in-Chief, United Nations Command, on the one hand, and the Supreme Commander of the Korean People's Army and the Commander of the Chinese People's volunteers, on the other hand, concerning a military armistice in Korea」。休戦というのは一時的な戦争の休止状態であり、六〇年も休止状態であることは停戦状態であるともいえるし、終戦にも近いということで、停戦という言葉の方が今の南北間の関係には適していると思うので、以下では停戦協定とする。

（2） 以下、一九九一年の「南北基本合意書」の用例に従い、朝鮮民主主義人民共和国は北側、大韓民国は南側という表記を主に使うことにする。

（3） 南：二三八万余名、軍人―戦死一四万七〇〇〇名、負傷七〇万九〇〇〇名、失踪一三万名（小計九八万七〇〇〇名）、民間人―虐殺一二万八九三六名、死亡二四万四六六三名、負傷二二万九六二五名、拉致八万四五三二名、行方不明三三万三一二名、義勇軍強制徴集四〇万余名、死亡警察官一万六八一六名（小計一四〇万名）。北：二九二万余名、軍人―戦死五二万名、負傷四〇万六〇〇〇名（小計：九二万六〇〇〇名）、民間人―二〇〇万名。国連軍：一五万余名、戦死三万五〇〇〇名、負傷一一万五〇〇〇名、負傷一五〇〇名。中国軍：九〇万余名。総計六三五万名（人口三〇〇〇万余名）。ユワンシク他『北韓三〇年史』（韓国、現代経済日報社、一九八五年）による。

（4） お互いの停戦協定の違反件数四二万五二七一件（約週一件、一九九四年五月からは集計していない）。

（5） 核兵器、ミサイルなど大量殺傷武器（ＷＭＤ）の拡散を防止するという名分で、武器そのものまたは武器製造用の物質を乗せた船舶などを検問するなど物理的に遮断するための国家間の合意。二〇〇三年五月アメリカのブッシュ（J. Bush）大統領が提案し、イギリス、フランス、日本など一〇カ国あまりが参加している。

（6） 前文「……金正日同志が……祖国を不敗の政治思想強国、核保有国、無敵の軍事強国へ転変させ、強性国家建設の煌びやかな大きな通路を開けておいた……」。

（7） 北では白頭山《ぺくどさん》一号と呼ぶが、実験発射したところが咸鏡北道花臺郡ムスダン里（旧大浦洞《てぽどん》）であったため、米軍が付けた名前である。

（8） ＲＳＯＩとはReception受け入れ、Staging待ち合わせ、Onward Movement前方移動、and Integration of Forces統合演習の略語である。韓米連合司令部が主管し、駐韓米軍司令部などが参加する。

（9）野外起動演習をいう。駐韓米軍、海外米軍、各航空が参加する。二〇一三年には韓国軍二〇万、米軍一万、特にB52、B2戦爆機、核潜水艦という核三種セットによる戦力の展開があったと言われる。
（10）一九七六〜九三年まで行われた韓米合同軍事訓練、米連合海上訓練、野戦機動訓練、連合上陸作戦を含む。
（11）韓半島非核化に関する共同宣言（一九九二年一月二〇日）の主な内容は、核兵器の実験、製造、生産、受け入れ、保有、貯蔵、配備、使用の禁止、核エネルギーの平和的利用、核再処理施設とウラン濃縮施設を保有しない、相互視察、核統制共同委員会の構成である。
（12）韓国戦争勃発の直後に作られた多国籍軍。国連の勧告によって作られたため国連軍と呼ぶ。一九五〇年七月七日に国連安全保障理事会は国連軍を作る旨の勧告を決議し、それに基づいてアメリカを含む一六カ国は「国連軍」を編成した。「国連軍」といってもその人的構成の約九五％以上は米軍であった。「国連軍」の司令官も駐韓米軍司令官が兼ねている。一九五三年に締結された停戦協定も「国連軍」を一方にし、北朝鮮と中国軍を他方にしている。
（13）「国連軍」司令部の詳細については、第Ⅱ部第一章の注（17）（一一七頁）を参照のこと。
（14）詳しくは、拙稿「朝鮮半島の平和体制と日米安保」『法律時報臨時増刊』（安保改定五〇年）（二〇一〇年六月）を参考されたい。
（15）同前。
（16）李京柱「韓国における平和的生存権」浦田一郎ほか編『立憲平和主義と憲法理論――山内敏弘先生古稀記念論文集』（法律文化社、二〇一〇年）。
（17）李京柱「江汀村と平和的生存権」『ＨｕＲＰ通信』第六三号（二〇一一年一〇月）、http://www.hurp.info、二〇一六年一二月三一日閲覧。
（18）北側では「どの国であれ国連の決議を利用し北朝鮮の自主権と生存権を侵害すれば、容赦なく無慈悲な打撃を返す」と警告している。

第三章　韓半島の平和体制と日本

1　はじめに

四六名の兵士が犠牲となった二〇一〇年三月二六日の韓国の哨戒艦天安《ちょんあん》の沈没事故(1)からほぼ七年が経った。その後、非公式的な交渉と対話の試みはあったが、南北関係は閉塞状態のままである。その結末は日本を含む全世界の関心事でもあった。この事件に関しチキンゲームの様相をみせた南北当局の対決状況は、韓半島のみならず東北アジア全体の平和問題にも直結するからだ。幸い、国連の安保理事会での議長声明の採決後には緊張も和らいでいる。議長声明では「沈没の責任が朝鮮民主主義人民共和国（以下では北側または北）にあるという韓国（以下では南側または南）(2)の主張に留意しながら、沈没事故と無関係であるという北側の主張にも留意する」。その一方で「平和的手段による解決」を願うということが言われた。

天安艦《ちょんあん》の沈没事故の真相はいずれ明らかになるであろうが、平和的手段による平和的解決を主な目的とする平和体制なしには、二〇年におよぶ対話路線も水の泡になることを切実に感じさせた事件でもあった。

停戦体制を終わらせ、平和体制を作ることとは、二〇〇〇年六月一五日の第一次南北頂上会談以来、南北関係の

図 3-3-1　韓半島の西海岸における境界線の見取り図

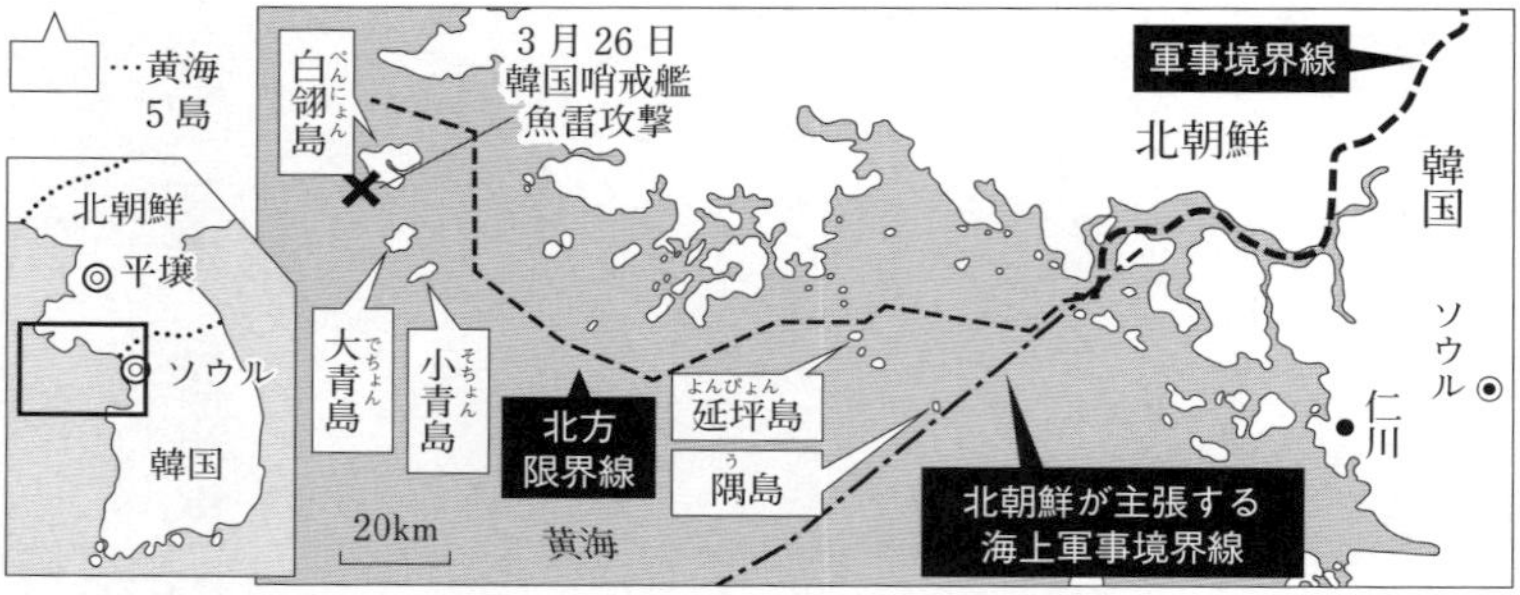

出典）　韓国『連合ニュース』（二〇一五年八月三〇日）などを元に著者作成

キーワードの一つであった。二〇〇〇年と二〇〇七年の南北頂上会談に象徴される南側の対話路線とは、結局、韓半島の平和体制の問題である。

ここで使う平和「体制」という言葉の理解の仕方はいろいろあり得る。平和を制度化されたシステム（System）として理解する立場、国際的または社会的レジーム（Regime）として理解する立場がある。システム理論によれば南北連合または連邦も念頭においた制度化された体制が考えられるが、レジーム理論によれば平和協定などによる国際社会的な仕組みとして理解されうる。レジーム理論のほうが扱える幅も広く現実的なので、ここでいう「体制」とはレジームのことを指すことにしたい。

いずれにせよ、こうした平和体制を作るための努力として、大きく二つの立場を取り上げることができる。一つは、二〇〇〇年代以後の韓国における平和協定案を中心とした平和体制構想、もう一つは、一九九一年の「南北基本合意書」など政府間合意文書を中心とした平和体制構想である。

本章では韓国でよく議論されている韓半島の平和体制の構築について、その諸争点と課題を主に分析し、日本との関わりについても触れてみたい。

2　平和協定の争点

一　平和協定構想の歴史と現在

平和協定は、もともと一九五三年停戦協定の義務事項であった。しかし、長い間、進展がなかった。ところが、平和協定の締結を非核化や軍縮に先んじて主張したのが北側であった。一九六二年一〇月二三日、金日成《きむ・いるそん》は米軍撤退を前提とした南北間平和協定の締結を主張し、南北間のアジェンダーになった。彼によると、「米軍を撤退させ、南北間の平和協定を締結し、武力を縮小することが統一の第一歩」であった。ある意味では米軍撤退を主張するためのアジェンダーだったかもしれない。しかし、その後、北側が比較的安定した経済的力と非同盟外交における有利な立場を得た時期に入ったためか平和協定を主張せず、対南統一戦略を「南朝鮮革命論」に変えてしまった。

ところが、「南朝鮮革命論」に基づく強行路線が失敗した後、(3)一九七二年からはまた平和協定の締結を主張するようになった。金日成《きむ・いるそん》は、一九七二年、日本の読売新聞などとの会見で、「南北間に平和協定を締結することによって、米軍撤退させ、その後、南北間軍縮について議論する」ことを主張した。この時期の平和協定論は、平和協定の主体を南北に限定したことを特徴とし、平和協定の締結を通じて米軍撤退をねらったものであった。

しかし、一九七五年三月二五日、北朝鮮が「アメリカ議会に送った書簡」では米国と北朝鮮との間の平和協定の締結を主張することに変わる。一九五三年の停戦協定に署名した当事者は、国連軍、中国軍、北朝鮮の人民軍であるが、この書簡では停戦の実質的な当事者は米国と北朝鮮となり、実質的な当事者同士の平和協定締結が主張された。一九六二年のときとは異なり、今度は南側を排除し、アメリカと直接交渉したいという意志の現われであった。当事者を韓国から米国へ変えた理由はいくつかあげられるが、まずは、一九七二年七月四日の「七・四南北共同声明」で、南北関係の基本原則として「自主、平和統一、民族団結」という原則に合意したが、思う通りに南北関係が進展しなかったこと、そして、一九七三年一月に米国とベトナム間で、パリ協定（「ベトナムにおける戦争終了と平和回復に関する協定」）が締結されたことに影響を受けたことなどが原因として考えられる。一九八四年一月以後、北朝鮮は米朝間の平和協定の締結に加えて、南北間の不可侵宣言と米軍撤退を主張しつづけて現在に至っている[4]。このような経緯もあって、しばらく韓国社会において平和協定を締結しようと主張することは、親北朝鮮的な行動とみなされた。

このように平和協定に関する一九九〇年代までの議論は、主に北側が南側と米国に対して行った対南戦略または米軍撤退の問題を浮き彫りにする側面が強かったといえよう。そして、南側もこのような平和協定締結の問題に応じることがなかった。また、民間レベルで平和協定を論じることもなかった。論じること自体が北側の対南戦略に賛同することとみなされ、罰せられた。

しかし、二〇〇〇年代になってからは、南側の民間レベルでも平和協定の締結を主張するようになった。金大中《きむ・でじゅん》大統領（一九九八年二月～二〇〇三年二月）による南側の対北対話路線である「太陽政策」の展開、二〇〇〇年六月の第一次南北頂上会談、盧武鉉《ろ・むひょん》大統領（二〇〇三年二月～二〇〇八年二月）による対話路線の継続、二〇〇七年一〇月の第二次南北頂上会談、韓国における平和運動の活性化などが要因として挙げられる。

民間の平和協定案は三つある。一つ目は国際関係学の研究者である朴明林《ぱく・みょんりむ》によって二〇〇四年に作成された平和協定案（以下、朴明林《ぱく・みょんりむ》案）、二つ目は平和財団によって二〇〇七年に作成された平和協定案（以下、平和財団案）、三つ目は「平和と統一を開く人々の集まり」による平和協定案（以下、平統《ぴょんとん》案）である。朴明林《ぱく・みょんりむ》案は二〇〇三年に開かれた平和会議（韓国、済州島《ぜじゅ》）で報告されたが、北朝鮮が核実験をする前であったため、非核化問題が平和協定の争点になっていなかった時期の民間草案である。平和財団案は核実験後である二〇〇七年四月一八日に提案された。平和財団案は二〇〇五年の「九・一九共同声明」(5)で明らかにされた韓半島の平和体制、東北アジアの平和体制に関する問題の具体的な履行原則が合意された後、すなわち、平和協定の締結に関する交渉が可視圏内に入った時期である二〇〇七年四月に発表された。平統《ぴょんとん》案は、その正式の名称である「駐韓米軍を追い出す平和協定案」というタイトルからもわかるように、平和協定締結の結果として駐韓米軍を撤退させることを明確にした民間草案である。この草案は、南北間の対話が膠着してきた二〇〇八年三月に発表された。

いずれにせよ、これらの民間草案を通じて、南側の民間すなわち、平和運動勢力の平和体制構想を垣間見ることができる。

二　平和協定の争点

右の三つの民間草案の争点はさまざまであるが、当事者問題、非核化問題、紛争の平和的管理の問題、南北関係と北米関係などに焦点を絞って分析してみることにしたい。

(1)　当事者問題

平和協定の当事者問題は停戦協定の主体問題とも密接な関係にあり、非常に微妙な問題である。停戦協定の正式の名称は「国連軍総司令官を一方とし朝鮮人民軍最高司令官および中国人民支援軍司令員を一方とする韓国

（朝鮮）軍事停戦に関する協定」である。その名称からもわかるように、協定に署名したのは、「国連軍」、中国人民支援軍、朝鮮人民軍である。このような事情から一方の当事者である「国連軍」側の形式的な署名当事者は米国になり、他方の当事者は、中国人民支援軍、朝鮮人民軍側であるが、中国人民支援軍がすでに北朝鮮から撤退したため、共産側の当事者は北朝鮮になると北側は主張している。近年、北朝鮮が主張している平和協定は、「北朝鮮と米国間の平和協定」の締結である。(6)

しかし、南側の民間草案では「南北間の平和協定」を原則にしている。(7) 韓半島平和の実質的な主体は南北だからである。民間草案の論法は、南北間の平和協定に加え、米国と中国が平和協定の保証者になるべきだというものである。もちろん、署名当事者と実質的当事者をすべて入れるべきだという議論から、南・北、米、中の四者が当事者になるべきだとの主張もある。このように民間草案は米軍撤退を必ずしも前提にしていないものもある。米軍駐留問題は韓米間の問題であるという認識である。

いずれにせよ、現実的には南北が主体になるべきであろう。ただ、形としては、南北の署名の下に、米国と中国も署名する可能性が高い。二〇〇五年九月の六者会談の結果、「九・一九共同声明」でも、韓半島の平和体制問題は六者会談とは別個のフォーラムで議論することになった。したがって、実質的当事者である南北と、停戦協定の署名に直接かかわった中国と米国までも含む四者が協定に関わる可能性が高い。

ただし、二〇〇七年一〇月四日の南北頂上会談では「三者（南・北、米）または四者（南・北、米、中）による終戦宣言」を検討するとしたため、終戦宣言と平和協定を分離して進行する可能性もある。そうなると、南・北、米、中による終戦宣言と南北による平和協定の締結の可能性もある。このような状況をみると、東アジアにおいて日本が発言権を持つためには六者会談の発展に貢献すべきであり、前向きの姿勢が望まれる。日朝関係においても戦略的な視野を持って包括的な接近をし、平和的な手段による積極的貢献が必要である。

(2) 平和協定の体系

平和協定の当事者がどうなるかによるが、平和協定の体系も悩ましいところである。民間草案は、包括協定方式と両者協定方式に分かれている。両者方式とは、例えば、実質的な当事者である南北が協定を結び、利害関係者である中国、米国などが下記署名をすることである。包括協定とは、当事者が基本協定を結び、そこに、例えば、関係者すべてが署名をする。そして、その包括協定の下で付属文書の形で関係国間の合意を明文化する方式である。包括協定方式（Umbrella agreement）については、二〇〇七年一月二五日から二八日、スティーブンス国務省東アジア太平洋次官補が非公開で韓国を訪問し、韓国の外務省の局長と協議したことがあったので、今後もまた議論される可能性がある。

平和協定の中に終戦宣言を入れることと、終戦宣言を平和協定と分離することのどちらも考えられる。平和協定の中にさまざまな争点を入れ込むとむしろ妥協しにくくなるので、比較的合意しやすい終戦宣言を先にしておいて、他の争点についてはより多様な解決策を試みることが必要だと私は考えている。二〇〇七年の南北頂上会談では「三者または四者による終戦宣言」を共同声明に入れ発表したが、これこそまさにその例である。その場合、平和協定は南北の間で締結し、米朝間では国交正常化をすればよい。

(3) 非核化問題

韓半島の核問題は振り子のように危機と進展の繰り返しであった。一九九二年、南北の当局は核兵器の実験、

平和協定の比較

	朴明林案	平和統一を愛する人々案
平和協定	終戦＋平和協定	終戦＋平和協定
1条 体制尊重	1-3条	前文／自主と主権
南北―究極	南北―実質	南北米中
3条 廃棄段階	27条	米軍撤退と連携／韓半島非核地帯化
	29条 相互査察	非核3原則（接収・配置・核傘）
	平和統一南北共同委員会	20条
17条 統一まで		
9条 無関係	軍事同盟不加担	廃棄／解体―3年以内
9条 制限的駐屯	37条 制限的許容	3条 国連軍解体／4条 外国軍撤退
米中下記署名	米中下記署名	米中下記署名
18条	破棄無効	36条
16条 正本交換日	正本交換日	署名と同時
南北＋米中下記署名	南北米中	
	1条 人間尊重、敵対関係の清算、相互尊重	
2条	6条、17条	
	10-13条 海上継続協議	地上-停戦協定、空中（海上・地上）、海上-合意すべき（付属）、統一まで暫定
6条 南北共同委員会	韓半島平和管理共同委員会	
8条 留保（統一）	33条 留保（統一）	
9条 制限的駐屯		非同盟
9条3項		14条 2敵対的法規改正・廃止
7条 南北和解共同委員会	戦後処理特別委員会	不問・人道主義的問題は解決
10条 常駐代表部	常駐代表部	
10条 平和統一南北共同委	平和統一南北共同委	
12条 南北頂上会談の定例化	常設協議機構	
	5条	
	9条	
	別個に推進	8条
	2003.8	2003.8
	作戦統制権	

表 3-3-1

		平和財団案	
協定の方式		包括協定案	両者協定 終戦宣言
戦争の終了／平和宣言		1条	1条 終戦
主体		南北米中	南北米中
非核化	9.19／2.13	5条 不能化＋廃棄約束	不能化段階
	査察	6条	
統一	特殊関係	3条	
	有効期限	14条 統一まで	
他条約	関係	10条 無関係	
	駐韓米軍	11条 目的範囲内	
協定の効力	国際保障	13条 国連事局登録	
	修正補完	15条	
	効力発生	12条 正本交換日	
	署名主体	南北米中	
南北関係（付属文書）	基本宣言	1条	
	武力不使用	2条	
	境界線	4条	4条 基本合意書＋海上一共同漁業
	軍備統制	5条 南北軍事共同委員会	
	住民往来	7条 留保（統一まで）	
	軍事条約	8条	
	法制度改善	8条3項	
	過去清算	6条 南北和解共同委員会	
	機構	9条 常駐代表部	
		10条 平和統一南北共同委	
		11条 頂上会談定例化	
北米関係	武力不使用	1条	3条
	平和共存	2条	2条
	統一支持	3条	4条
	紛争平和解決	4条	2条
	国交正常化		別個に推進
	米軍	6条 平和維持軍に	
作成		2007. 4	2007. 4
その他		核拡散阻止	

出典）著者作成

使用などの禁止を内容とする「韓半島非核化宣言」を採択した。(8) しかし、一九九三年、アメリカから北朝鮮の核開発疑惑が提起され、それに反発した北朝鮮が核拡散防止条約（Nonproliferation Treaty：ＮＰＴ）と国際原子力機構（International Atomic Energy Agency：ＩＡＥＡ）からの脱退を宣言し、アメリカが北朝鮮に対する攻撃を検討するなど、戦争危機にまで至った。ところが、一九九四年、核活動の凍結を中身とする北朝鮮とアメリカとの間の基本合意がジュネーブで採択（以下、「米朝ジュネーブ合意」）されることになり、一定の安定局面に入った。

しかし、南北間の対話が進む最中の二〇〇二年、アメリカ側が北朝鮮の核開発疑惑をまた提起した。そして、北朝鮮がまた強く反発して核凍結措置の解除を発表し、結局、「米朝ジュネーブ合意」は破棄された。これをきっかけに非核化のための多者間協議の場として「六者（南・北、米、中、日、露）会談」が開かれ、中断を繰り返しながら現在に至っている。

二〇〇五年九月の「六者会談」では、北朝鮮が核開発計画を放棄する代わりに韓半島および東北アジアの平和体制を構築すること、日朝関係を正常化することを内容とする「九・九共同声明」が発表され、平和体制構築への期待を大きくした。だが、二〇〇六年一〇月九日、北朝鮮が核実験をしたため、また危機が訪れた。二〇〇七年二月一三日には、「九・一九共同声明」へ移行するための初期措置に関する合意（「二・一三合意」）が電撃的に出された。「二・一三合意」後、非核化と平和体制構築問題は前後の問題でなく、同時に進行させることが、一応、一つの大原則になった。

ところが、非核化問題の進展を始める入り口の段階で平和協定を締結するか（いわゆる入口論）、非核化の進展が終わった段階で平和協定を締結するか（いわゆる出口論）は、相変わらず争点の一つである。入り口論によれば、非核化を不能化（Disablement）の段階と廃棄（abolishment）の段階に分け、不能化の段階で平和協定を締結することが現実的であると考えられる。平和財団案がそうである。

非核化問題と関連して、「非核化」か「非核地帯化」かの問題もある。「非核地帯化」とはアメリカの核潜水艦の韓半島領海の通過および港への寄航までも禁止するという意味であるが、北朝鮮も「九・一九共同声明」で「非核化地帯」という概念にこだわらなかったことから、「非核化」というより柔軟な概念が取り入れられ、民間の平和協定案でも「非核化」という概念を使っている。

(4) 平和管理

天安《ちょんあん》艦沈没事故は、事故の原因が意図されたものであろうが、偶発的な事故であろうが、あらゆる紛争を平和的に管理できなければ、南北関係はいつでも危機に陥ることをよく示した事件である。実際、事故後の南北当局の対応の仕方はチキンゲームの様相をみせ、緊張が高まった。二〇年間に及ぶ対話路線に立った南北関係がいかに脆いものであったかが、世界中に知られてしまったとも言えよう。遠くは一九五三年の停戦協定、近くは一九九二年の「南北基本合意書」に紛争の平和的管理に関する最低限の規定があったにもかかわらず、これらの諸規定は働かなかった。

停戦協定では、すべての協定違反事件を南北同数で構成される軍事停戦委員会で協議することにしている。ところが、南側は軍事停戦委員会をバイパスして国連の安保理事会にさっそく上程してしまった。

一九九二年の「南北基本合意書」でも偶発的な武力衝突とその拡大を防止するために、直通電話を設置するなど平和管理に関する規定を定めている。南北間の不可侵という約束を履行するための「不可侵付属合意書」も、「相手による計画的と見られる武力侵攻の兆しが見つかった場合も相手に警告し、解明を要求し、武力衝突に拡大しないように必要な事前対策をとる」ように規定した。しかし、このような定めはまったく働かなかった。

そこで、民間草案でも平和管理問題は重要な争点の一つである。平和管理のための機構はいずれも二段階になっている。まずは南北間の平和管理のための機構である。「韓半島平和管理共同委員会」、「韓半島平和管理南北共同委員会」、「南北共同平和管理委員会」などと名称は異なっているが、平和管理機構である。そして、いずれの民間草案でも、南北を主体とする平和管理委員会は停戦協定上の「軍事停戦委員会」の代わりである。ところが、偶発的衝突などが起こった場合、当事者間の意見の相違が生じるため、これを調整するためには国際的調停機構が必要になる。今回の天安《ちょんあん》艦沈没事件のように、犯人と名指しされた北側が事件との関わりを否定する場合には、国際的な調停機構が必要である。複雑な国際政治的力関係が作用する国連の安保理事会よりは、韓半島の平和に利害関係をもつ国々による国際的な平和管理機構が必要である。例えば、民間草案でいう「韓半島平和管理国際調停委員会」または「韓半島平和管理国際保障委員会」などがそうである。

その他、平和管理において重要なのは、軍縮をどう履行していくかである。朴明林《ぱく・みょんりむ》案では「四者（南・北、米、中）共同委員会」を置いて軍縮、「国連軍」司令部の解体をするようにした。平統《ぴょんとん》案でも「四者（南・北、米、中）共同委員会」を設置しているが、「国連軍」司令部の解体のみならず外国軍の撤退の履行状態を監視する任務を、この「四者共同委員会」に任せている。平和財団案では平和管理の争点の一つであり、多国間にまたがる複雑な性格の「国連軍」司令部解体問題を一応取り除き、南北間の軍縮の問題のみを取り扱うようにした。

(5) 南北関係

南北間の平和な関係を構築していくためにさまざまな問題が山積しているが、基本的には過去の清算、未来へ

表 3-3-2　平和管理機構の構想

			平和財団案			朴明林案	平和と統一を愛する人々案
			包括協定案	両者協定		終戦＋平和協定	終戦＋平和協定
				終戦宣言	平和協定		
平和	管理	平和地帯	7条		5条	14〜16条	21条
		担当機構	8条韓半島平和管理共同委員会	5条韓半島終戦管理委員会	5条4、13条韓半島平和管理南北共同委員会	韓半島平和管理南北共同委員会	4者共同軍事委（国連司・外国軍撤退）付属22条
		構成	南北同数	参加国同数		南北各1人	南北代表
		任務		暫定終戦管理		紛争解決・管理	平和地帯転換・共同漁業
	保障	名称	9条韓半島平和管理国際保障委員会		14条韓半島平和管理国際委員会	22条韓半島平和管理国際調整委員会	国際平和管理委員会
		構成	米中＋推薦（南北各1人・第三国）		米中＋2（推薦）	協議決定	5カ国

出典）著者作成

の約束に分けてみることができる。六〇年前の韓国戦争と六〇年におよぶ冷戦の間に、お互いに加えた諸行為に関する責任の問題もある。

しかし、戦争責任と賠償の追及は容易なことではない。勝敗が明らかになった場合も合意に至ることは難しく、結局、不平等条約の形で責任と賠償の追及が行われるが、南北関係は勝敗のない停戦状態なのでなおさら難しい。そこで、民間草案では責任と賠償の代わりに和解を鍵概念にしている。例えば、平和財団案では、「和解共同委員会」を設置し、そこで捕虜帰還問題、離散家族問題を取り扱うようにしている。

過去の問題でありながら、現在また未来の問題でもあるのが、境界線の問題である。南北間では、陸上の境界線については、停戦時である一九五三年に確定した。これがいわゆる休戦線であり、非武装平和地帯（DMZ）である。しかし、海上の境界線については確定していない

図 3-3-2　西海岸平和協力特別地区造成計画

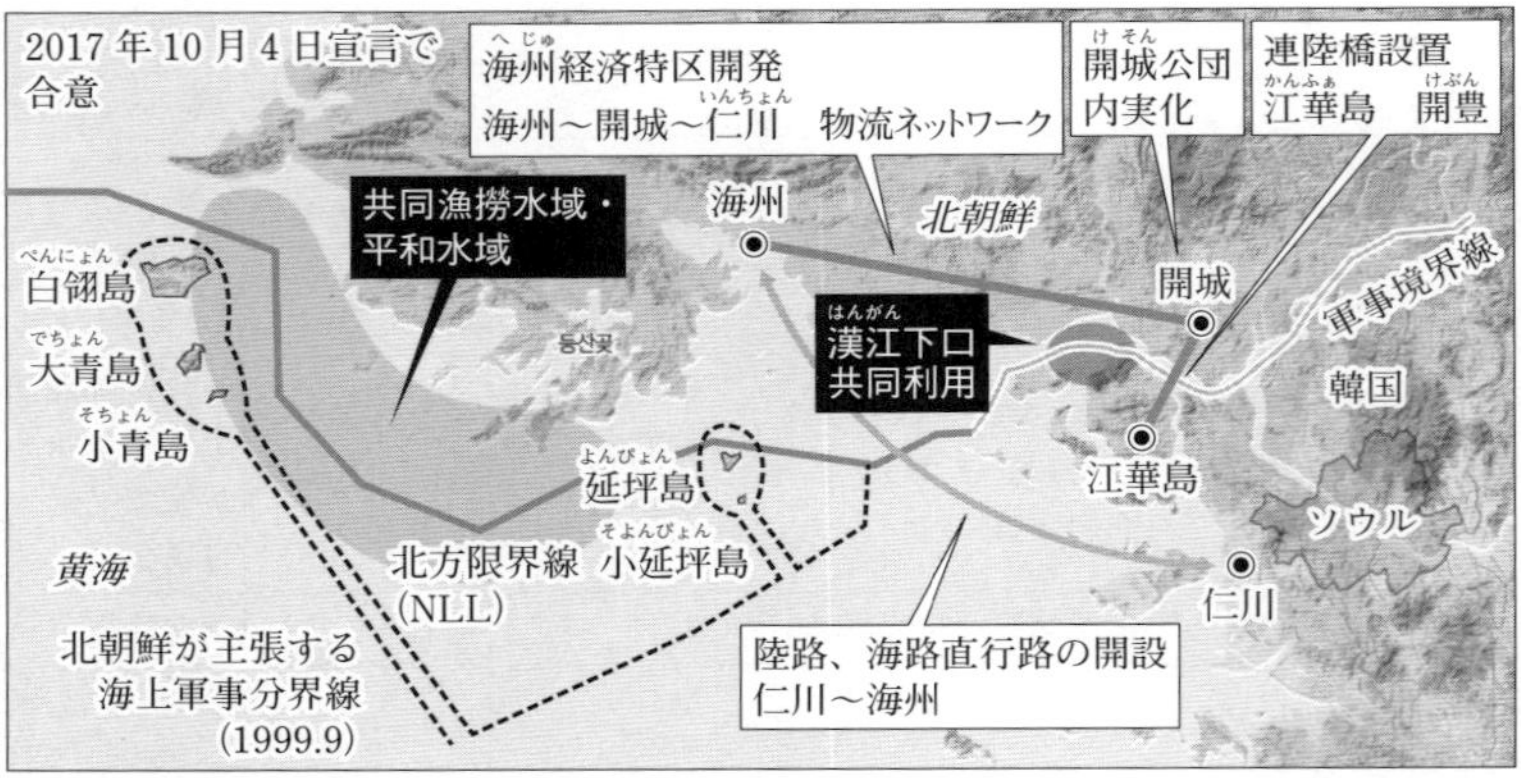

出典）「尹昊重議員、盧大統領が北朝鮮に伝えた地図公開」『ニューストマト』（韓国、2013年7月14日）を元に筆者作成

ままである。停戦当時、「国連軍」司令官が北朝鮮側との協議なしに西海岸の北方限界線（Northern Limited Line：ＮＬＬ）を設定した。一九七二年までは北朝鮮が異議を申し立てなかったので、これが通用してきたが、一九七三年からは北側が北方境界線の問題点を提起し、一九九九年には北朝鮮がＮＬＬを無効であると宣言した。

　南北間の対話路線によって南北対話が続くなかでも、武力衝突が三回起こって緊張が高まったことがある[9]が、これらの事態は実はすべてこの西海岸での北方限界線すなわちＮＬＬの周辺で起こった。そこで、二〇〇七年の南北頂上会談ではＮＬＬ周辺を平和地帯にすることに合意した。平和協定の締結の時も平和地帯にすることが一つの案として考えられる。このように平和地帯にする案は、東北アジアにおけるあらゆる領土紛争の解決策としても参考になりそうである。

　軍事的信頼構築と軍備統制の問題もある。平和協定をはじめとする平和体制が韓半島の平和状態を法的制度的に固めることだとすると、軍備統制は実質的な平和体制づくりの手段である。北朝鮮が核兵器を保有しているとするならば、在来の武器の削減の意味が半減するが、平和協定の締結が非核化と同時に進行することを考えると、軍縮の意味は半減しない。一方、駐韓米軍を存続させたままで軍縮を議論するなら軍縮の意味は半減するが、だからといって意味がないわけではない。なお、米朝関係の正常化などを通じて駐韓米軍問題の調整がつくことを考えると、軍備統制および軍縮に関する議論は南北間で行われるべきである。

(6) 米朝関係

平和協定を通じて北朝鮮と米国がお互いに平和体制の構築について語っていた。本音はかならずしも同じとは言えない。例えば、北朝鮮には体制の保障さえ得られれば、平和協定の締結を迂回する形で米朝関係の正常化をねらう可能性もありうる。米国は、核が拡散されず韓半島の安定的な管理が可能であれば、平和協定の形をとらないで北朝鮮との関係を再定立する可能性もある。すなわち、平和協定を通じて韓半島に平和な体制が構築され、そのような体制が統一につながることが一番望ましいが、それとは別の形で、だが実質的には平和な関係が樹立される可能性がある。

北朝鮮が、南北関係および米朝関係に対して強硬的だった時期には、平和協定を結ぶことによって米軍を撤退させるか、または、米軍を撤退させることができなくてもこれを政治争点にしたいという目的があったと思われる。ところが、北朝鮮が南北関係および米朝関係において守勢期に入った今は、米軍を撤退させることがかならずしも究極的な目標でもないようである。二〇〇〇年南北頂上会談では、北側の金正日《きむ・じょんいる》国防委員長が、統一後にも米軍を東北アジアの調停者として認めうると金大中《きむ・でじゅん》大統領に伝えたことはよく知られている。

二〇一六年七月六日、北朝鮮は従来とは違って、代弁人名義の声明で米軍駐留問題に対して解釈によっては比較的柔軟な対応に変わったとも読める声明を発表している。この声明で北朝鮮は韓半島非核化のため核基地の閉鎖など五つの要求事項を発表したが、駐韓米軍に関しては「米軍の撤退の宣布」という項目を挙げた。従来は米軍の撤退を前提にしてきたが、将来、米軍を撤退することを「宣布」さえすれば、対話に応じるという態度軟化の表明であった(10)。

これらの事情を念頭に置くと、北朝鮮と米国の正常化には多様な形が考えられる。国交樹立もその一つである。国交を樹立することは、不可侵と平和共存を前提にするからである。平和協定の下で平和協定の付属文書を締結し、そこで米朝関係を定めることももちろん選択肢の一つである。その場合は、不可侵、平和共存、紛争の平和的解決の原則が協定の基本的な中身となる。

駐韓米軍は平和協定締結の結果として当然撤退することになるか、または韓半島平和維持軍として新たな任務を与えられるかの、いずれかになるだろう(11)。

その他、米国による韓半島の平和統一への支持を協定の中身に含めるかも、議論の一つである。米朝関係が正常化されると北朝鮮も米国もそれなりの目標、すなわち体制保障と韓半島の平和的管理という目標は達成されることになるので、韓半島の統一は必須ではない。そこで、象徴的であるが、韓半島の平和統一を支持する旨を平和協定の条文として取り入れるべきであるという議論が根強くある。日本にとってもこのような議論を知っておくことは、今後の東アジアにおける位置などを考える際に非常に重要である。東アジアで進んでいるこのような議論状態を前向きに捉えて、韓半島の平和統一を支持するところまで踏み込むかどうか、東アジアの平和時代へ向けた日本国憲法の真価が問われるであろう。

3 「南北基本合意書」と平和体制

一九九一年一二月一三日、南北の間で採択された「南北基本合意書」の正式名称は、「南北間の和解と不可侵および交流・協力に関する合意書」[12]である。名称からもわかるように、この「南北基本合意書」の主な内容は、和解（第一章）、不可侵（第二章）、交流・協力（第三章）である。これら（和解、不可侵、交流・協力）はあえて言えば、日本国憲法の紛争の平和的解決、平和的手段による平和を具体化したものでもある。

これらの章立てからみると、不十分でありながらも、「南北基本合意書」には平和協定の締結の主な争点が含まれている。そういうわけで争点の多い平和協定を新しく締結する代わりに、「南北基本合意書」を発展させていって平和な体制をつくることが、より現実的であるという議論も説得力を得ている。以下では「南北基本合意書」による平和体制構築論を眺めてみたい。

一　「南北基本合意書」

(1)「七・四南北共同声明」の継承

一九九一年の「南北基本合意書」は、一九七二年以後の南北関係を継承したものである。熱戦と冷戦を繰り返してきた南北関係に対話路線が兆しはじめたのは一九七二年の頃である。金日成《きむ・いるそん》と朴正熙《ぱく・じょんひ》を頂上とする当時の南北当局は南北分断後はじめて、統一に関する合意をした。それが一九七二年の「南北共同声明」である。この声明では、統一に関する三つの原則に合意した。一つ目は、外国の勢力に依存せず、干渉されず、自主的に統一することである。二つ目は、武力行使に依存せず、平和的方法で統一することである。三つ目は、思想と理念および制度の差を越え、団結することである。これらの大原則に合意した上で、南北は合意事項を推進するために「南北調節委員会」を設置することにした。一九九一年の「南北基本合意書」は、この一九七二年の「南北基本合意書」で明らかにされた統一の三大原則を再確認したものである。

「南北基本合意書」では南北間の国際法的関係に関しても歴史的な合意に至った。つまり、南北は共に国連に加盟してはいるが、相互関係は国家対国家の関係でなく、「統一を志向する暫定的で特殊な関係」であるということであった。そこで、国連加盟時の国号である朝鮮民主主義共和国と大韓民国という呼び方をせず、南と北という呼び方をしている。

(2) 和解

「南北基本合意書」は、和解（第一章）、不可侵（第二章）、交流・協力（第三章）の各章と、それぞれの付属合意書から構成されている。和解に関する諸原則を定めた第一章では、相互体制の認定（第一条）、相互間の内政問題に不干渉（第二条）、誹謗と中傷の禁止（第三条）、破壊と転覆行為の禁止（第四条）、停戦協定の遵守（第五条）、板門店《ばんむんじょむ》への連絡事務所の設置（第六条）を定めた。

これらの諸点は、平和協定の締結においても重要な論点である。南北関係を確立する上でも解決しなければならないことがらでもある。特に付属文書では合意書から一歩進み、具体的な諸規定を置いている。例えば、南北間の和解に矛盾する諸法律と制度を改正・廃棄すること、そのために「法律実務協議会」を設置すること（付属合意書第四条)、現在の停戦体制の遵守および平和体制に転換するための対策を講じること、これらの合意事項を履行するための「南北和解共同委員会」を構成すること、などがそうである。

ただ、北側が提起した国際機構への単一加入の件については合意に至らず、引き続き討議することにした。

(3) 不可侵

「南北基本合意書」の第二章では、南北間の不可侵に関する諸原則を定めている。相手側に武力を使用しないこと、意見の対立と紛争を対話と協調を通じて平和的に解決することを、大原則として定めている。南北不可侵問題において非常に敏感な問題である境界線問題については、基本的には現状維持を原則にし、今後、合議していくことにした。海上境界線については、南北間衝突の原因を提供してきた西海岸の北方海上限界線(NLL)を認めた上で協議していくこと、陸上境界線については一九五三年の停戦協定で規定した軍事境界線を認めるなど、進展があった。

南北間の不可侵原則を具体化するためには、軍備統制、軍縮問題など協議が必要なテーマが多い。そのような協議を行う主体として「南北軍事共同委員会」がある。南北軍事共同委員会は大規模の部隊移動、軍事演習の通報、大量殺傷武器の段階的除去などを含む段階的軍縮および検証を主な任務としている。

付属合意書である「南北不可侵の履行と遵守のための付属合意書」は、今後の平和協定および平和体制づくりにおいて参考になる点が多い。

(4) 交流・協力

「南北基本合意書」は、南北間の交流について国家と国家の交流でなく、位置づけ、物資の交流、共同投資などの経済交流を実施することにした。南北内部交流とすることは、一定の優遇措置がありうることを意味する。「南北基本合意書」の精神に従って、「南北交流基本法」では、南北間で取引された物品に対しては関税の免除を規定している。

南北間で切断された交通路を再開通することも、平和体制の構築においては欠くことのできない問題である。「南北基本合意書」では、鉄道、道路、海路、空路をつなげることにした。これらの合意に従って、付属合意書では具体的に、南側では仁川《いんちょん》港、釜山《ぷさん》港を含む三つの港、北側でも平壌《ぴょんやん》のすぐ隣にある南浦《なんぽ》港などを含む三つの港を開港することにした。

科学、教育、新聞、ラジオなど、社会と文化のさまざまな部門における交流を大原則とすることで意見が一致し、その下で交流と協力に関する多様で具体的な措置が合意されている。

また制限的ではあるが、南北間の自由な往来を促進するために身元の安全と無事の帰還を保証することが合意された。そして、手続きと実務のために「社会文化交流・協力共同委員会」を構成することにした。この委員会は長官または次官レベルが委員長になり、副委員長などを含めて九人の委員で構成され、年四回の開催を予定していた(「南北交流・協力共同委員会の構成及び運営に関する合意書」)。

(5) 締結の経緯

以上のような中身の「南北基本合意書」は、平和体制の内容と大きく違わない。和解、不可侵、交流と協力はまさに平和体制のキーワードでもある。これらは、日本国憲法でも訴えられているが、平和的手段による紛争解決の韓半島版でもある。日本では非武装・集団的自衛権の禁止などが懸案事項であるが、現在の韓半島では紛争をどう平和的に解決するかが課題になっている。いずれにせよ、このような画期的な中身を持つ「南北基本合意書」が締結された要因は、簡単には述べられないが、大きくは国際情勢と南北内部の政治状況がうまく影響したといえよう。国際情勢としては、ソ連の崩壊後誕生したロシアと韓国の間の国交樹立である。孤立感と危機感を感じた北朝鮮は南北対話に積極的に出ることになったといえるであろう。(13) 盟友であったソ連の急激な変化に危機感を抱いた北朝鮮にとっては、南北間交流を通じて体制保障という最低限の安全を確保しようとしたといえる。これらの経緯は日朝関係にも示唆することが多い。

南北内部の事情をみると、北朝鮮の対南戦略の軌道修正が原因として考えられる。北朝鮮は一九八八年末、新しい平和構想を出す。「包括平和案」と名づけられたこの新しい平和構想は、軍縮と緊張緩和として要約される。まず、軍縮であるが、従来の一括軍縮を和らげ、段階的な軍縮案に変えた。特に、注目を浴びたのは駐韓米軍の撤退問題である。従来、一括撤退を主張してきたが、段階的撤退論をここで初めて提示したからである。なお、南北間の軍縮についても三段階で行うことを主張した。このような「包括平和案」の狙いは、米朝間の平和協定の締結、南北間の不可侵宣言の採択であろう。そして、緊張緩和であるが、「包括的平和案」では非武装地帯を平和地帯にすることと、南北の長官級以上の高位レベルによる政治軍事会談の開催を主張した。

他方、南側が北側より政治経済的に優位に立っているとの判断から、一九八八年、新しい平和構想として「民族の自尊と統一繁盛のための特別宣言（以下、「七・七宣言」）」を発表し、南北の対話と交流を促すなど積極的に対話路線に出てきた。一九八八年七月七日に発表された「七・七宣言」はそのような対話路線を象徴するものであった。そして、南北国会会談、南北頂上会談を推し進めようとした。

そこで、南側は北側が提案した南北の高位レベルの会談と政治軍事会談を電撃的に受け入れ、一九九〇年九月四日から「南北高位級会談」が開かれた。「南北基本合意書」は以上のような経緯によるものであった。

二 「南北基本合意書」と米朝関係

今日、平和協定を中心とした平和体制に関する議論が注目をあびているが、「南北基本合意書」の中身を詳しくみると平和協定の締結によって得られるべき諸論点がすでに多く含まれていることに気づく。

平和協定の争点である不可侵、軍備統制、住民の往来、和解、交流の促進、軍事境界線問題などがそうである。そういうわけで、韓国社会においては、平和体制の構築案の一つとして「南北基本合意書」に注目する論者も少なくない。これらの論者によると、新しく平和協定を締結するより「南北基本合意書」の規範力を高めることが、平和体制づくりにおいてより現実性をもっている。平和協定を締結するため諸争点に関する議論が繰り返され、場合によっては総論に同意しながらも各論で合意に至らず、協定そのものが破綻に終わる可能性もある。したがって、すでに合意した部分の規範力を高める方法が考えられた。例えば、「南北基本合意書」を南北の議会に当たる南側の国会、北側の最高人民委員会で批准をすることによって規範力を高めるべきだという方法である。

ただ、「南北基本合意書」を相互の議会で批准しても、いくつかの問題は依然として残る。停戦協定の署名主体である「国連軍」つまり米国と北朝鮮との関係を、どう定立するかである。北朝鮮は平和協定の締結を通じて北朝鮮の体制を保障してもらおうとする。一時期、平和協定を通じて米軍を撤退させ、南側より軍事的に優位に立ち南側を押さえ込みたいという狙いがあったが、現在は、逆に、南側から押さえ込まれることを恐れ、北朝鮮に対する不可侵の取り決めと体制保障を試みているようである。

なお、「南北基本合意書」によって平和体制を描く場合には、南北関係の正常化のみならず、米朝関係の正常化も欠くことができない。いわゆるセットメニューである。「南北基本合意書」では南北関係しか定めていないからである。

米朝関係の正常化にはいくつかの段階がありうる。米朝関係の正常化のためのロードマップとしてここ一〇年で米国が議論した三段階論は注目に値する。三段階論の内容は、まず、北朝鮮の非核化が一定の進展（progress in motion）がある場合には連絡事務所（Liasion Office）を設置する。次に実質的な進展（Substantive progress）がある場合には、常駐代表部（Mission）を設置する段階である。そして、非核化が検証を通じた核廃棄（irreversible denuclearization）の過程に入り、また人権問題に進展がある場合には、常駐公館である大使館（Embassy）を置く段階を主な内容とする。

北朝鮮は米国に対して、このような三段階ロードマップを飛び越えて国交正常化をする用意があると、二〇〇七年三月（金桂冠《きむ・けかん》外務副次官の訪米）に直接に打診したそうである。ここからも、北朝鮮にとっていかに体制保障が急務であるかがうかがえるだろう。

4　韓半島の平和体制の課題と日本

以上、韓半島と平和体制をめぐる争点を、民間の平和協定案、南北当局が同意した「南北基本合意書」を通じて眺めてみた。韓半島の紆余曲折した南北関係史を交えて眺めたため、事実関係の認識から争点の把握までわかりやすくはなかっただろうが、今後の課題と日本とのかかわりを分析することで、この章を結びたいと思う。

韓半島の平和体制問題は、二〇〇七年の第二次南北頂上会談後、実現可能性が視野に入り弾みがついた。韓国戦争勃発六〇年目になる二〇一〇年から、停戦協定締結の六〇年目になる二〇一三年の間は、より活発に議論された。現在は、天安《ちょんあん》艦沈没事故でしばらく南北対話および平和体制問題が停滞しているにしても、近いうちには軌道にのると考えられる。対話局面への転機はいろいろありえるが、「六者会談」になる可能性が高い。「六者会談」で、非核化と平和体制が同時に議論される形になる可能性が高い。従来、北朝鮮は「六者会談」を北朝鮮を圧迫する手段に過ぎないと批判し、米国との二者会談に執着してきた。ところが、二〇一〇年一月一一日の外務省談話では、二者会談のみならず多者会談も並行させて平和協定など戦争状態を終えるための議論をすることができるとの声明を発表している。問題は南側であるが、北側からのボールをすばやく受け取るには状況がよくない。二〇一〇年の春、天安《ちょんあん》艦沈没事故が起こったため、少なくとも一定の調整期間が必要であろう。幸い北側との積極的な対話と交渉を標榜する文在寅《むん・ぜいん》政府が二〇一七年五月一〇日発足したので、今後は積極的な南北交流と交渉が予想される。

ここでは、今後議論されるときに備えて、今までの議論において足りなかった以下のような課題を指摘し、詳論を促す。なお、韓半島の平和体制作りは、日本の憲法政治とも影響しあうことを指摘したい。

一　課題

（1）紛争の平和的管理

平和協定を通じてであろうが、「南北基本合意書」を通じてであろうが、紛争の平和的管理体制ができていなければ、平和体制は一枚の紙に過ぎない。今回の天安艦《ちょんあん》沈没事故はまさにそのことを示す事態であった。兵士四六名が犠牲となった天安艦《ちょんあん》事故が起こり、南側は韓国軍の主導の下で民軍合同調査団を作りそこに外国の専門家を交える形で真相を調査し、結果を発表した。北側の攻撃であると推定し、証拠としていくつかが提示されたが、それを含めた諸点については国内外から疑問がおこり、追加調査などが要求されている。他方、沈没事故を起こしたと疑われている北側では、自分の行為でないと全面否定しながら、共同調査などを提案している。いずれにせよ、紆余曲折を経ながらも二〇年余り前向きに進展してきた南北間関係は、最悪の局面に陥ってしまった。このような状況からすると、平和体制づくりにおける大事なポイントは紛争の平和的管理である。これまでは、平和体制に関する議論は、主に平和協定の主体が誰か、非核化のどの段階で平和協定を締結するか、終戦宣言と平和協定の二元化ができるかどうかなどに集中してきたが、停戦体制から平和体制への移転過程、平和協定の下での実効的平和管理の問題が重要なポイントになりつつある。

平和協定に関する民間草案も、紛争の平和的管理に注意を払っている。朴明林《ぱく・みょんりむ》案も平和財団案も、名称こそ多少違うが、「韓半島平和管理委員会」または「韓半島平和管理南北共同委員会」を置いている。そして、両委員会とも平和協定の履行と遵守などの任務を与えている。さらに、両委員会とも平和協定に違反する「いかなる事件も調査、協議、調整する」ことにしている。

ところが、これらの原則的な規定は、現実の事態を考えたとき具体性に欠ける。今回の天安艦《ちょんあん》沈没事故のような事故が起こった場合、どういう手続きで提訴し、委員会はどう構成し、どう運営するかなどは明らかでなかった。

むしろ、「南北基本合意書」と付属文書の方が、紛争の平和的管理においては、より実効性があった。付属合意書では「爆撃、襲撃などすべての形の武力使用を一切禁止し、武力衝突の兆しがある場合、偶発的武力衝突がある場合など、いずれの場合も武力衝突へ拡大しないようにする一方、武力衝突などの紛争が起こった場合も、相互の軍事当局が合意する機構すなわち南北軍事共同委員会を通じてこれを解決する」としている。「南北基本合意書」では、この合意書が効力を生じた後三ヵ月以内に「南北軍事共同委員会」を構成し、実質的に運用することにしている。二〇〇七年の第二次頂上会談（盧武鉉《ろ・むひょん》―金正日《きむ・じょんいる》）後、南北間の国防長官レベルの会議を開き、そこで「南北軍事共同委員会」の構成に合意した。この会談では、「すべての軍事的敵対行為をしないこと、偶発的な衝突が発生した場合には即時に中止し、対策を行う一方、対話と協議を通じてこれを解決すること」にした。なお、このため通信体系を最新にし、南北間の国防長官会議は毎年行うことにした。南北軍事共同委員会も委員長は次官級で、委員は外交部と国防部の局長級の者がなることにし、トップクラスの実務者相互の委員会となるようにした。

紛争を管理する機構の構成も重要であるが、紛争の要因をなくすことも紛争の平和的管理においては重要である。今回の天安《ちょんあん》艦沈没事故もそうであるが、武力衝突が主に西海岸の北方境界線（NLL）で起こったため、二〇〇七年の第二次南北頂上会談では、この地域を「西海岸平和協力特別地区」にし、軍事的保障策を講じることにした。しかし、これが実効化される前に議論が中断された。南北交流に消極的である李明博《り・みょんばく》政権が二〇〇八年二月二五日誕生した影響である。

今後、平和体制を議論するときには、まず、この「西海岸平和協力特別地区」に関する合意が実効化されねばならない。また、政権に影響されず、南北間の合意が実施されるような仕組みを作らなければならない。

(2) 東北アジア平和体制の構築と韓半島平和体制の同時進行

韓半島平和体制構築のもう一つの課題は、東北アジアの平和体制を同時に構築することである。韓半島の平和体制は、東北アジアの平和体制の構築と非常に密接な関係にある。韓半島の平和体制の構築には南北間の平和体制のみならず、韓半島の冷戦と熱戦を起こした東北アジアの構造転換が必要だからである。

冷戦期の東北アジアでは、韓米同盟と日米同盟が三角形の安保体制でつながり対決の軸になる一方、北朝鮮と中国、北朝鮮とソ連間の同盟がもう一つの対決の軸になり、緊張が続いてきた。しかし一九九〇年代以降、このような対立の軸は部分的に解体されつつある。一九九〇年、韓国とロシアが国交を正常化し、一九九二年には韓国と中国の国交正常化が行われた。しかし、日本と北朝鮮、米国と北朝鮮との関係はいまだ正常化されず、緊張が続いている。

日本と北朝鮮の間では一時期、関係正常化の転機があった。一九九〇年、元自民党の副総裁金丸信の率いる三党の代表団が北朝鮮を訪問し関係正常化を打診し、一九九一年には日本政府の代表が北朝鮮を訪問し国交正常化のための交渉が八回にわたって行われたことがあった。二〇〇二年と二〇〇四年、小泉総理が二回にわたって平《ぴょん》壌《やん》を訪問したが、拉致問題で停滞してしまった。

北側とアメリカの関係も一時期進展がみられたが、北朝鮮の核開発問題で停滞している。一九九三年三月一日、北朝鮮がNPTを脱退した後、両国間の会談を通じて「共同声明」を発表するなど数回にわたる合意があったが、いまだ画期的な進展はない。ただ、ここで注目されるのは、北朝鮮が核開発の動機を米国の北朝鮮に対する敵対政策であると主張しながら、関係正常化を要求していることである。それが本音であれば、関係正常化を通じて敵対政策を転換すれば、核開発問題の解決への糸口も見えてくるだろう。アメリカは、従来は悪の枢軸と呼んでいた国々との関係正常化に向けて進んでいる。二〇一三年一一月二四日、国連安保理を通じてイランとの核合意を妥結し、キューバとは二〇一五年七月二〇日に従来の利益代表部を昇格させ、大使級外交関係を結んだ。北朝鮮とアメリカの関係改善が残っているが、これらの例が参考になるであろう。

こうした現状からすると、二〇〇五年九月、「六者会談」で合意した「九・一九共同声明」は、東北アジアの平和体制づくりにおいて一つの可能性を開いてくれたものとして評価できる。この声明では、六者が「東北アジアにおける安全保障面の協力を促進するための方策について探求していくこと（第四項）」に合意したためである。その一環として、米朝関係の正常化、日朝関係の正常化が呼びかけられている。

この「九・一九共同声明」を履行するための初期措置に関する合意である「二・一三合意」では、東北アジアにおける多者間の安保協力体制の構築を目標にし、三段階の発展策が提示された。第一段階では参加国間の相互関係を規定する指導原則に合意すること（第一項）、第二段階では東北アジアにおける多者安保協力会議を作ること（第五項）、第三段階では東北アジアにおける多者間の安保協力機構を発足させること（第六項）が提示されている。第一段階で合意されるべき指導原則に関しては、一九九四年五月、韓国が提案した「東北アジアにおける多者間の安保推進のための六原則」が参考に値する。その六原則とは、主権尊重、不可侵および武力の不使用、内政不干渉、紛争の平和的解決、平和共存、民主主義と人間の尊厳の尊重である。

軍事的信頼構築のための相互保障措置も提案された。国防白書の交換および議論、国連の在来式武器登録制度の活用、国防当局間の定期会議、軍事要員の相互訪問と海軍艦艇の交換訪問、非常事態に備えた捜索救助訓練などの非戦闘的活動などを内容としている。

結局、韓半島の平和体制の構築においては、「六者会談」で合意に至ったこと、すなわち、東北アジアにおける平和体制の構築と韓半島の平和構築の同時進行が、欠くことのできない重要な課題であることがわかる。

二　東北アジア平和体制における日本の役割

韓半島平和体制と東北アジアの平和体制の構築の同時進行において、日本の役割は大きい。日本は東北アジアにおける冷戦の軸の一つであったからである。

ところが、東北アジアの平和体制構築の当事者でありながら、日本の動きは一番鈍い。特に北朝鮮との関係正常化はもっとも遅れをとっている。日朝関係の停滞には、周知の通り、拉致問題とミサイル問題が横たわっている。二〇〇六年の大浦洞《でぽどん》二号の発射の際、日本は北朝鮮に対する強硬策を次々と出す一方、国連安保理事会で対北決議（ＵＮＳＣＲ）を日本の主導で通過させた。拉致問題においても平行線をたどっているようである。

もちろん、北朝鮮の態度は、平和と人権の観点から批判の余地がある。しかし、日本が日朝関係の正常化にそれほど積極的でないという声もある。例えば、二〇〇七年の第五次第三段階六者会談でも拉致問題を最優先し、六者会談の流れとは異なるスタンスをとった。この六者会談で採択された「二・一三合議」では、北米関係と日朝関係の正常化が東北アジアの平和体制において不可欠であるという認識の下で実務グループの構成に合意したが、日本は反対しこのグループに参加しなかった。六者会談という多者間の討議を尊重する立場で、韓半島の平和体制と東北アジアの平和体制構築に関する「二・一三合意」には賛成しながらも、自国の懸案事項に限っては日朝間で解決するという矛盾した態度をとったことから、参加国の間で批判の声が上がった。

日米間の軍事政策についても、平和体制構築に逆行するという声が小さくない。ソ連崩壊後の一九九六年、日米間では「新安保共同宣言」を採択した。その主な内容は、日米安保のアジア太平洋地域への寄与(14)、自衛隊と米軍の相互支援体制の推進、軍事技術協力の強化、ＰＫＯにおける日米協力の強化などである。これらの動きは日米安保による日米間の安保協力の範囲が、極東からアジア太平洋全体に拡大され、日本の軍事的役割を拡大することを意味する。その後、日本国内では周辺事態法など有事法体制の整備が続いていた。二〇一五年には安保関連法を強硬通過させ、軍事的な活動の幅を広げている。

このような日本の軍事外交、東北アジア外交は、日本国憲法と整合するだろうか。日本国憲法は非武装平和主義を規定しているが、戦後、長い間、日本はソ連の脅威を理由に再軍備をし、ソ連の崩壊後は北朝鮮の脅威を理由に軍事大国の道をたどっている。このような側面からすると日朝関係の正常化をはじめとする平和な関係の樹立は、日本の軍事化をむしろ抑止すると考えられているのかもしれない。国交正常化は、北朝鮮の脅威を減らし、紛争の平和的な解決のための環境づくりであり、日本国憲法の積極的平和外交を実現することである(15)。

特に、日朝関係の正常化は韓半島の平和体制において重要な意味をもつ。韓半島の分断と対決の責任の一端が日本にもあるからである。日本の植民地統治がなかったならば、南北の分断もなかっただろうし、南北対決もなかったはずだからである。

日本国憲法の非武装平和主義は、戦争を起こした国家に対する責任を果たす面(16)もあるが、東北アジアの平和を善導する機会でもある。この機会を積極的につかむか否かは、韓半島の平和のみならず、日本国憲法の真価とも関わる。

注

(1) 天安艦事故とは二〇一〇年三月二六日、韓半島の西海岸にある白翎島《ぺんりょん》近くの海上で韓国海軍の哨戒艦PCC―772号(天安艦)が沈没し、四〇人が死亡、六人が失踪した事故である。韓国政府は真相究明のための調査団を組み、二〇一〇年五月二〇日、北朝鮮の魚雷による攻撃であると発表した。しかし、北朝鮮はこの報告を強く否定する一方、共同調査を要求した。他方、韓国は国連の安保理にこの件を上程した。

(2) 大韓民国と朝鮮民主主義人民共和国に対する呼称についてであるが、両者の関係に触れる時には、一九九一年の「南北基本合意書」の表現法に従って南と北または南側と北側と呼ぶ。「南北基本合意書」では両者の関係を、国連に同時加盟した国家対国家の関係でありながら、統一を志向する特殊関係であるとしている。その他、米国、日本など他国との関係における呼称であるが、さしあたり、通名である北朝鮮、韓国と呼ぶことにする。

(3) 金新朝《きむ・しんじょ》事件など武装ゲリラを南に送り、武力革命を起こす試みがあったが、失敗に終わった。特に金新朝《きむ・しんじょ》事件は南側に大きな衝撃を与えた。一九六八年一月二一日、金新朝《きむ・しんじょ》を含む北朝鮮の民族防衛省の武装ゲリラ三一名は韓国の大統領官邸を襲撃するために南に侵入し、大統領官邸から遠くないところまできたが失敗した。金新朝《きむ・しんじょ》を除き、全員が射殺された。

(4) 郭泰換『韓半島平和体制の模索』(韓国、慶南大学極東問題研究所、一九九七年)六二頁以下参照。

(5) 「九・一九共同声明」とは二〇〇五年九月一九日、「六者会談」で採択した共同声明である。ここでは韓半島の平和体制と非核化の同時進行の原則を明らかにした。そして、日朝関係の正常化、米朝関係の正常化が促された。「二・一三合意」とは二〇〇七年二月一三日に採択された声明で正式の名称は「九・一九共同声明の履行のための初期措置」である。ここでは「行動対行動による和解の原則」、「東北アジアにおける平和フォーラムの構成」などが合意された。詳しくは、趙敏『韓半島平和体制と統一の展望』(韓国、ヘナム出版、二〇〇七年)三三～四三頁を参照されたい。

(6) 北朝鮮は韓国軍に対する作戦統制権が米軍にあることをあげたが、一九九四年、平常時の作戦統制権が韓国に返還された。詳しくは、趙成烈『駐韓米軍』(韓国、ハンウル出版、二〇〇三年)一九五～二〇三頁を参照されたい。

(7) 平和財団では二つの案を出している。第一案は南・北、米、中による平和協定を、第二案では南北による平和協定の締結を提案している。第一案の場合も実質的には南北の主導性を保っている。平和財団『韓半島平和と統一のための提案』

（韓国、平和財団、二〇〇七年）一一頁以下を参照されたい。

（8）その内容は、①核兵器の実験、製造、生産、受け入れ、保有、貯蔵、配備、使用の禁止、②核兵器の平和的利用、③核の再処理およびウランの濃縮施設保有の禁止、④非核化を検証するため相互視察、⑤南北核統制委員会の設置、である。

（9）第一次衝突と第二次衝突は西海岸の延坪《よんぴょん》島の近くで起こったため、延坪《よんぴょん》海戦とも呼ぶ。第一次衝突は金大中《きむ・でじゅん》政府のもと一九九九年に起こった。NLLを超えてきた北朝鮮の船を押し返す過程で北側の艦が沈没し、七〇人以上の死傷者が出たという。第二次衝突は二〇〇二年に起こったが、この時は南側の艦が沈没し、六人が死亡、一八人が負傷した。二〇〇九年大青《でちょん》島の付近で起こった衝突では北朝鮮の船が損傷を受けた。

（10）「北朝鮮と交渉以外には道がない」『時事ＩＮ』（韓国、二〇一六年九月八日）http://www.sisain.co.kr/?mod=news&act=articleView&idxno=26906、二〇一七年一月一五日閲覧。

（11）平和協定後の米軍のあり方については、趙成烈『韓半島の平和体制』（韓国、プルンナム、二〇〇七年）三三〇頁以下を参照。

（12）全文は、許文栄ほか編『韓半島平和体制――資料と解説』（韓国、統一研究院、二〇〇七年）七一頁以下を参照。

（13）金亨基『南北関係変遷史』（韓国、延世大学出版部、二〇一〇年）一六五頁以下を参照。

（14）日米安保の韓半島平和との関係については、李京柱「朝鮮半島の平和体制と日米安保」『安保改正五〇周年』（法律時報増刊）（日本評論社、二〇一〇年）一四五～一五二頁を参照されたい。

（15）平和的手段による国際貢献と平和主義との関わりについては、浦田一郎『立憲主義と市民』（信山社、二〇〇五年）二八〇頁以下を参照されたい。

（16）侵略戦争の責任と戦争放棄の憲法については、浦田一郎『現代の平和主義と立憲主義』（日本評論社、一九九五年）三八頁以下を参照されたい。

第四章　韓国における国家緊急権と有事法

1　災害を名乗る日本の国家緊急権

現在日本では国家緊急事態条項が議論されている。二〇一五年一一月一一日、安倍首相は「（衆議院予算委員会で）大規模な災害が発生したような緊急時において、国民の安全を守るため、国家そして国民自らがどのような役割を果たしていくべきかを憲法にどのように位置づけるべきか」が極めて重大であるとしながら、二〇一二年自民党の「日本国憲法草案（以下「改正草案」）」第九八条、第九九条で取り上げたような国家緊急権条項を推進する構えである。

そこで、韓国における国家緊急権との共通点と異なる側面、韓国の国家緊急権の運用の実態を考えることによって、日本の国家緊急権論に問題はないのかを探ってみることを本章は主な目的としている。

国家緊急権の法的形式には、緊急時に備える制度をあらかじめ実定憲法上定めておくヨーロッパ型、実定憲法上の特段の定めは置かないが、法律などによって緊急事態に対応する英米型がある。(1) 内容からすると、三つの類型がある。第一は、緊急時に行政権を強化する行政型、第二は、緊急時に議会から行政府に立法権を与えて緊急

立法を迅速にする立法型、第三は、混合型である。(2)

韓国憲法における国家緊急権とは憲法上、戒厳令、緊急命令、緊急財政経済命令・処分権を指しているが、その他にも国家緊急権をサポートする各種の有事法律が存在する。なお、大統領が命令権者である緊急命令の場合は法律と同じ効力をもつ。つまり、韓国の国家緊急権は法的形式からすればヨーロッパ型で、内容つまり緊急時の統治機構の変容からすれば混合型（立法型—緊急命令と行政型—戒厳令・緊急財政経済処分）に当たると考えることができる。

以下ではそれを総体的に把握してみることにする。

2　戒厳令

一　戒厳令と戒厳法

韓国では日本とは異なり、すでに憲法と法律のレベルで国家緊急権を規定している。憲法第七七条では緊急事態を「戦時」・「事変」または「これに準ずる国家非常事態」に分け、軍事力によってしか秩序維持ができない場合には、大統領が戒厳令を宣布することができるようにしている。「戦時」とは武力を中心とする国家間の闘争状態を意味し、国家と国家の間の宣戦布告などによる戦争状態を意味する。「事変」とは国家でない団体との交戦状態あるいは武装集団による暴動などを指す。一九五〇年の韓国戦争を「六・二五事変」と呼ぶのは、後者の用語法すなわち北朝鮮という不法な団体との交戦状態であったという言い方に従うものである。

戒厳令であっても敵との交戦事態にある場合には非常戒厳令、そうでないけれども警察力による一般治安行政では秩序維持ができない場合は警備戒厳令を宣布することができるようにしている。なお、「これ（戦時・事変）に準ずる事態」とは、濫用されがちな抽象的概念だが、一応、武装または非武装群衆などによる秩序攪乱事態と限定することによって、武力攻撃の恐れまたは武力攻撃予測事態は念頭においていない（戒厳法第二条）。しかも国家の安危に関する重大に交戦事態が発生しても警察力として事態に対応できる場合には戒厳令を宣布することはできず、緊急命令のみを出すことができるようになっている。

このような国家緊急権は日本の明治憲法の国家緊急権に由来する。明治憲法にも韓国の戒厳令（警備戒厳、非常戒厳）にあたる戒厳大権、非常大権があり、緊急命令に相当する緊急勅令がある。そして、緊急財政命令処分権にあたる緊急財政処分権があった。一九四八年、韓国では韓国憲法が制定されたにもかかわらず、一九四九年一一月二四日に新しい戒厳法が制定されるまでは明治期の戒厳法が一時期使われたこともある。(3)一九四八年憲法の第一〇〇条を根拠としているといわれるが、韓国ではこのようなことを「依用（借用）」という。

二　戒厳令運用の実態

「戒厳法」では警備戒厳と非常戒厳に分け、比較的きめ細かく要件を定めているが、それは長い間戒厳令など国家緊急権濫用の歴史があったからである。韓国の「戒厳法」(4)による戒厳令の宣布が九回あった。ところが韓国戦争直後である一九五〇年七月八日から停戦の一九五三年七月二七日までの非常戒厳を除けば、戦時または交戦と

表 3-4-1　韓国における戒厳令

種類	年月日	地域	期間	契機となった出来事
借用	1948. 10. 17〜12. 31	済州島地域	76 日間	単独選挙反対、4. 3 民主化運動
借用	48. 10. 17〜50. 2	麗水、順天	約 1 年半	済州島出動拒否など
非常	50. 7. 8〜53. 7. 27	全国または一部地域	3 年 16 日	韓国戦争
警備	60. 4. 19.　13: 00〜17: 00	ソウル	4 時間	4. 19 民主化運動
非常	60. 4. 19. 17: 00〜6. 7. 16: 00	ソウル、大田、光州、大邱、釜山など 5 都市以後全国	50 日	
非常	61. 5. 15〜5. 27	全国	12 日	5. 16 軍事クーデタ
警備	62. 2. 7〜62. 12. 5	全国	191 日	
非常	64. 6. 3〜7. 29	ソウル	57 日	6. 3 韓日協定反対
非常	70. 10. 7〜12. 13	全国	68 日	10 月維新
非常	79. 10. 18〜（10. 27 の全国非常戒厳令に合併）	釜山地域	9 日	釜山・馬山民主化運動
非常	79. 10. 27〜80. 5. 16	全国（済州島除外）	137 日	10. 26 朴正熙大統領暗殺及び民主化運動
非常	80. 5. 17〜10. 17	全国	203 日	
非常	80. 10. 17〜81. 1. 24	全国（済州島除外）	99 日	

出典）　著者作成

は程遠い戒厳令ばかりであった。軍事クーデタのためのものであるか、国民の抵抗権行使に対する武力鎮圧のためのものがほとんどであった。

なお、現行の「戒厳法」は憲法を上回る人権制限を緊急時を名目にして規定しているため、法律体系的に問題である。一九八七年の憲法第七七条第三項では、「非常戒厳令が発布されると法律の定めるところによって令状制度、言論・出版・集会・結社の自由に関して特別な措置をすることができる」と規定しているのみであるが、これを受けて戒厳法の第九条第一項では「非常戒厳地域内で戒厳司令官は軍事上、必要な時には逮捕・拘禁・押収・捜索、居住移転、言論・出版・集会・結社または団体行動について特別な措置をとることができる」としている。憲法第七七条で制限可能な人権を列挙しているにもかかわらず、これを国家緊急時の制限可能な人権の例示に過ぎないと恣意的に解釈し、立法者が憲法を上回る人権制限を規定するという逆転現象が起きている。憲法の国家緊急権規定とは国の権力を制限する規範であることを忘れ、憲法の国家緊急規定は国家緊急時には国家権力に非常な権限を与え、なんでもできるのだという発想から始まっているのだと思う。このようなことは憲法に国家緊急権を規定した瞬間に、法律または法律運用の面などで程度の差はあるものの、どこの国でも起こりうることである。国家緊急権がそもそも立憲主義とは背反するものであるという主張も根強い。

日本でも自民党が「改正草案」で出してきたような国家緊急権条項が憲法典に入ってくると、今後当然起こりうる考え方である。そして、こうした隙を悪用して政権側は政治的危機を強権的に乗り切る手段として使うようになるであろう。

このような運用実体の問題、憲法を上回る戒厳法の効力といった問題の根源には、韓国で戒厳令という国家緊急権が憲法上明文化されていることが考えられる。有事の際に権力を与えるものとして戒厳令を考えていた植民地時代の精神的遺産が、意識的に検討なしに続けられているといえよう。問題はその弊害を知っているはずの日本でも、国家緊急権論が自民党の「改正草案」で主張されていることである。

三　「戒厳法」と「韓米相好防衛条約」

「戒厳法」によって戒厳令が宣布されると、戒厳司令部は戒厳地域内の行政事務と司法事務を掌握する。非常戒厳令の時にはすべての行政と司法事務を握るが、警備戒厳の場合は軍事に関する行政と司法事務のみを掌握する。ところが、戒厳令が宣布されても、軍令権に関しては駐韓米軍の作戦統制（operational control）に服さないといけない。作戦統制権とは軍に与えられた作戦任務に関して統制する権限である。戦時の効率的な作戦任務遂行のため平時の戦略・戦術・支援・訓練に関する計画を立て、戦場における戦闘任務を統制することを意味する。すなわち軍行政と軍需を除き指揮官としての各単位を運営する権限である。

戒厳令の下、韓国軍側が一般行政と司法権を握ることにしながらも、作戦統制権など非常時の最も重要な権限を行使できないのは「韓米相好安全保障条約」のせいである。韓国と米国は「韓米相好安全保障条約」とそれに基づく「合意議事録」（一九五四年一一月一四日、正式名は「韓国に対する軍事および統制、援助に関する大韓民国と米合衆国間の合意議事録」）を作成し、そこでは「国連軍司令部が韓国防衛の責任を担っている間、韓国軍は国連軍司令部の統制の下におく」としている。その後、韓国軍に関する作戦統制権は一九七八年の「韓米連合司令部」（ROK-US　CFC）が創設されたときに「国連軍」司令部から韓米連合司令部に移り、現在はその司令官である米軍司令官にある。(5)

したがって、戒厳令が宣布された非常時でも韓国の大統領が行使できる国家緊急権は、軍令権を除いた軍政権および一般行政と司法業務に過ぎないともいえる。

非常時に作戦統制権の行使ができないことも問題であるが、平時に作戦統制権を行使できるようになったのも実はそんなに前のことではない。すなわち非常時に限って韓国軍に対する作戦統制権が行使できるようにしたのは、一九九四年からのことである。ところが、その際、「連合権限委任事項（Combined Delegated Authority：ＣｏＤＡ）」で、作戦計画の樹立・連合情報管理・Ｃ４Ｉ（Command・Control・Communication・Computer、Intelligence）などに関する権限を例外として米軍側が行使できるようにしてあるため、依然として平時においても指揮についての重要な権限を持っているとの批判も強い。

一九八〇年の光州《くあんじゅ》民主化運動をきっかけとする反米世論が強まるさなかの一九九四年一〇月六日に、韓米の間の合意で平常時の作戦統制権が韓国側に戻ってから二〇年ばかり、非常時に対する作戦統制権はいまだ駐韓米軍にある。

このような状況を比較して現在の日米関係の従属的な性格を念頭に置くと、仮に日本で憲法を改正して国家緊急権を明記しても、日米関係そして平和問題はさらに複雑なものになるだろうと予想される。

3　緊急命令

一　緊急命令権とは

韓国の緊急命令権とは「交戦状態」などで発せられる国家緊急権である。「戦時」・「事変」とは軍事力でしか秩序維持ができない状態であるが、緊急命令の要件である「交戦事態」は警察力によって対応できる程度の有事である。国会の召集が不可能であることを要件とするが、国会への通告と事後承認を必須とする。国会で承認が拒否されると無効となり、解除を要求することができる。ところが現在のように交通手段もコミュニケーション手段も発達している環境の中で、国会による事前承認を前提としていないのは大きな落とし穴である。なお、緊急命令は法律と同じ効力をもつことになる。そして緊急命令によって制限されうる人権は、一応すべての人権にわたるため国会の統制を厳格にしておかないといけない。ただ、韓国では不幸中の幸いで一九八七年憲法の下ではまだ緊急命令権が発動されたことはない。

このような側面から日本で二〇一二年に出された自民党憲法草案の九八条、九九条の緊急事態は、韓国憲法の緊急命令権に類似したものといえる。非武装平和主義を規定した憲法のため軍事力による対応事態を想定することは難しかっただろう。そして、国民の反発を緩和あるいはごまかすために段階論的に設定しているのかもしれない。いずれにせよ、自民党の「改正草案」上の緊急事態とは、外部からの武力攻撃、内乱による「社会秩序の混乱」、大規模の「自然災害などによる緊急事態」を要件としている。

ところが、自衛隊による対応を考えているのか、警察力による対応を考えているのかははっきりしていない。恐らく、自衛隊による対応を念頭に置いているだろうが、そうなると、韓国のように警察によって対応しうる事態までも自衛隊によって対応してしまう恐れもある。ある意味では「自然災害などによる緊急事態」を大義名分にして自衛隊による対応を試してみたいと考えているとしか見えない。韓国の経験からすれば、「自然災害などによる緊急事態」もそうであるが、緊急事態の中には、警察力で十分に対応できる有事も多かった。しかし、警察力で対応できる事態を軍隊で対応するという濫用が多かったので、韓国では一九八七年憲法からは要件を明確にし、国家権力の対応も慎重にしている。

二　緊急命令権の運用実態

一九八七年韓国憲法で、緊急命令権を一般的な緊急命令権と緊急経済財政命令権に分けるなど発動要件を厳しくしたのは、緊急命令権が一九八七年憲法以前、為政者たちによって濫用されてきた歴史を持っているからである。

緊急命令の前身である緊急処置権は、権限濫用による人権抑圧の代名詞であった。緊急措置（一九七二年憲法第五三条）は「国家の安全が脅威を受けるか受ける恐れがある場合」においてとることができたため、大統領の恣意的な判断によって頻繁に発布され国民の人権と自由を蹂躙した。ところが一九八〇年憲法第五一条でも緊急命令の運用条件を「交戦状態またはこれに準ずる非常事態」としたため濫用される可能性がいまだ高かった。

緊急措置第一号（一九七四年一月八日）は次のような内容をもっていた。①大韓民国の憲法を否定、反対、あるいは誹謗する一切の行為、②大韓民国憲法の改正、あるいは廃止を主張、発議、提案あるいは請願する一切の行為、③流言飛語を捏造、流布する一切の行為、④以上の行為を勧誘・扇動・宣伝したり、放送・報道・出版その他の方法でこれを他人に伝える一切の言動を禁じ、⑤この措置に違反した者とこの措置を誹謗した者は裁判官の令状がなくても逮捕・拘束・押収・捜索し、一五年以下の懲役に処す、⑥この措置に違反した者とこの措置を誹謗した者は、非常軍法会議で審判し処分を定める。

これによると大学の憲法の研究者なり教授であっても、憲法に反対すると誹謗罪に当たることになる。まさに人権侵害的な憲法を論ずること自体を禁ずる反近代的反立憲主義的内容であった。

緊急措置第四号（一九七四年四月三日）は次のような内容であった。全国民主青年学生総連盟（「民青学連」）とそれに関連する団体を組織したり、それに加入したり、その構成員と会合あるいは通信することなどの一切の行為を禁じること。一九七五年四月八日に行われた緊急措置第七号は高麗《こりよ》大学という特定の大学を対象に発令され、軍隊が進駐するなど全世界的にも異例な措置がとられた。

緊急措置第一号、第四号などが解除されて間もなくの一九七五年五月一三日に公布された緊急措置第九号は、緊急措置第四号の拡大版であった。①流言飛語を捏造、流布したり、事実を歪曲し伝播する行為、②集会・示威、あるいは新聞・放送・通信など公衆伝播手段や文書・図書・音盤などの表現物によって大韓民国憲法を否定・反対・歪曲あるいは誹謗したり、その改正あるいは廃止を主張・請願・扇動あるいは宣伝をする行為、③学校当局の指導、監督下になされる授業、研究あるいは学校長の事前の許可を受けるか、その他の儀礼的非政治的活動を除いた学生の集会・示威あるいは政治関与行為、⑤この措置を公然と誹謗する行為などを禁止すること、など前代未聞の内容であった(6)。緊急措置という国家緊急権で、近代憲法の核心ともいう言論および集会などによる表現の自由を本質的に侵害することになる。この緊急措置第九号は四年七カ月も続いた。

日本でも戦前、緊急勅令というものが濫用されていた歴史がある。明治憲法第八条一項では「天皇ハ公共ノ安全ヲ保持シ又ハ其ノ災厄ヲ避クル為緊急ノ必要ニ由リ帝国議会閉会ノ場合ニ於テ法律ニ代ルヘキ勅令ヲ発ス」と規定している。公共の安全のために差し迫った必要があり、かつ帝国議会の閉鎖の場合に、法律と同じ効力をもつ命令を天皇が制定することを内容とする(7)。緊急命令の主体を首相に代え、自然災害などの要件を加えると二〇一二年の自民党の「改正草案」の緊急事態条項に近づくことになる。緊急勅令は何度も行使されたが、そのなかでも著名な事例としては、一九〇五年の日比谷焼き打ち事件、一九二三年の関東大震災、一九三六年の二・二六事件、一九二八年の治安維持法改悪事件などがある(8)。程度や中身の差はあっても、政治的な危機を強権的に乗り切る手段として使っていたことは韓国の事例とも似通っているといえる。運用の問題より緊急権そのものの本質の表れであったと思われる。

三　緊急命令権に関する各種の制限

以上のように、緊急事態を理由に濫用されるケースが後を絶たず、民主化運動の影響の下で作られた一九八七年憲法からは、緊急措置を前身とする緊急命令権に関してはさまざまな制限が加えられるようになっている。まず、国家の安危に関する重大な交戦事態が発生しても警察力によって事態に対応できる場合には戒厳令は宣布できず、緊急命令のみを宣布することができる。なお、財政経済的な非常時に際しては、財政経済命令または処分のみができるようになっている。(9)

なお、国民の民主化運動の成果を一定程度反映した現在の一九八七年憲法では、「国家の安全が脅威を受ける恐れ」または「交戦状態に準ずる非常事態」のような曖昧かつ漠然とした概念を除き、緊急権発動の要件をより明確化した。

にもかかわらず、事後国会承認という牽制装置が今はあるにしても、緊急事態は行政府が判断し主導していたため、依然として多くの濫用の可能性が残っている。情報を独占し危機を訴える政府に抗って国民を十分に説得することはなかなか難しい。

4　動員法としての諸有事法制

一　「非常対備資源管理法」、「徴発法」等と危機管理体制

戦時、事変など非常時になると人力の動員、物資の動員が必要になる。韓国において人力、物資などの資源を動員するための有事法の代表格は「非常対備資源管理法」と「徴発法」である。

「非常対備資源管理法」は一九八四年に制定され、一九回の改正を経て現在に至っている。武器、弾薬など物的資源のみならず人的資源を効率的に動員するため、常時活用計画の樹立、そしてその資源に関する調査などを行政機関の首長にさせる一方、業者にもこれに必要な事項を申告するように定めている（第一〇条）。二〇一三年の改正後には、有事に備えて資源管理の電子化・情報化を進めている（第一〇条の二の新設）。

ところがこの法は動員可能な物資の調査にとどまらず、重点管理が必要な業者を指定する積極的な国の役割をも規定している（第一一条）。指定業者に対しては施設の補強および拡張そして技術をもつ要員の養成と技術の開発をするよう命令することができる（第一二条）。なお、国は非常対備業務を効率的にするために、大統領の命令で全国または部門別に訓練を実施することができる（第一三条五〜第一九条）。特に政府レベルの非常対備資源管理演習は軍事演習と並行して実施可能であるように定めたため、実戦さながらの演習ができるようになっている。

「非常対備資源管理法」が平常時における非常時対備策であるとするならば、「徴発法」は非常時における対策を実際に行うための有事法律である。徴発の対象になるのは食糧などの消耗品としての動産のみならず、船舶、航空機、車両などの非消耗品そして不動産および諸権利にまで及ぶ。特に軍事作戦上必要な特許権などの諸権利も大統領令によって徴発できる。一九六三年の「徴発法」では、徴発官には自治体の首長がなることが原則であったが、軍の作戦を名目に現役の将校がなることもあった（第四条）。自治体の首長が徴発官になって現役将校に委任することもできた。これによると軍隊側に必要である場合は個人の資産（動産、不動産、特許などの知的財産まで）に関してあらゆる徴発が可能な法律であった。しかも一九六三年の「徴発法」は、米軍基地のための土地の徴発の機能も担っていた。一九六〇年代の駐韓米軍の土地使用面積七三〇〇万坪の中、二〇％の土地が「徴発法」によって徴発された。

「徴発法」が主に物資などの徴発に関するものであるならば、人的物資に関する徴発については「兵役法」で定めている。それによれば二年ほどの通常の兵役服務を済んだ予備役および予備役後の補充役なども、戦時、事変または動員令が宣布されると正規兵力としてまたは軍事業務支援人力として召集される。

「兵役法」はそもそも一九四八年憲法制定の直後である一九四九年八月六日に制定され、実施されてきた。当初の「兵役法」は徴兵制に基づいていたが、一九五三年に志願兵制に代わった。アメリカが軍の定員を凍結すべきであるとしたためであった。ところが、韓国戦争が起こるとまた徴兵制に転換（一九五一年五月二五日の法改正）される。一九五四年から六五万人前後の大軍が維持されたが、服務期間が約二年に短縮されていくにつれて減少し、最近は六〇万人を少し上回る規模であるといわれている。

以上のような韓国の諸有事法をみると、人的動員と物的動員などに関する非常に具体的な法制が出来上がっていること、大統領を頂点とし国務総理大臣、国防長官（場合によっては戒厳司令官）そして地方自治体の長に及ぶ非常に中央集権的な危機管理体制を作っていることがわかる。

日本でも二〇一五年、存立危機事態における集団的自衛権の行使、重要影響事態における米軍への後方支援の強化などが安保法制によって強硬に決まってしまったが、このような有事法制は、韓国の有事法制の歴史に比べてみれば、初期段階に過ぎないといえるかもしれない。憲法に緊急事態という国家緊急権が明文化されてしまうと、それによる更なる有事法制つまり物的、人的動員体制を徐々に強化していく諸有事法制が推進されていく可能性がある。

二　「韓米戦時接受国支援協定」と米軍支援

韓国の場合、中央集権的な危機管理体制は米軍支援体制においても同じである。国を上げての総力支援体制を支える有事法律は、「戦時接収国支援協定」である。一九八〇年代の半ばから協定締結の議論があり、「反核平和運動連合」など平和運動団体の熾烈な反対運動を押し切って、第二三次「韓米安保年例協議会」での議論の末、一九九一年一一月二〇日に締結された。

「戦時接収国支援協定（Wartime Host Nation Support：ＷＨＮＳ）」とは、戦時に増員軍の迅速な配置と運用に必要な各種施設（港湾、道路、上水道）と物資（油類、弾薬）輸送、労務支援などに関し、友邦国との間で支援内容と規模、費用分担の原則、これらのための平常時の準備と点検および訓練についてを規定した協定である。

米国は有事に際して軍需支援部隊を伴わない戦闘部隊を中心に増員軍を迅速に派兵するので、協定締結国は米軍の戦闘に必要な油類、弾薬、軍需施設、人力、費用を支援して、米軍の早期戦力化を保障することがこの戦時接受国支援協定の主な目的である。「戦時接収国支援協定」といっても戦時にのみ適用されるわけではなく、平時も物資の備蓄、施設管理、人力動員体制を整えなければならず、平時に行われる軍事演習の費用も負担しなければならないのだから、事実上戦時と平時を区別せずに包括的に適用される協定でもある。

一九九一年七月韓国と米国の間で仮調印された「戦時接収国支援協定」の正式の名称は、「大韓民国政府とアメリカ合衆国政府間の戦時接収国支援に関する一括協定」である。この協定の草案では「戦時接収国支援とは危機、敵対行為が起こった時または戦時、大韓民国が米軍の接収、移動、維持のため必要な軍事および民間支援を意味する」と定義している。なおこれに加えて「予測のつかない支援とは支援協定などに含まれていない支援」とすることによって支援の範囲を幅広く規定している。(10)

そもそも「韓米戦時接受国支援協定」は駐韓米軍の撤収に備え、韓米連合軍の戦闘力を強化するため、分野別に散在していた諸支援協定を一括化、体系化することを理由として一九八五年に初めて提起された。一九九一年一一月に正式締結され、一九九二年秋に国会で批准された。(11) これに対しては韓国政府内からも「この協定によって米国の半永久的な軍事基地になる」(12)との批判が起こった。

三　有事諸法と米軍支援

米国が世界の国々と「戦時接収国支援協定」を急ぐなど各国の有事法制を強化するのは、変化する国際情勢に合わせて米国の地位を強化するためである。もはや米国にとって過去のように全世界に米軍を配置し、世界を統治することは経済的な負担となった。

レーガン元大統領の軍備拡張路線以後続いた財政赤字と貿易赤字を解決するために、米国は兵力の縮小と基地の閉鎖を行わざるを得なかった。ブッシュ元大統領が米議会に提出した一九九二年度の軍事会計予算案は一九九一年の予算二八七五億から四五億ドル減った二八三〇億ドルである。すなわちソ連との全面的な対決がなくなったため、戦力構想を変えざるを得なくなった結果を反映した予算案である。このような戦力構想の変化は、海外駐屯軍を減らしながらもこれに代わる方策を講じる形で現れた。「二重基地方式」[13]という新しい構想は、本土に精鋭起動兵力を維持しながら、海外では司令機構、実戦部隊の一部、兵站組織のみを前進配置することである。有事には本土の精鋭部隊を迅速に配置し、海外から兵站支援を受けるという構想である。この兵站支援を保障することがほかならぬ諸国における有事法制であり、戦時接収国支援協定である。

米国は湾岸戦争以後、迅速配置軍を増やすことを強調している。これは世界各地の地域紛争に介入するためである。ヨーロッパとアジアにおける基地の縮小が予定通り進んでも、地球のどこにでも介入可能な起動力の高い迅速配置軍を維持することが米国の目標である。特に湾岸戦争の教訓を活かし、長距離であっても迅速に展開し致命的な打撃を与えることができる空軍力を強化しつつある。

こうみると韓米安保条約下における「韓米戦時接収国支援協定」、「非常対備資源管理法」、「徴発法」、「兵役法」などは、まさに米国の「二重基地方式」による現地兵站の強化を図るものであるとみなさざるを得ない。

周知のように、二〇一五年に日本の国会で強硬採決された安保関連法制は、米軍の後方支援の強化をその柱の一つとしている。アメリカと密接な軍事協力関係にある日本においても、韓国に劣らない米軍支援体制が有事法律のレベルでも強化されるであろうことは想像に難くない。

5　むすび

以上で述べたように、韓国における国家緊急権は、対内的には政治的な危機を強権的に乗り切る手段として使われ、対外的には米軍支援法制としての側面を強く持っている。この点から国家緊急権と有事法が国民の人権と平和を守るために機能するのではなく、かえって韓半島の緊張を高めることもあった。いやむしろ韓国でみられるような国家緊急権と有事法の現れ方は、強権体制とアメリカへの従属という国家緊急権と有事法制そのものの本質を明確に表すものであるかもしれない。ただ、韓国では一九八七年憲法の国家緊急権条項からもわかるように、旧来の反立憲主義的な諸条項からの脱皮を試みている。

ところが、日本では韓国と逆の動向がみられる。日本における有事法制の推進も、基本的には米国の「二重基地方式」の一環として兵站支援の確保を約束するものに見える。ただ、憲法に国家緊急権条項を盛り込むとか、条約レベルで「戦時接収国支援協定」を直ちに結ぶなどということは、日本国憲法第九条と反するため、相当の時間がかかるかもしれない。しかし、だからといって米軍に対する消極的後方支援のみを日本に頼むことでは済まず、「武力攻撃事態法」などで非常事態という概念を法制の上にとりあえず盛り込む一方、自治体を含む中央集権的な国家危機管理体制づくりが日本でも徐々に強化され、また試みられていくことが予測される。

これは日本国民の人権と平和を脅かすものであろう。それのみならず、米軍に追随して日本がアジアにとっての脅威として立ち現れる曲がり角に、すでに立っていることを意味する。アジア全体の平和のことを考えるのであれば、韓国における国家緊急権の諸状況と運用事態を反面教師にしていくべきであろう。

注

（1）村田尚紀『改憲論議の作法と緊急事態条項——国家緊急権とは何か』（日本機関紙出版センター、二〇一六年）一七頁。
（2）同前・一七～一八頁。
（3）戦後韓国における最初の戒厳法は一九四九年一一月二四日に制定されたが、一九四八年一〇月一七日済州《ぜじゅ》島と麗水順天《よす・すんちょん》地域では米軍政法令第一一号ですでに廃止されたはずの戦前日本の戒厳令が宣布され多くの人命の損失があった。金淳泰「済州四・三当時戒厳の不法性」『済州四・三研究』（韓国、歴史問題研究所、一九九九年）一四七頁以下参照。
（4）当時の米軍政庁は日本の戒厳法を借用して、一九四八年四月三日、済州島に戒厳令を宣布したことがある。多くの人命が失われた韓国最大の惨事の一つであり、二〇〇〇年代に入り、歴史的な真実を明らかにするための努力が行われ、民主化運動として再評価された。学会ではこの「借用」戒厳法の効力を否定する議論も根強い。例えば、金淳泰・前掲注（3）四三五頁。
（5）韓桂玉『韓国軍、駐韓米軍』（韓国、かや書房、一九八九年）三一三～三一七頁参照。
（6）以上の緊急措置第一号、第四号、第九号の翻訳は、宋石允（徐勝訳）「現代韓国憲政史における国家緊急権」『立命館法学』二八七号（二〇〇三年一月）をもとにした。
（7）村田・前掲注（1）二一頁。
（8）村田・前掲注（1）二二頁。
（9）権寧星『憲法学原論』（韓国、法文社、二〇〇一年）九一二頁以下。
（10）金昌洙『平和つくり統一つくり』（韓国、大同、一九九六年）二七頁。
（11）日米間でも一九八八年に相互兵站支援協定という名で米国側の非公式提言があったが、支援物品に弾薬が含まれるなど支援範囲がはっきりしていないという理由で進展がなかった。しかし結局弾薬を除いた食糧、水、燃料など一五品目に限定する形で調整がつき、日米役務相互提供協定（ＡＣＳＡ）が一九九六年に結ばれた。詳しいことは山内敏弘編『日米新ガイドラインと周辺事態法——いま「平和」の構築への選択を問い直す』（法律文化社、一九九九年）一一五頁以下を参照されたい。

(12) 韓国『東亜日報』一九九一年四月一三日。

(13) 韓桂玉・前掲注 (5) 二八頁。

あとがき

私は一九九〇年代の前半に日本で留学生活をし、一九九七年二月、韓国へ帰国した。私の勤めている大学にはサバティカル制度があって、幸い六年毎に在外研究が許される。二〇一六年、三度目の在外研究生活の上半期は、それまで住んだことはないがいつも懐かしく思っていた京都（立命館大学）で、下半期は留学生活をしていた懐かしい東京（一橋大学）で過ごした。

ほぼ二〇年ぶりの長期滞在は多くのことを感じさせた。一番印象的だったのは本屋であった。ある本屋はコーヒーさえ飲めば何時間でも新しい本を読んでよいということであった。発想の転換が面白かった。ところが、その本屋には私のような社会科学関係の研究者が読めそうな本はほとんどなかった。入り口の方に、良く売れている広い意味での社会科学関係の本が並んでいたが、それは嫌韓、嫌中のような本だったり、そのようなことを煽っている著名人の本だったりであった。

二番目に印象に残ったのは日本会議であった。二〇年前の日本にもそのような動きがなかったわけではないが、ほとんど注目されず、取るに足りない存在に過ぎなかった覚えがある。靖国神社などの周辺で街頭演説をする人が韓国の新聞などで取り上げられるときも、一握りの存在に過ぎず、身の回りの普通の生活を送っている人は健全で安心して交流してもよいと勧めたりしていた。ところが、二〇一六年の日本は国会議員の多くが日本会議の会員であり、特に安倍内閣の大多数はそこのメンバーであった。

在日韓国・朝鮮人ほどではないが、自分自身、韓国と日本にまたがる人間であって、韓国と日本の平和と友好が実現してほしいと心から願っている者になっていることに気が付く。日本に留学したことで、韓国にいるといつも日本のことについて訊かれる。日本にいると韓国のことについていろいろと訊かれる。しかし、二〇年ぶりの日本はこのような私に非常に大きな戸惑いを感じさせた。この国はいったいどこに行ってしまうんだろう。

今回の日本滞在前の二〇年間の韓国は紆余曲折はあるにせよ、多くのことが変わった。今は停滞しているが、南北関係に目まぐるしい変化があった。一九九九年六月一五日、韓半島の西海で南北の局地的な衝突があったにもかかわらず、ちょうど一年後の二〇〇〇年六月一五日には第一次南北頂上会談が行われた。六者会談での「九・一九共同声明」直後の制裁に反発した形で二〇〇六年一〇月九日に北朝鮮が第一回目の核実験をしたにもかかわらず、一年後である二〇〇七年一〇月四日には第二次南北頂上会談が行われて、お互いに極端な政治行動にまではいかなかった。分断されていてもうまくお互いに管理されていて、株式市場でも分断リスクは一番低い時期であった。もちろん、二〇一〇年の天安艦沈没事故後、南北関係は悪天候の中にある。ところが、ここ二〇年の紆余曲折は多くのことを韓国の人の心に刻んでいると思う。南北関係が進展している期間の交流を通じて、北朝鮮という国が怪獣でなく、非常に脆い体制であることがわかった。交流が停滞している間はリスク管理のためにも交流が必要であると感じるようになった。ちなみに、核実験を止めるためにも交流が必要であることを感じる。二回～五回にわたる核実験は戦略的忍耐（Strategic Patience）という名前の相手無視戦略（Strategic Ignore）の下で行われた。

ここ二〇年間、私の認識も変わっている。私は、たまたま、二度ほど他の人の本に匿名で引用されたことがある。「武装が普通であるとすれば、憲法の非武装主義は、侵略戦争を行った日本に対する、有期懲役と考えられるのではないですか。日本がまじめに服役して刑期を務め上げれば、いつか普通の国になるという議論もありうるかもしれませんね」。私の先生である浦田一郎先生の『現代の平和主義と立憲主義』（日本評論社、一九九五年）という本のあとがきがそのひとつである。現在、私は韓国の「参与連帯」という市民団体の「平和軍縮センター」に実行委員として関わっている。将来的に韓国が非武装国家を目指すかどうかに対する結論はないが、武装が普通であるとはいえないことを念頭に置き、一〇年前からは平和国家論を主張しつづけている。武力闘争も辞さない民族自決権でなく、平和的手段による民族自決権としての平和的生存権の普及に力を入れている。

ある本（『日本国憲法、平和的共存権への道』（高文研、一九九七年））では私の変哲もない発言で「私（著者の水島朝穂）は大変勇気づけられた」ということがちらっと書かれていた。本書をまとめるために、帰国した一九九七年以後のあれこれの本を読んでいるうちにたまたま見つけたが、前後関係からすれば確かに私であったような気がする。だが、実態は私の発言より、水島先生ご自身がそのように考えておられていたので、たまたまの私の発言にそう反応されたと思い、私こそ勇気づけられた。感謝しなければいけない。一九九六年五月、東京の専修大学で行われたシンポジウムであったと思われるが、その時期は自衛隊の海外派兵などにより憲法九条の形骸化が進んでいる頃であった。「日本にも自衛隊があり、その増強や海外派兵という問題があるが、しかし、それについては、『ボトルに半分ジュースが入っている。そのとき、半分も飲んでしまったと思うのか、それともまだ半分もあると考えるのか、そのことが大事だ』とその韓国の大学院生は言い、最後に『まだ憲法九条は改正されていない』と述べたそうです」。

二〇年の年月が経った今も同じように思うか訊かれたら、どう答えるか考えたことがある。基本的には「まだ憲法九条は改正されてない」といえると考える。二〇一五年の安保関連法の採決によって限定的ではあるが集団的自衛権行使ができるようになりかなり形骸化されたとはいえ、まだ九条がある。仮に九条が改正されると日本政府の軍事外交政策に関する説明責任が有名無実になり、ますます日本の重武装化・軍事大国化が進むと思うからである。それは韓国をはじめ軍事力をもつ国々の軍事政策の展開と主権者との関わりを比べてみれば分かりやすい。ただ、ボトルにジュースが半分を下回っているのは非常に残念である。日本国憲法が施行されて七〇年間、日本政府の憲法政策を私なりに診断するときにいつも思い浮かぶ言葉は「三歩進んで二歩下がる」である。改悪の方に三歩進んで、反発があれば二歩下がる手法である。もちろん、二歩下がるときに憲法九条を意識していろいろ説明したり自衛隊の行動に関する約束をしたりしたので、その説明と約束が現在の日本の平和主義を辛うじて守っていることも事実である。使いようによっては、多くの価値がまだ残っていると思う。しかし、非常に危機に陥っていることも事実である。

この危機の根源には、「アジアの中のものとしての日本国憲法」という認識の著しい風化もあると思われる。風化は主に、日本国憲法は日本一国のものではなく、アジアへの不戦の誓いであることを忘れることからきていると思う。「日本の安全」のみならず「日本に対する安全」に関する平和的感受性が必要な時期である。

李　京柱

二〇一七年六月

資料

第四回六者会合に関する共同声明（二〇〇五年九月一九日）（九・一九共同声明）
九・一九共同声明移行のための初期措置（二〇〇七年二月一三日）（二・一三合意）
南北間の和解と不可侵および交流・協力に関する合意書（一九九一年一二月一三日）（南北基本合意書）
六・一五「南北共同宣言」（二〇〇〇年六月一五日）（六・一五共同宣言）
南北関係の発展と平和繁栄のための宣言（二〇〇〇年一〇月四日）（一〇・四共同宣言）
七・四南北共同声明（一九七二年七月四日）
日朝平壌宣言（二〇〇二年九月一七日）
韓半島平和基本協定（平和財団案）（二〇〇七年四月一八日）
　大韓民国と朝鮮民主主義共和国間の付属協定
　アメリカ合衆国と朝鮮民主主義人民共和国間の付属協定

日本ではよく韓半島の有事が話題になるが、実際には有事より平時を想定し、平和を作り上げるため南北間、日朝間を含む東アジア全体ですでに多くの平和への試みが合意や声明を通じて出されている。このような文書こそ平和主義による平和的交渉、平和的手段による紛争解決の具体的な例である。ここに掲載することにより、東アジアの平和体制づくりが漠然としたものではなく、意志と地道な実践によることを示したい。

第四回六者会合に関する共同声明（二〇〇五年九月一九日）[1]
（いわゆる「九・一九共同声明」）

二〇〇五年九月一九日

於：北京

第四回六者会合は、北京において、中華人民共和国、朝鮮民主主義人民共和国、日本国、大韓民国、ロシア連邦及びアメリカ合衆国の間で、二〇〇五年七月二六日から八月七日まで及び九月一三日から一九日まで開催された。

武大偉中華人民共和国外交部副部長、金桂冠朝鮮民主主義人民共和国外務副相、佐々江賢一郎日本国外務省アジア大洋州局長、宋旻淳大韓民国外交通商部次官補、アレクサンドル・アレクセーエフ・ロシア連邦外務次官及びクリストファー・ヒル・アメリカ合衆国東アジア太平洋問題担当国務次官補が、それぞれの代表団の団長として会合に参加した。

武大偉外交部副部長が会合の議長を務めた。

韓半島及び東北アジア地域全体の平和と安定のため、六者は、相互尊重及び平等の精神の下、過去三回の会合における共通の理解に基づいて、韓半島の非核化に関する真剣かつ実務的な協議を行い、この文脈において、以下のとおり意見の一致をみた。

一、参加国（六者）は、六者会合の目標は、平和的な方法による、韓半島の検証可能な非核化であることを一致して再確認した。

朝鮮民主主義人民共和国は、すべての核兵器及び既存の核計画を放棄すること、並びに、核兵器不拡散条約及びＩＡＥＡ保障措置に早期に復帰することを約束した。

アメリカ合衆国は、韓半島において核兵器を有しないこと、及び、朝鮮民主主義人民共和国に対して核兵器又は通常兵器による攻撃又は侵略を行う意図を有しないことを確認した。

大韓民国は、その領域内において核兵器が存在しないことを確認するとともに、一九九二年の韓半島の非核化に関する共同宣言に従って核兵器を受領せず、かつ、配備しないとの約束を再確認した。

一九九二年の韓半島の非核化に関する共同宣言は、遵守され、かつ、実施されるべきである。

朝鮮民主主義人民共和国は、原子力の平和的利用の権利を有する旨発言した。他の参加者は、この発言を尊重する旨述べるとともに、適当な時期に、朝鮮民主主義人民共和国への軽水炉提供問題について議論を行うことに合意した。

二、参加国は、その関係において、国連憲章の目的及び原則並びに国際関係について認められた規範を遵守することを約束した。

朝鮮民主主義人民共和国及びアメリカ合衆国は、相互の主権を尊重すること、平和的に共存すること、及び二国間関係に関するそれぞれの政策に従って国交を正常化するための措置をとることを約束した。

朝鮮民主主義人民共和国及び日本国は、平壌宣言に従って、不幸な過去を清算し懸案事項を解決することを基礎として、国交を正常化するための措置をとることを約束した。

三、参加国は、エネルギー、貿易及び投資の分野における経済面の協力を、二国間又は多数国間で推進することを約束した。

中華人民共和国、日本国、大韓民国、ロシア連邦及びアメリカ合衆国は、朝鮮民主主義人民共和国に対するエネルギー支援の意向につき述べた。

大韓民国は、朝鮮民主主義人民共和国に対する二〇〇万キロワットの電力供給に関する二〇〇五年七月一二日の提案を再確認した。

四、参加国は、東北アジア地域の永続的な平和と安定のための共同の努力を約束した。

直接の当事者は、適当な話合いの場で、朝鮮半島における恒久的な平和体制について協議する。

六者は、東北アジア地域における安全保障面の協力を促進するための方策について探求していくことに合意した。

五、参加国は、「約束対約束、行動対行動」の原則に従い、前記の意見が一致した事項についてこれらを段階的に実施していくために、調整された措置をとることに合意した。

六、参加国は、第五回六者会合を、北京において、二〇〇五年一一月初旬の今後の協議を通じて決定される日に開催することに合意した。

（1）日本の外務省の翻訳（http://www.mofa.go.jp/mofaj/area/n_korea/6kaigo/ks_050919.html）を元に修正を加えたものである。

九・一九共同声明移行のための初期措置（二〇〇七年二月一三日）[2]

（いわゆる「二・一三合意」）

第五次六者会談の第三段階会議に六者（中華人民共和国、朝鮮民主主義人民共和国、日本国、大韓民国、ロシア連邦、アメリカ合衆国）が参加し、二〇〇七年二月八日から一三日まで開催された。

武大偉《うだうえい》中華人民共和国外交部副部長、金桂冠《きむ・けかん》朝鮮民主主義人民共和国外務副相、佐々江賢一郎日本国外務省アジア大洋州局長、千英宇《ちょん・よんう》大韓民国外交通商部韓半島平和交渉本部長、アレクサンドル・アレクセーエフ・ロシア連邦外務次官及びクリストファー・ヒル・アメリカ合衆国東アジア太平洋問題担当国務次官補が、それぞれの代表団の団長として会合に参加した。

武大偉中華人民共和国外交部副部長が同会合の議長を務めた。

一、六者（以下、参加国）は、二〇〇五年九月一九日の共同声明の移行のためにそれぞれが初期の段階でとる措置について、真剣かつ生産的な協議を行った。参加国は、韓半島の非核化を早期に平和的に実現するための共同の目標及び意思を再確認するとともに、共同声明で示された約束を誠実に実施することを改めて述べた。参加国は、「行動対行動」の原則に従い、共同声明を段階的に実施していくため、調整された措置をとることで一致した。

二、参加国は、初期の段階において、次のような措置を並列してとることで合意した。

1．朝鮮民主主義人民共和国は、最終的に放棄することを目的に再処理施設を含む寧辺の核施設を閉鎖・封印し、国際原子力機関（ＩＡＥＡ）との合意に従い、すべての必要な監視及び検証を行うために、ＩＡＥＡ要員を復帰させるようにする。

2．朝鮮民主主義人民共和国は、「九・一九共同声明」に従って放棄される予定の使用済み燃料棒から抽出されたプルトニウムを含んだ、共同声明に明記されたすべての核計画の一覧表について、他の参加国（五者）と協議する。

3．朝鮮民主主義人民共和国と米国は、両者間の懸案を解決し、全面的な外交関係に進むため両者の対話を開始する。米国は、朝鮮民主主義人民共和国のテロ支援国家指定を解除するプロセスを開始するとともに、朝鮮民主主義人民共和国に対する対敵国交易法の適用を終了する過程を進める。

4．朝鮮民主主義人民共和国と日本は、不幸な過去と未解決の関心事の解決を基盤として、平壌宣言に従い、両国関係の正常化をはかっていくことを目標に、両者対話を開始する。

5．参加国は、二〇〇五年九月一九日の共同声明の第一条及び第三条を想起し、平壌宣言に従い、朝鮮民主主義人民共和国に対して経済、エネルギー及び人道的支援について協力して行うことで合意した。この点に関し、参加国は、朝鮮民主主義人民共和国に対する初期の段階における緊急エネルギー支援の提供について合意した。重油五万トンに相当する緊急エネルギー支援の最初の輸送は、今後六〇日以内に開始される。

参加国は、上記の初期段階措置が今後六〇日以内に実施されること、これらの目標に向かって相互に調整された措置をとることで一致した。

三、参加国は、初期段階措置を移行し、共同声明を完全に実施することを目的として、次の作業部会を設置することに合意した。

1．韓半島の非核化

2．米朝国交正常化

3．日朝国交正常化

4．経済及びエネルギー協力

5．東北アジアの平和及び安保の体制

作業部会は、それぞれの分野における「九・一九共同声明」の移行のための具体的な計画を協議し、立案する。作業部会は、六者の首席代表会合に対し、作業の進展につき報告を行う。原則として、ある作業部会における作業の進展は、他の作業部会における作業の進展に影響を及ぼさない。五つの作業部会で立案された諸計画は、相互に調整された方法で全体として履行される。

参加国は、すべての作業部会が今後三〇日以内に会議を開催することで合意した。

四、初期措置の期間および朝鮮民主主義人民共和国によるすべての核計画についての完全な申告と黒鉛減速炉及び再処理工場を含むすべての現存する核施設の不能化を含む、次の段階の期間において、朝鮮民主主義人民共和国に対し、最初の輸送にあたる五万トン相当の重油を含め、一〇〇万トンの重油に相当する経済、エネルギー及び人道支援が提供される。

上記の支援に対する細かい項目については、経済及びエネルギー協力のための作業部会における協議及び適切な評価により決定される。

五、初期段階の措置が実施された後、参加国はこの共同声明の履行を確認し、東北アジア地域における安保協力を増進するための方法を模索すべく長官級会議を迅速に開催する。

六、参加国は、相互の信頼を高めるための肯定的措置をとること、東北アジア地域の持続的な平和と安定のための共同の努力をすることを再確認した。直接の当事者は、別の適切なフォーラムにおいて、韓半島における恒久的な平和体制に関する交渉を行う。

七、参加国は、作業部会からの報告を聴取し、次の段階の行動に関する協議するため、第六回六者会談を二〇〇七年三月一九日に開催することに合意した。

（2）（韓国）統一研究院平和企画研究室編「韓半島平和体制：資料と解題」（韓国、統一研究院、二〇〇七年）一一頁以下を訳したものである。

南北間の和解と不可侵および交流・協力に関する合意書（一九九一年一二月一三日）(3)

（いわゆる「南北基本合意書」）

一九九二年二月一九日（発効）

南と北は、分断された祖国の平和的統一を念願する民族の意思に従い、七・四南北共同声明で明らかにされた祖国統一の三大原則を再確認し、政治的軍事的な対決状態を解消して、民族的和解を達成し、武力による侵略と衝突を防ぎ、緊張緩和と平和を保障し、多様な交流・協力を実現することで、民族共同の利益と繁栄を図り、双方の関係が、国と国との関係ではなく統一を志向する過程で暫定的に形成される特別な関係であることを認め、平和的統一を成就するために共同で努力することを約束して、次の通り合意した。

第一章　南北和解

第1条　南と北は、互いに相手方の体制を認め、尊重する。
第2条　南と北は、相手方の内部問題に干渉しない。
第3条　南と北は、相手方に対する誹謗・中傷をしない。
第4条　南と北は、相手方を破壊・転覆しようとする一切の行為をしない。
第5条　南と北は、現停戦状態を南北間の強固な平和状態に転換するために共同で努力し、このような平和状態が達成される時まで、現軍事停戦協定を遵守する。
第6条　南と北は、国際舞台での対決と競争を止め、互いに協力し、民族の尊厳と利益のために共同で努力する。
第7条　南と北は、相互の緊密な連絡と協議のため、本合意書発効後三ヵ月以内に板門店に南北連絡事務所を設置・運営する。

第8条　南と北は、本合意書発効後一ヵ月以内に本会談の枠内に南北政治分科委員会を設置し、南北和解に関する合意の履行と遵守のための具体策を協議する。

第二章　南北不可侵

第9条　南と北は、相手方に対して武力を使用せず、相手方を武力で侵略しない。

第10条　南と北は、意見対立と紛争問題を対話と交渉を通じて平和的に解決する。

第11条　南と北の不可侵の境界線と区域は、一九五三年七月二七日付の軍事停戦に関する協定に規定された軍事境界線とこれまで双方が管轄してきた区域とする。

第12条　南と北は、不可侵の履行と保障のために、本合意書発効後三ヵ月以内に南北軍事共同委員会を組織・運営する。南北軍事共同委員会では、大規模な部隊移動と軍事演習の通報及び統制、非武装地帯の平和的利用、軍関係者の交流及び情報交換、大量破壊兵器と攻撃能力の除去をはじめとする段階的な軍縮の実現、検証等、軍事的な信頼構築と軍縮を実現するための問題を協議・推進する。

第13条　南と北は、偶発的な武力衝突とその拡大を防止するために、双方の軍事当局者間に常設直通電話（ホットライン）を設置・運営する。

第14条　南と北は、本合意書発効後一ヵ月以内に本会談の枠内に南北軍事分科委員会を構成して、不可侵に関する合意の履行と遵守及び軍事的な対決状態を解消するための具体策を協議する。

第三章　南北交流・協力

第15条　南と北は、民族経済を統一的、均衡的に発展させ、民族全体の福利向上を求めるため、資源の共同開発、民族内部交流としての物資交流、合弁投資等、経済交流と協力を実施する。

第16条　南と北は、科学・技術、教育、文学・芸術、保健、体育、環境と、新聞、ラジオ、テレビ及び出版物をはじめとする出版・報道等、諸分野で交流と協力を実施する。

第17条　南と北は、民族構成員の自由な行き来と接触を実現する。

第18条　南と北は、離散家族・親族の自由な手紙のやり取り、行き来と再会及び訪問を実施し、自由意志による再結合を実現し、その他人道的に解決すべき問題の対策を講ずる。

第19条　南と北は、切断された鉄道と道路を連結し、海路、航空路を開設する。

第20条　南と北は、郵便と電気通信交流に必要な施設を設置・連結し、郵便・電気通信交流の秘密を保障する。

第21条　南と北は、経済と文化等国際舞台の諸分野で互いに協力し、共同で海外に進出する。

第22条　南と北は、経済と文化等、各分野の交流と協力を実現するための合意の履行に向けて、本合意書発効後三ヵ月以内に南北経済交流・協力共同委員会をはじめとする部門別共同委員会を構成・運営する。

第23条　南と北は、本合意書発効後一ヵ月以内に本会談の枠内に南北交流・協力分科委員会を構成して、南北交流・協力に関する合意の履行と遵守のための具体策を協議する。

第四章　修正及び発効

第24条　本合意書は、双方の合意により修正・増補できる。

第25条　本合意書は、南北がそれぞれ発効に必要な手続きを経て、本書を相互に交換した日から効力を発する。

一九九一年一二月一三日

南側代表団首脳代表
大韓民国　国務院総理　鄭元植《ちょん・おんしく》

北側代表団　団長
朝鮮民主主義人民共和国　政務院総理　延亨黙《よん・ひょんむく》

（3）（韓国）統一研究院平和企画研究室編「韓半島平和体制：資料と解題」（韓国、統一研究院、二〇〇七年）七一頁以下を訳したものである。

六・一五「南北共同宣言」（二〇〇〇年六月一五日）(4)

祖国の平和的統一を念願する全同胞の崇高な意思により、大韓民国の金大中《きむ・でじゅん》大統領と朝鮮民主主義人民共和国の金正日《きむ・じょんいる》国防委員長は、二〇〇〇年六月一三日から一五日まで平壌《ぴょんやん》で歴史的な対面を実現させ、頂上会談を行った。

南北頂上は、分断の歴史上初めて開かれた今回の対面と会談が、互いの理解を増進させて南北間関係を発展させ、平和的統一を実現するのに重大な意義を持つと評価し、次のように宣言する。

一、南と北は、国の統一問題を、その主人であるわが民族同士で相互協力し、自主的に解決していく。

二、南と北は、国の統一のため、南側の連合制案と北側の低い段階での連邦制案（訳者注：もともとの連邦制は統一政府の権限が強くかつ広いが、北の緩やかな連邦制案では地方政府の権限が強い、つまり国家連合に近い。それを指して「低いレベル」と表現している）に互いに共通性があると認め、今後、この方向で統一を志向していく。

三、南と北は、今年（二〇〇〇年）の八月一五日に際して、離散家族、親族の訪問団を交換し、非転向長期囚人問題を解決するなど、人道的問題を早急に解決していく。

四、南と北は、経済協力を通して、民族経済を均衡的に発展させ、社会、文化、体育、保健、環境など諸分野での協力と交流を活性化させ、互いの信頼を構築していく。

五、南と北は、以上のような合意事項を早急に実践に移すため、早い時期に当局間の対話を開催する。

金大中大統領は金正日国防委員長がソウルを訪問するよう丁重に招待し、金正日国防委員長は今後、適切な時期にソウルを訪問することにした。

二〇〇〇年六月一五日
大韓民国大統領　金大中
朝鮮民主主義人民共和国国防委員長　金正日

（4）（韓国）統一研究院平和企画研究室編「韓半島平和体制：資料と解題」（韓国、統一研究院、二〇〇七年）三七頁以下を訳したものである。

南北関係の発展と平和繁栄のための宣言（二〇〇〇年一〇月四日）(5)
（いわゆる「一〇・四南北共同宣言」）

大韓民国の盧武鉉《ろ・むひょん》大統領と朝鮮民主主義人民共和国の金正日《きむ・じょんいる》国防委員長間の合意に従い、盧武鉉大統領が二〇〇七年一〇月二日から四日まで平壌《ぴょんやん》を訪問した。訪問期間中、歴史的な対面と会談が果たされた。対面と会談では、六・一五共同宣言の精神が再確認され、南と北の関係（以下、南北関係）の発展と韓半島の平和、民族共同の繁栄と統一を実現するための諸問題が真摯に協議された。

両者は、民族同士、意思と力をあわせれば、民族繁栄の時代、自主統一の新時代を開いていくことができるという確信を表明し、六・一五共同宣言に基づいて南北関係を拡大、発展させていくために次のように宣言する。

一、南と北は、六・一五共同宣言を守り、積極的に実現していく。

南と北は、わが民族の精神に従って統一問題を自主的に解決しながら、民族の尊厳と利益を重視して、すべてのことを、この共同宣言の実現に向かわせていく。

南と北は、六・一五共同宣言を引き続き履行していこうとする意思を反映して、六月一五日を記念する方法を考えていく。

二、南と北は、思想と制度の差を超えて、南北関係を相互尊重と信頼関係に確実に変化させていく。

南と北は、内部問題に干渉せず、南北関係の問題を和解と協力、統一に合致するように解決していく。

南と北は、南北関係を統一に向かって発展させていくため、それぞれ法的・制度的な措置を整備していく。

南と北は、南北関係の拡大と発展に関わる諸問題を、民族の念願に合致するよう解決するため、双方の議会など、各分野の対話と接触を積極的に推進していく。

三、南と北は、軍事的な敵対関係を終息させ、韓半島における緊張緩和と平和を保障すべく緊密に協力していく。

南と北は、互いに敵対視せず、軍事的緊張を緩和し、対話と交渉を通して紛争問題を解決していく。

南と北は、韓半島におけるあらゆる戦争に反対し、不可侵の義務を断固として遵守する。

南と北は、西海での偶発的な衝突を防止するため、共同漁業水域を決定し、この水域を平和水域とするための対策と、各種の協力事業に対する軍事的な保障措置など、軍事的な信頼構築のための措置を協議すべく、南側の国防長官と北側の人民武力部長の会談を今年一一月中に平壌《ぴょんやん》で開催する。

四、南と北は、現停戦体制を終息させ、恒久的な平和体制を構築していかなければならないという点で認識を同じくし、直接関連する三ヵ国または、四ヵ国の首脳が、韓半島地域で会談し、終戦宣言への段階を推進していくために協力する。

南と北は、韓半島の核問題を解決するために、六ヵ国協議の「九・一九共同声明」と「二・一三合意」が順調に履行されるよう、共同で努力する。

五、南と北は、民族経済の均衡的な発展と共同の繁栄のために、経済協力事業を共利共栄と有無相通の原則にたって積極的に活性化し、持続的に拡大発展させる。

南と北は、経済協力のための投資を奨励し、基盤施設の拡充と資源開発を積極的に推進し、民族内部の協力事業については、その特殊性に合わせて各種の優遇条件と特恵を優先的に与える。

南と北は、海州《へじゅ》地域と周辺海域を含む「西海平和協力特別地帯」を設置し、共同漁業区域と平和水域の設定、経済特別区建設と海州《へじゅ》港の活用、民間船舶の海州直航路通過、漢江《はんがん》河口の共同利用などを積極的に推進していく。

南と北は、開城《げそん》工業地区の一段階目に行う予定の建設を早い時期に完工して、二段階目に行う予定の開発に着手し、汶山《むんさん》―鳳東《ぽんどん》間の鉄道貨物輸送をはじめ、通行、通信、通関問題をはじめとする諸般の制度的な保証措置を早急に完備していく。

南と北は、開城―新義州《しんいじゅ》鉄道と開城―平壌高速道路を共同で利用するため、改良補修問題を協議・推進していく。

南と北は、安辺《あんぴょん》と南浦《なんぽ》に協力して造船所団地を建設し、農業、保健医療、環境保護など、さまざまな分野で事業協力を進めていく。

南と北は、南北経済協力事業の円滑な推進のため、現在の「南北経済協力推進委員会」を副総理レベルの「南北経済協力共同委員会」に格上げする。

六、南と北は、民族の綿々と受け継がれる歴史と優れた文化を輝かせるため、歴史、言語、教育、科学技術、文化芸術、体育など、社会文化分野の交流と協力を発展させていく。南北は、白頭山《ぺくとさん》観光を実施し、このため白頭山―ソウル直航路を開通する。

南と北は、二〇〇八年の北京オリンピック大会において南北応援団を京義《きょんうい》線列車を初めて利用して参加させる。

七、南と北は、人道主義に基づいた協力事業を積極的に推進していくことにした。

南と北は、離散家族・親族の再会の機会を拡大し、ビデオレターによる手紙の交換事業を進めていく。

このため、金剛山面会所が完成するに伴い、双方の代表を常駐させ、離散家族・親族の再会を常時進めていく。

南と北は、自然災害をはじめとした災難が発生した場合、同胞愛と人道主義、相互扶助の原則に従って積極的に協力していく。

八、南と北は、国際舞台において、民族の利益と海外同胞の権利と利益のための協力を強化していく。

南と北は、この宣言の履行のため、南北首相会談を開催することとし、第一回会談を今年一一月中にソウルで行う。

南と北は、南北関係の発展のため、首脳が随時会談して懸案事項を協議していくことにした。

二〇〇七年一〇月四　平壌

大韓民国大統領　盧武鉉　　朝鮮民主主義人民共和国国防委員長　金正日

（5）「南北関係の発展と平和繁栄のための宣言」、南北会談本部（韓国、統一部）http://dialogue.unikorea.go.kr/ukd/ca/usrtalkmanage/List.do、二〇一七年二月一日閲覧。

七・四南北共同声明（一九七二年七月四日）(6)

（ソウルおよび平壌において）

最近平壌とソウルで南北関係を改善し、分断された祖国を統一する諸問題を協議するための会談が開かれた。ソウルの李厚洛《り・ふらく》中央情報部長が一九七二年五月二日から五日まで平壌を訪問して、平壌の金英柱《きむ・よんじゅ》組織指導部長と会談し、金英柱部長の代理として朴成哲《ぼく・そんちょる》第二副首相が七二年五月二九日から六月一日の間ソウルを訪問して李厚洛部長と会談した。

これらの会談で、双方は祖国の平和的統一を一日も早くもたらさねばならないという共通の念願をいだいて虚心たん懐に意見を交換し、双方の理解を増進させるうえで多大な成果を収めた。

この過程において、双方は互いに長らく会えなかったために生じた南北間の誤解、不信を解き、緊張を緩和させ、ひいては祖国統一を促進するため、次の問題に関して完全な意見の一致に到達した。

一、双方は次のような祖国統一に関する原則で合意した。

（あ）統一は外国勢力に依存するかまたは干渉を受けることなく自主的に解決すべきである、（い）統一は互いに武力行使によらず、平和的方法で実現すべきである、（う）思想と理念、制度の差異を超越してまず単一民族としての民族的大団結をはかるべきである。

一、双方は南北間の緊張状態を緩和し信頼の雰囲気を醸成するために互いに相手を中傷、誹謗せず、大小を問わず武装挑発をせず、不意の軍事的衝突事件を防止するために積極的な措置をとることに合意した。

一、双方は断たれた民族的連係を回復し、互いの理解を増進させ、自主的平和統一を促進させるために南北間の多方面的な諸交渉を実施することに合意した。

一、双方は現在、民族の至大な期待のうちに進行されている南北赤十字会談が一日も早く成功するよう積極的に協調することに合意した。

一、双方は突発的軍事事故を防止し、南北間で提起される諸問題を直接・敏速・正確に処理するためにソウルと平壌間に常設直通電話（ホットライン）を設けることに合意した。

一、双方は以上の合意事項を推進するとともに南北間の諸問題を改善・解決することで合意した。双方はまた祖国統一原則に基づいて統一問題を解決する目的で李厚洛部長と金英柱部長を共同委員長とする南北調節委員会を構成運営することに合意した。

一、双方は以上の合意事項は祖国統一を渇望する民族全体の念願に符合すると確信し、この合意事項を誠実に履行することを民族の前に厳粛に約束する。

互いの首脳の意を体して

李厚洛

金　英柱
一九七二年七月四日
（6）　http://www.mofa.go.jp/mofaj/gaiko/bluebook/1973/s48-shiryou-5-4.htm

日朝平壌宣言（二〇〇二年九月一七日）(7)

小泉純一郎日本国総理大臣と金正日《きむ・じょんいる》朝鮮民主主義人民共和国国防委員長は、二〇〇二年九月一七日、平壌で出会い会談を行った。

両首脳は、日朝間の不幸な過去を清算し、懸案事項を解決し、実りある政治、経済、文化的関係を樹立することが、双方の基本利益に合致するとともに、地域の平和と安定に大きく寄与するものとなるとの共通の認識を確認した。

一、双方は、この宣言に示された精神及び基本原則に従い、国交正常化を早期に実現させるため、あらゆる努力を傾注することとし、そのために二〇〇二年一〇月中に日朝国交正常化交渉を再開することとした。
　双方は、相互の信頼関係に基づき、国交正常化の実現に至る過程においても、日朝間に存在する諸問題に誠意をもって取り組む強い決意を表明した。

二、日本側は、過去の植民地支配によって、朝鮮の人々に多大の損害と苦痛を与えたという歴史の事実を謙虚に受け止め、痛切な反省と心からのお詫びの気持ちを表明した。
　双方は、日本側が朝鮮民主主義人民共和国側に対して、国交正常化の後、双方が適切と考える期間にわたり、無償資金協力、低金利の長期借款供与及び国際機関を通じた人道主義的支援等の経済協力を実施し、また、民間経済活動を支援する見地から国際協力銀行等による融資、信用供与等が実施されることが、この宣言の精神に合致するとの基本認識の下、国交正常化交渉において、経済協力の具体的な規模と内容を誠実に協議することとした。

双方は、国交正常化を実現するにあたっては、一九四五年八月一五日以前に生じた事由に基づく両国及びその国民のすべての財産及び請求権を相互に放棄するとの基本原則に従い、国交正常化交渉においてこれを具体的に協議することとした。

双方は、在日朝鮮人の地位に関する問題及び文化財の問題については、国交正常化交渉において誠実に協議することとした。

三、双方は、国際法を遵守し、互いの安全を脅かす行動をとらないことを確認した。また、日本国民の生命と安全にかかわる懸案問題については、朝鮮民主主義人民共和国側は、日朝が不正常な関係にある中で生じたこのような遺憾な問題が今後再び生じることがないよう適切な措置をとることを確認した。

四、双方は、北東アジア地域の平和と安定を維持、強化するため、互いに協力していくことを確認した。

双方は、この地域の関係各国の間に、相互の信頼に基づく協力関係が構築されることの重要性を確認するとともに、この地域の関係国間の関係が正常化されるにつれ、地域の信頼醸成を図るための枠組みを整備していくことが重要であるとの認識を一にした。

双方は、朝鮮半島の核問題の包括的な解決のため、関連するすべての国際的合意を遵守することを確認した。また、双方は、核問題及びミサイル問題を含む安全保障上の諸問題に関し、関係諸国間の対話を促進し、問題解決を図ることの必要性を確認した。

朝鮮民主主義人民共和国側は、この宣言の精神に従い、ミサイル発射のモラトリアムを二〇〇三年以降も更に延長していく意向を表明した。

双方は、安全保障にかかわる問題について協議を行っていくこととした。

日本国　総理大臣　小泉純一郎

朝鮮民主主義人民共和国　国防委員会　委員長　金正日

二〇〇二年九月一七日　平壌

（7）　http://www.mofa.go.jp/mofaj/kaidan/s_koi/n_korea_02/sengen.html

韓半島平和基本協定（平和財団案、二〇〇七年四月一八日）(8)

大韓民国、朝鮮民主主義人民共和国、中華人民共和国（以下、中国）、アメリカ合衆国（以下、米国）（四つの当事者をすべて指す時は、以下当事国とする）は、韓国戦争以後韓半島および東北アジアに存在していた軍事的緊張状態を解消し、恒久的な平和体制を樹立するために韓半島平和基本協定と関連当事国間の付属協定を締結する。この協定の締結に至るまで当事国は韓国戦争の法的終了、韓半島における非核化の実現、当事国間の関係正常化、不可侵と平和共存の制度化、平和的統一および諸課題に関する真摯で責任のある討論と協議を経た。当事国はこの協定が韓半島および東北アジアの平和と安定のための基本的かつ必須の規範であることを認め、当事者として責任をもってこの協定を履行、遵守することを約束する。

第1章　戦争の終了など

第一条（戦争の終了）

当事国は一九五〇年六月二五日に始まり、一九五三年七月二七日の停戦協定の締結により一時停止された韓半島における戦争状態が終了されたことを宣言する。

第二条（不可侵および平和共存など）

（一）当事国は互いに相手の体制を尊重し、相手の内部問題に干渉しない。
（二）当事国は韓半島内におけるいかなる戦争と相互敵対行為にも反対する。
（三）当事国は一切の紛争を平和的な方法で解決する。
（四）当事国は韓半島および東北アジアの平和と安定のため共同で努力をする。
（五）当事国は相互関係において国際連合憲章の目的および国際関係において認定された規範を遵守することを約束する。

第三条（韓半島統一に対する支持）

当事国は大韓民国と朝鮮民主主義共和国が統一を志向する民族間の暫定的で特殊な関係であることを認め、大韓民国と朝鮮民主主義人民共和国の統一のための自主的、平和的努力を支持・支援する。

第2章　韓半島非核化

第四条（非核化宣言）

当事国は韓半島を非核化することによって核戦争の危険をなくし、韓半島および東北アジアの安全に貢献することを宣言する。

第五条（朝鮮民主主義人民共和国の非核化措置と、それに対する当事国の措置）

（一）朝鮮民主主義人民共和国はこの協定の締結までに履行することにした第五次第四回六者会合（「九・一九共同声明」）で合意した非核化関連措置を完了したことを確認する。今後、朝鮮民主主義人民共和国はすべての核兵器と現存する核計画を放棄し、関連核施設の廃棄をはじめとする検証可能な非核化措置をとることを約束する。

（二）その他の当事国は朝鮮民主主義人民共和国の核放棄手続きの進行に相応し、六者会談で合意したエネルギー、経済支援を迅速に提供する。

（三）当事国は朝鮮民主主義人民共和国へのエネルギー、交易および投資分野における経済協力を両者および多者間に拡大し、増進することを約束する。

第六条（相互査察）

大韓民国と米国は当事国間の合意による適切な手続きによって大韓民国内の核兵器および核兵器製造可能な物質に対し、朝鮮民主主義人民共和国の査察を許容する。

第七条（平和地帯の設置）

（一）既存の非武装地帯を平和地帯に転換する。

（二）平和地帯の面積は既存の非武装地帯より縮小されない。
（三）平和地帯は一切の武力を配置することができず、平和地帯内ではいかなる軍事訓練も禁止される。
（四）平和地帯の管理は韓半島平和管理共同委員会で担当する。

第八条（韓半島平和管理共同委員会）
（一）この協定の締結後、韓半島の平和と安全を維持し、この協定の履行と平和管理をしていくために、韓半島平和管理共同委員会を置く。
（二）同委員会はこの協定の履行、遵守過程を監視し、この協定に違反するあらゆる問題を調査、協議、調停して平和的に解決することを任務とする。
（三）同委員会は大韓民国と朝鮮民主主義人民共和国の同数の代表によって構成される。
（四）同委員会における協議によっても解決されない問題は、協定違反関連者あるいは同委員会から韓半島平和管理国際調停委員会に調停を依頼することができる。
（五）その他、同委員会の構成と運営に関する事項はこの協定に依拠して当事国間の合意によって決定する。

第九条（韓半島平和管理国際調停委員会）
（一）この協定の履行・遵守・保障と関わる韓半島の紛争解決および平和管理を補助・支援・調停するため、韓半島平和管理委員会を置く。
（二）同委員会は①韓半島平和管理委員会が調停を依頼した問題に対する審査・調停・勧告、②この協定の履行・遵守に関する調査および検証、③韓半島における紛争解決および平和管理に関連した当事国間の異見の調停、④その他、この協定の履行および遵守のために必要な任務を遂行する。
（三）同委員会は米国代表者、中国代表者、大韓民国が推薦した第三国の代表者、朝鮮民主主義人民共和国が推薦した第三国代表者、各一名で構成する。

（四）その他、同委員会の構成と運営はこの協定に依拠して当事国間の合意によって決定する。

第4章　他の条約との関係

第一〇条（他の条約との関係）

（一）この協定は当事国が締結した第三国との条約、協定に影響を及ぼさない。

（二）この協定の発効後に発生した当事国間の紛争が当事国間の協議と調停によって解決されなくとも、国連安全保障理事会で決議した方式と手続きに優先して当事国間で締結した相互防衛条約による軍事介入は行われることはない。

第一一条（外国軍の駐屯）

韓半島内の外国軍の駐屯は、この協定の精神と目的を体現し保障する範囲内で許容される。

第5章　付則

第一二条（効力の発生）

この協定は、当事国がそれぞれ発効に必要な手続きを踏まえて署名し、その正本を交換した日から効力を発する。

第一三条（国連事務局への登録）

この協定は、その効力の発生後、即時に国連事務局に登録する。

第一四条（有効期限）

この協定は、大韓民国と朝鮮民主主義共和国が統一を成しとげるまで有効とする。

第一五条（修正、補完）

この協定に対する修正と増補を行う際、当事国の代表権の委任を受けた権限のある者同士の相互合意を経なければならない。

第一六条（付属協定との関係）

この協定とともに締結された当事国間の付属協定は、この協定の不可分な部分であり、この協定と同一の効力を持つ。

二〇〇八年〇月〇〇日。

大韓民国代表　署名　　　朝鮮民主共和国代表　署名

中華民国代表　署名　　　アメリカ合衆国代表　署名

（8）「韓半島平和協定（案）を提案する」（韓国、平和財団、二〇〇七年四月一八日）

大韓民国と朝鮮民主主義共和国間の付属協定

第一条（既存の合意の尊重と統一への努力）

（一）大韓民国（以下「南」）と朝鮮民主主義人民共和国（以下「北」）はすでに相互合意した七・四南北共同声明、南北間の和解と不可侵および交流協力に関する合意書（一九九一年）（以下、「南北基本合意書」）、韓半島非核化共同宣言（一九九二年）、六・一五共同宣言（二〇〇〇年）の精神に基づいて、平和共存と民族の自主的・平和的統一のために努力することを宣言する。

（二）この一九九一年の合意書に従って和解共同委員会、経済交流協力共同委員会、社会文化交流協力共同委員会、軍事共同委員会などを設置し、運営することによって、南北間のこの協定の履行に関する諸事項を補助し、南北間の関係改善、韓半島の平和および統一を促進するための業務を遂行する。

第二条（不可侵など）

（一）南と北は、相手方に対していかなる場合も武力を使用しないことにし、相手方を武力で威嚇しない。

（二）武力不使用に関する具体的な内容は、一九九一年の「南北基本合意書」の第二章「南北不可侵」の履行と遵守のための付属合意書に依拠する。
(三) 相互不可侵および武力不使用に関する具体的事項の履行と保障は、韓半島平和管理共同委員会が担当する。

第三条(非核化)
南は、一九九二年の韓半島非核化共同宣言に従い、核兵器の受け入れおよび配置をしないこと、韓半島の南に核兵器が存在しないことを確認する。

第四条(境界線)
(一) 南と北の不可侵の境界線と区域は、一九五三年七月二七日付の軍事停戦に関する協定に規定された軍事境界線とこれまで双方が管轄してきた区域とする。
(二) 海上の不可侵境界線と区域は、当事者間の協議によって確定されるまで協議の対象区域を南北共同漁撈区域(漁区)に指定し、南北漁民が共同で漁業作業ができるよう保障する。
(三) 南と北の空中境界線と区域は、地上および海上の境界線と管轄区域の上空とする。
(四) 南と北は以上の地上・海上・空中境界線を不可侵境界線とし、これを認定し遵守する。

第五条(信頼構築と軍備統制)
(一) 南と北は、相互の軍事的信頼の醸成および軍備統制の実現のために積極的に努力する。
(二) 南と北との間の軍備統制に関する問題は、南北軍事共同委員会で担当する。
(三) 南北軍事共同委員会は、南北間の軍備統制議論とともに化学兵器禁止協約(CWC)の批准、生物兵器協約(BWC)の批准、ミサイル技術統制体制(MTCR)への介入などのような国際的な軍縮、非拡散体制の遵守に関する協議を進行する。
(四) 信頼構築および軍備統制と関連して米国との協議が必要と認められる場合、米国が参与する第三者協議会を構成し議論することができる。

第六条（和解）

（一）南と北は、分断以後、韓国戦争と相互の体制競争の過程でお互いに行った一切の行為に対して相互の責任を問わない。

（二）南と北は、戦争中と停戦状態で発生した諸問題に対して、真実と和解、統一の精神に基づいて解決するように努力し、そのために相互合意の下、南北和解共同委員会を設置・運営する。

第七条（経済および社会文化交流協力）

（一）南と北のすべての構成員は自由な行き来と接触を保障される。しかし、南と北の住民は、統一が達成されるまで不可侵の境界線を越える居住移転の自由は保障されない。

（二）南北は一九九一年の合意書の「第三章南北交流協力」の履行と遵守のための付属合意書で合意した経済交流協力、社会文化交流協力、人道的問題の解決などを、この協定の締結時の南北関係に見合うよう画期的に進展させるために積極的に協力する。

（三）そのために経済交流協力共同委員会、社会文化交流協力共同委員会を設置し、運営する。

第八条（他の条約との関係）

（一）南と北は、この協定の精神と目的に反するいかなる条約、軍事同盟、国際機構にも参加しない。

（二）この協定は、原則的に南と北がそれぞれ他国と締結した既存の条約には影響を及ぼさない。しかし、南と北はこの協定の精神と内容に矛盾する条約を改正するよう努力する。

（三）南と北は、この協定の精神と内容に矛盾する国内法と規定を改正するよう努力する。

第九条（常駐代表部の設置）

南と北は、この協定の締結とともに相互の政府所在地に両側を代表して日常的な南北関係を担当する常駐代表部を設置する。

第一〇条（南北統一共同委員会の設置）

南と北は、この協定によってつくられる平和状態を南北間統一に発展させるために、韓半島の平和統一南北共同委員会を設置する。

同委員会は南北の同数の長官級の代表者によって構成される。

第一一条（常設協議機構の設置）

南と北は、この協定の確実な履行を保障するため、相互の総理級を共同代表者とする常設協議機構を設置する。常設協議機構はこの協定によって設置された諸委員会の業務を総括、調停し、南北関係の総体的な進展を図る。

第一二条（頂上会談の定例化）

南と北は、この協定の確実な遵守と南北間の経済および交流協力、平和的統一を準備するため、年二回以上の頂上会談を開催する。

二〇〇八年〇月〇〇日

大韓民国代表　署名　　　朝鮮民主主義人民共和国代表　署名

アメリカ合衆国と朝鮮民主主義人民共和国間の付属協定

第一条（不可侵）

（一）米国は、朝鮮民主主義人民共和国に対し、米国が韓半島内に核兵器をもってないことを確認し、今後も韓半島内にいかなる核兵器も保有しないことを確認する。

（二）米国は、核兵器を使用して朝鮮民主主義人民共和国を威嚇または攻撃しないことを保障する。

第二条（平和共存）

双方は、韓半島の非核化および平和と安全を保障し、相手方の主権を尊重し、内政に干渉しないこと、平和的に共存することを約束する。

第三条（韓半島統一への支持）

米国は、韓半島の平和的統一を支持する。

第四条（紛争の平和的解決）

双方は、平等で公正な対話を通じて平和的に紛争を解決することを約束する。

第五条（国交正常化など）

（一）米国は、朝鮮民主主義人民共和国がこの協定の締結まで至ったことと六者会談で合意した段階的非核化措置を完了したことを確認する。

（二）米国と朝鮮民主主義人民共和国は、各自の政策に従って速やかに国交正常化のための措置をとることとする。

（三）米国は、国交正常化が行われるまで朝鮮民主主義人民共和国に対するテロ支援国指定を解除し、対敵国交易法の適用対象から除外する措置をとる。

（四）朝鮮民主主義人民共和国は、六者会談の三ヵ国間の合意に従って履行することにした追加的な非核化措置を双方の国交正常化の時点までに完了させる。

（五）米国と朝鮮民主主義人民共和国は、この協定の締結とともに相互の政府所在地に両側を代表する常駐代表部を設置する。

第六条（駐韓米軍）

米国は、韓半島に駐屯する自国の軍隊の駐屯目的を、韓半島の平和維持に限定する。

第七条（経済および社会文化交流協力など）

（一）米国と朝鮮民主主義人民共和国は、非核化措置の履行と併せて、相互の経済および社会文化交流を全面的に拡大することに努力する。

（二）米国は、国際金融機構の朝鮮民主主義人民共和国に対する経済的支援措置に積極的に協調する。

（三）米国は、朝鮮民主主義人民共和国に対する食料、その他の人道的支援の提供に反対せず、追加支援が可能となるよう協力する。

（四）　朝鮮民主主義人民共和国は、韓国戦争の時に行方不明となった米軍兵士の遺骨を発掘する作業と失踪者の出来うる限りの捜索、調査に積極的に協力する。

（五）　このような交流協力を促進するため、両国は全面的な関係正常化および交流協力の進展に障害がないようにそれぞれの法律および制度を速やかに改善する。

二〇〇八年〇年〇〇日

朝鮮民主主義人民共和国代表　署名

アメリカ合衆国代表　署名

索　引

あ　行

か　行

さ　行

た　行

な　行

は　行

ま　行

や　行

ら　行

年表

西暦	国際情勢	韓半島情勢および韓米関係	日本情勢および日米関係
1904	2月　日露戦争勃発	8月　第1次韓日協約（財政・外交顧問）	
1905		11月　第2次韓日協約（＝乙巳条約、外交権剝奪）	
1907		7月　韓日新協約（＝丁未七条約、内政権剝奪）	
1919		10月　韓日合併	
1928	8月　不戦条約		
1931	9月　満州事変		
1932	3月　満州国樹立		
1937	12月　日中戦争勃発、南京事件		
1941	8月　大西洋憲章		
	12月　真珠湾攻撃、アジア太平洋戦争勃発		
1942	8月　米国務省内部にアジア研究班		
1943	9月　イタリア降伏		
	10月　米国務省内に極東地域委員会		
	10月　カイロ会談		
1944	2月18日　米陸軍省—日本朝鮮占領問題提示		
	12月　三省調整委員会（SWNCC）設置		
1945	2月4日　ヤルタ会談		4月7日〜8月17日　鈴木貫太郎内閣
	5月7日　ドイツ降伏		8月6日　広島に原爆投下
	6月　ドイツ非武装化条約案		8月9日　長崎に原爆投下
	7月26日　ポツダム会談	8月15日　南朝鮮、朝鮮建国準備委員会発足	8月10日　御前会議
		8月20日　ソ連軍元山上陸	8月30日　マッカーサー厚木基地到着
		9月2日　マッカーサー司令部朝鮮分割占領発表	9月2日　降伏文書調印、マッカーサー指令第1号
		9月7日　南朝鮮、布告第1号	10月9日〜1946年5月22日　幣原喜重郎内閣

西暦	国際情勢	韓半島情勢および韓米関係	日本情勢および日米関係
1945		**9月8日**　南朝鮮、米第24軍団仁川上陸	**9月10日**　大本営廃止
		9月9日　降伏文書調印（ホッジ—阿部朝鮮総督）	**9月22日**　「対日初期方針」（SWNCC150）
		9月14日　南朝鮮、「朝鮮人民共和国（以下、人共）」政綱と施政方針を発表	**10月11日**　幣原、マッカーサー訪問、5大改革指令
		10月10日　南朝鮮、軍政長官の「人共」否認声明	**10月13日**　憲法問題調査委員会
1946			**1月1日**　天皇の人間宣言
			1月7日　「日本統治体制の改革」SWNCC 228
		1月30日　米ソ共同委員会、第1次声明	**1月24日**　幣原・マッカーサー訪問
	2月1日　駐ソ大使ハリマン、東京経由で帰国		**2月1日**　憲法問題調査委員会試案（毎日新聞スクープ）
	2月28日　日本非武装化4カ国条約		**2月3日**　マッカーサー3原則
		2月8日　「北朝鮮臨時人民委員会」（金日成）	**2月13日**　新憲法のGHQ草案を日本政府に手交
		2月14日　「大韓民国代表民主議院」（李勝晩）	**2月22日**　幣原の天皇訪問、松本・吉田のGHQ訪問
			2月26日　憲法のGHQ草案支持を閣議決定
		3月20日　第1次米ソ共同委員会（ソウルにて）	**3月2日**　憲法の日本政府案完成
	6月　イタリア王制を廃止、共和国宣布	**6月30日**　南朝鮮、過渡政府を樹立	**3月4日**　日本政府案—GHQへ提出
	12月　イタリア新憲法を制定	**8月28日**　南朝鮮、朝鮮労働党の結成	**11月3日**　日本国憲法制定
1947		**11月13日**　国連総会、朝鮮総選挙案を可決	**5月3日**　日本国憲法施行
1948		**2月10日**　朝鮮民主主義人民共和国（以下、北朝鮮）憲法草案	**10月15日～1954年12月10日**　吉田茂内閣
		4月28日　北朝鮮、憲法草案を可決	

西暦	国際情勢	韓半島情勢および韓米関係	日本情勢および日米関係
1948		**6 月 3 日**　韓国憲法草案（権承烈案など）	
		7 月 12 日〜17 日　韓国憲法可決、公布	
		8 月 26 日　駐韓米軍による臨時軍事顧問団（PMAG）設置	
		9 月 8 日　北朝鮮、最高人民会議で憲法制定	
		11 月 30 日　韓国国軍組織法制定	
1949	**10 月 1 日**　中華人民共和国の成立	**1 月 15 日**　駐韓米軍（第 24 軍団）撤収、第 5 連帯戦闘団創設	
	10 月 7 日　ドイツ民主共和国、憲法制定		
1950		**6 月 25 日**　韓国戦争勃発	**7 月 8 日**　警察予備隊 7 万 5000 創設、海上保安隊 8000 人増員
		7 月 17 日　韓国（以下、北朝鮮と表記されていなければ韓国における出来事）李勝晩マッカーサー作戦指揮権（Operational Command）移譲	**7 月 7 日**　安保理決議 84 統一指揮権（Unified Command）
			9 月 8 日　日米講和条約・旧安保条約署名、講和、旧安保、吉田・アチソン公文交換
		9 月 15 日　「国連軍」の仁川上陸作戦	
			10 月 2 日　海上自衛隊、韓国戦争に参戦（機雷除去）
		10 月 2 日　「国連軍」の元山上陸作戦	**10 月**　韓国戦争参戦中死者 1 名（平塚重治）発生
1951			**2 月 3 日**　岡崎ラスク交換公文、基地権認定
		4 月 11 日　マッカーサー解任	

西暦	国際情勢	韓半島情勢および韓米関係	日本情勢および日米関係
1951			**10月27日**　マグルーダー安保・国防省原案
1952			**4月27日**　日米講和条約・旧安保条約発効、主権回復 **7月23日**　吉田・クラーク極東軍大将による統一指揮権密約
1953		**7月27日**　停戦協定 **10月1日**　韓米相互防衛条約	
1954		**11月18日**　合意議事録（作戦統制権 Operational Control を「国連軍」に移譲）	**2月8日**　吉田・アリソン大使第2次指揮権密約 **2月19日**　国連軍地位協定 **7月1日**　自衛隊発足
1955			**11月15日**　自民党結党
1956			国連加盟
1958			**6月12日〜1963年12月9日**　岸信介内閣
1960			**1月19日**　新安保条約地位協定—日米合同委員会 **7月19日〜1964年11月9日**　池田勇人内閣 3条1項前半—基地権
1961			**5月28日**　池田勇人、改憲慎重論を表明
1962		**10月23日**　北朝鮮、南北平和協定締結を主張	
1964			**11月9日〜1972年7月7日**　佐藤栄作内閣
1966		駐屯軍地位協定	
1968		**1月21日**　金新朝事件	
1972		**7月4日**　7・4南北共同声明	
1974		**1月8日**　朴大統領、緊急措置第1号 **4月3日**　緊急装置第4号	

西暦	国際情勢	韓半島情勢および韓米関係	日本情勢および日米関係
1975		**3 月 25 日**　米朝平和協定締結を主張 **5 月 13 日**　緊急措置第 9 号	
1976	国連人権委員会―平和的生存準備宣言		
1978	UNESCO 最終報告書「平和への権利」言及	**11 月**　作戦統制権「国連軍」司令部→連合司令部へ UNC 停戦管理、CFC 作戦統制権	
1984	**11 月 12 日**　国連総会で「平和への権利宣言」決議採択		
1987		**6 月 10 日**　民主化運動 **10 月 29 日**　憲法改正	
1988		**2 月 25 日～1993 年 2 月 24 日**　盧泰愚政府 **7 月 7 日**　7・7 宣言―対話路線へ	
1990			**9 月**　自民社会党代表訪朝、三党共同声明
1991		**12 月 13 日**　南北基本合意書	**1 月**　第 1 次日朝国交正常化交渉 **6 月 19 日**　PKO 法制定
1992		**1 月 20 日**　韓半島非核化宣言	**8 月**　PKO 法施行
1993		**2 月 25 日～1998 年 2 月 24 日**　金永三政府 **～1994 年**　核危機、米国による北朝鮮空爆試み	**5 月**　9 条の会なごや発足
1994		**7 月 8 日**　金日成死亡 **9 月 23 日**　米朝ジュネーブ合意（核査察、軽水炉提供） 米軍から韓国軍へ平時作戦統制権の返還	
1995		先軍政治・強盛大国路線	**3 月**　与三党代表が訪朝
1998	**5 月 18 日**　アジア人権宣言―平和に生きる権利を明記	**2 月 25 日～2003 年 2 月 24 日**　金大中政府	**5 月 24 日**　周辺事態法

西暦	国際情勢	韓半島情勢および韓米関係	日本情勢および日米関係
1998		**8月31日**　北朝鮮、大浦洞ミサイル発射	
1999		**6月15日**　第1次延坪島砲撃事件	**7月29日**　国会法改正で憲法調査会設置根拠
2000		**6月15日**　第1次南北頂上会談	**1月20日**　衆参両院に憲法調査会を設置
		10月　北朝鮮の趙明祿、訪米—クリントンと会談（国交正常化を打診）	**4月5日～2001年4月26日**　森喜朗内閣
2001	**9月11日**　米同時多発テロ		**11月2日～2007年11月1日**　テロ特別法
2002		**6月29日**　第2次延坪島砲撃事件	**9月17日**　第1次日朝首脳会談、平壌宣言—国交正常化交渉を再開
		10月　第2次核危機	
2003		**1月10日**　北朝鮮、NPT脱退宣言	**6月6日**　有事法制関連3法が成立
		2月25日～2008年2月24日　盧武鉉政府	**6月13日**　武力攻撃事態法
		4月2日　イラク派兵同意案国会可決	**8月1日～2009月7月30日**　イラク特別法
		5月～2008年12月　イラク派兵　673名（ソヒ部隊573、ゼマ部隊100）	**12月～2009年2月**　自衛隊をイラクに派遣
			11月9日　43回衆議院総選挙　自民党の議席数237/480
2004		**8月3日～28日**　イラク追加派兵3000名（ザイトン部隊）	**6月**　9条の会呼びかけ
			5月22日　第2次日朝首脳会談
2005			**4月15日**　衆議院憲法調査会が報告書を提出
		2月10日　北朝鮮、核兵器保有宣言	**4月20日**　参議院憲法調査会が報告書を提出
		9月19日　9・19共同声明	
		9月20日　米、北朝鮮のBDA資金凍結	**9月11日**　44回衆議院選挙　自民党296議席、公明党31席議席　327（2/3=320）

西暦	国際情勢	韓半島情勢および韓米関係	日本情勢および日米関係
2005			**9月22日**　衆院、憲法調査特別委員会（国民投票法）
			10月28日　自民党「新憲法草案」―自民党結党50周年
2006		**6月23日**　平澤米軍基地訴訟決定宣言	
		10月9日　北朝鮮、第1次核実験、核危機	**9月26日～2007年9月26日**　第1次安倍晋三内閣
		11月18日　韓米頂上会談で終戦宣言・平和協定に触れる	
2007		**1月25日**　スティーブンス、東アジア太平洋次官補非公式訪韓―包括協定案	
		2月13日　2・13合意	**1月25日**　参院、憲法調査特別委員会
		3月　北朝鮮、金桂冠外務省副次官、訪米（国交正常化を打診）	
		4月18日　平和財団の平和協定案発表	**5月14日**　国民投票法が制定（5月18日に公布施行）
		10月4日　第2次南北頂上会談	**8月7日**　衆議院、憲法審査会設置
		11月29日　南北国防長官会談（軍事共同委員会に合意）	
2008		**2月25日～2013年2月24日**　李明博政府	
2009		**5月25日**　北朝鮮、第2次核実験	
		5月28日　2007年戦時増員演習違憲訴訟	**9月16日～2010年6月8日**　鳩山内閣
2010		**3月26日**　天安艦沈没事件	**5月18日**　国民投票法施行
2011			**5月18日**　衆院、憲法審査会議決

西暦	国際情勢	韓半島情勢および韓米関係	日本情勢および日米関係
2011		**12 月 17 日**　金正日死亡	9 条の会、全国に 7500 会に
2012		**4 月〜**　金正恩体制	
		4 月 13 日〜15 日　北朝鮮憲法改正（核保有宣言―金正恩体制）	**4 月 27 日**　自民党「憲法改正案」発表―主権回復 60 周年
			12 月 26 日〜　第 2 次安倍晋三内閣
2013		**2 月 25 日〜2017 年 3 月 10 日**　朴槿惠政権	
2014			**7 月 1 日**　安保法制、閣議決定
2015			**7 月 16 日**　安保法制、衆議院で強硬採決
2015			**9 月 19 日**　安保法制、参議院で強硬採決
2016		**2 月 10 日**　開城工業団地閉鎖	**3 月 29 日**　安保法施行
		7 月 13 日　THAAD 確定―慶尚北道星州	**7 月 10 日**　参議院選挙、自民党議席 145（＋10）、公明党議席 25（＋5）/241
			11 月 18 日　PKO 自衛隊に南スーダン「駆けつけ警護」命令
		11 月 23 日　韓日軍事情報保護協定を締結	**11 月 20 日**　PKO 先発隊 130 人、南スーダンへ出発
		12 月 9 日　朴槿惠大統領に対する弾劾議決	**11 月 23 日**　韓日軍事情報保護協定を締結
2017		**3 月 10 日**　朴槿惠罷免	
		5 月 10 日　文在寅政権発足	

著者略歴

李京柱（이경주／リ・キョンジュ）

1965年、韓国光州生まれ。高麗大学法学部卒業、一橋大学大学院法学研究科で博士後期課程修了、博士（法学）。ドイツ DAAD・アメリカ UC Berkeley, Visiting Scholar、韓国慶北大学法学部助教授を経て、現在韓国・仁荷（INHA）大学法科大学院教授。専攻は憲法学。

主な業績として、単著に『有権者の権利、国民召還制』（韓国、チェクセサン、2005年）、『世を変えた人権』（韓国、ダルン、2012年）、『憲法Ⅰ』（韓国、青木、2012年）、『憲法Ⅱ』（韓国、法英社、2013年）、『平和権の理解』（韓国、社会評論社、2014年）、共著に、『日韓憲法學の對話Ⅰ』（尙学社、2012年）、『21世紀の憲政主義と民主主義』（韓国、人間サラン、2007年）、『憲法読み直し』（韓国、創作と批評、2007年）、ハングル論文に、「平和体制の争点と紛争の平和的管理」『民主法学』44号（2010年）、「イラク派兵と憲法」『記憶と展望』8号（2004年）など、日本語論文に、「武力による平和と武力によらない平和との間」『法律時報』72号（2000年5月）、「アジアへの仲間入りの憲法」法律時報増刊『「憲法改正論」を論ずる』（2013年9月）、「韓半島の平和と韓米同盟」『法と民主主義』481号（2013年8月）、「アジアから見た日本の改憲動向」『日本の科学者』41巻（2006年8月）、「朝鮮半島の平和体制と日米安保」法律時報増刊『安保改正50周年』（2010年6月）ほか多数。

アジアの中の日本国憲法　日韓関係と改憲論

2017年7月20日　第1版第1刷発行

著者　李《り》　京《きょん》　柱《じゅ》

発行者　井　村　寿　人

発行所　株式会社　勁《けい》　草《そう》　書　房

112-0005 東京都文京区水道2-1-1　振替　00150-2-175253
（編集）電話 03-3815-5277／FAX 03-3814-6968
（営業）電話 03-3814-6861／FAX 03-3814-6854
精興社・牧製本

ISBN978-4-326-40340-0　Printed in Japan

杉原泰雄　日本国憲法と共に生きる　「真理と平和」を求めて　四六判　二六〇〇円
ISBN978-4-326-45108-1

杉原泰雄　憲法と公教育　「教育権の独立」を求めて　A5判　三〇〇〇円
ISBN978-4-326-40271-7

杉原泰雄　憲法と資本主義　A5判　五七〇〇円
ISBN978-4-326-40249-6

杉原泰雄　試練にたつ日本国憲法　四六判　二六〇〇円
ISBN978-4-326-45105-0

＊表示価格は二〇一七年七月現在。消費税は含まれておりません。